天地探知

人類的終極問題

The Most Important Questions of Mankind

袁越 著

www.cosmosbooks.com.hk

書　　名 人類的終極問題

作　　者 袁　越

編　　輯 祁　思

美術編輯 郭志民

出　　版 天地圖書有限公司
香港黃竹坑道46號
新興工業大廈11樓（總寫字樓）
電話：2528 3671 傳真：2865 2609

香港灣仔莊士敦道30號地庫／1樓（門市部）
電話：2865 0708 傳真：2861 1541

印　　刷 亨泰印刷有限公司
香港柴灣利眾街德景工業大廈10字樓
電話：2896 3687 傳真：2558 1902

發　　行 香港聯合書刊物流有限公司
香港新界大埔汀麗路36號中華商務印刷大廈3字樓
電話：2150 2100 傳真：2407 3062

出版日期 2020年7月／初版·香港

本書由生活·讀書·新知三聯書店授權繁體字版出版發行

目　錄

序：我喜歡琢磨一些嚴肅的問題

據説每個人小時候都會經歷一次精神衝擊，那就是第一次知道死亡是怎麼一回事的時候。當我第一次知道包括我在內的每個人遲早都會死而且死後永遠不會再活過來的時候，感覺天都要塌下來了。在那之後我就開始做關於死亡的噩夢，過了很長時間才從怕死的陰影裏走出來。

小時候還有一件事給我留下了深刻的印象，那就是外公給我看了姜氏家譜。那上面雖然只記載着五六代人的姓名，但還是把我驚呆了。我第一次意識到每個人都是有爸爸媽媽的，爸爸媽媽也有爸爸媽媽，這條鏈可以一直延伸下去，永遠沒有盡頭。於是我的心思又被這件事纏住了。每次看到姓袁或者姓姜的歷史人物都會覺得他很可能就是我的祖先，日常生活中遇到這兩個姓的人也會格外留意，覺得他有可能是我的遠房親戚。

上中學後，我仍然會不時地做關於死亡的噩夢，但我的興趣點卻愈來愈朝祖先的方向轉移。尤其是在生物課上學了進化論之後，我發現如果一直往前追溯的話，我的祖先很可能是一條魚或者一隻蟲子，直至追溯到某個單細胞生物。每次想到這一點都會讓我莫名興奮，覺得生命真是一個很奇妙的東西。

我大學選擇了生物系的遺傳工程專業，畢業後如願成了一名科研工作者。科學的核心就是探究事物的發展規律，從而更好地了解歷史並預測未來。多數人似乎更關心後者，因為預測未來意味着提前做好準備，讓生活變得愈來愈好。歷史研究往往被認為是一種個人趣味，沒甚麼實際的好處，「錢」景也有限。我一開始也是更

看重後者，但隨着年齡和閱歷的增加，我卻愈來愈對前者產生了興趣。我發現歷史研究很像偵探破案，歷史學家研究的是已發生過的事情，真相只有一個，標準明確。相比之下，未來學家有點像算命先生，比的是口吐蓮花的能力，尋找真相反而是次要的事情。

加入《三聯生活週刊》後，我在雜誌上開了一個科普專欄，專門報道最新的科研成果。我利用這個平台寫了好幾篇文章，向讀者介紹了人類學研究的新進展。這是個相當嚴肅的話題，似乎並沒有多少人感興趣。由於歷史原因，對此事感興趣的人普遍存在很多理解誤區，比如至今還有不少受過良好教育的知識分子相信「北京人」是中國人的祖先。

從 2010 年開始，人類學研究領域接連爆出了好幾條重大新聞，在歐美各國引起了轟動，但國內媒體卻鮮有報道，大家似乎都不太明白這些新聞背後的真正含義。比如 2015 年，中國考古學家在湖南的一座山洞裏挖掘出了一批古人類牙齒化石，在國際上引起了很大爭議，但國內很少有人明白大家爭的到底是甚麼。於是，我覺得有必要藉此機會把整個人類學研究的歷史梳理一番。因為我一直關注這個領域，對這類研究的歷史了解得比較清楚，所以這個選題進行得相當順利，從採訪到最終成文只花了三個多月的時間，算是很快了。

嘗到甜頭之後，我又說服主編讓我再試一次。這一次我決定做一組關於長壽研究的報道。一來，我從小就怕死，一直關注這方面的研究，對這個領域也相當熟悉，不用從頭學起。二來，這個領域和人類進化一樣，在最近幾年突飛猛進，取得了一大批極有價值的成果，非常適合做一個階段性的總結。為此我專程去美國採訪了全球最頂尖的衰老研究專家，然後花了兩個多月的時間寫了五篇文

章，把這個領域的歷史和現狀做了一次全面的梳理。這組文章表面看似乎是一個關於死亡的話題，但實際上大多數人最關心的是具體的疾病，而不是衰老這個看似無解的問題，所以我花費了很多筆墨解釋死亡為甚麼不一定是所有生命的歸宿，以及為甚麼生命會進化出死亡這個看似不合理的性狀，最後又用一篇文章解釋了「活」到底意味着甚麼。我喜歡琢磨這樣的終極問題，因為我相信只有先了解死是怎麼一回事，才能真正了解生的意義。

完成了這個選題之後，我很自然地就想應該再寫一個，湊成「人類三部曲」。按照一般的邏輯，最後這部一定得是關於大腦的，畢竟這是人類最引以為豪的地方。我最初打算寫想像力的神經基礎，之後又想過寫理性思維到底是怎麼進化出來的，但想來想去，覺得人類最核心的特徵並不是想像力或者理性思維，而是創造力。事實上，創造力包括了想像力和理性思維，這才是真正的母題。2018 年初，我利用去美國出差的機會在書店裏買了好幾本與此有關的教科書和通俗科普書，然後花了半年多的時間自學了創造力這門課程，最終定下了文理兼容、以文為主的寫作基調。我覺得科學領域的創造案例太多了，舊的成果不需要採訪，新的成果解釋起來太困難，藝術領域的創造力不分新舊都有意思，寫起來也相對容易一些。我利用以前在藝術圈積攢下來的人脈找到了幾位被大家公認為最有創造力的當代藝術家，然後以他們的經歷為線索，寫了一個關於創造力的故事。在這組文章裏，我不但把人類的創造過程梳理了一遍，而且把生命定義成大自然最偉大的創造，然後把人類的創造力和生命的進化能力聯繫在一起，論證了兩者在原理上的相似性：它們全都不需要上帝的參與就能實現。

最後這點非常重要。我花了兩年時間研究這三個問題，最終目

的就是想在不借助上帝的情況下對人類這一物種的出現和成功給出一個合理的解釋。我試圖回答的這三個問題都是人類的終極問題，每個有頭腦的人肯定都想知道答案。因為能力有限，古人窮盡畢生精力也無法解釋地球上為甚麼會出現生命，為甚麼又會出現人類這樣一種具備高級智慧的生物，我們又是依靠甚麼才創造出了今天的世界。於是，古人只好祈求神祇，讓祂來解釋這一切。感謝現代科學的飛速發展，今天的人類已經初步具備了解答這三個問題的能力，我所做的就是把目前已知的最佳答案和推理過程寫出來，讓大家知道我們不但不需要上帝就能被進化出來，而且也不需要上帝就能解釋整個創造過程。

除了解釋生命之外，宗教信仰的另一項重要功能就是提供精神安慰。如果一個人打心眼兒裏相信人死後還會復生，那他就不會再害怕死亡了。但在我看來，科學具備同樣的功效。當我明白了地球上的所有生命共用同一套基因密碼，當我理解了生命的誕生和死亡都是怎麼一回事之後，我就再也不害怕死亡了，因為我的身體屬於永恆的基因，我的思想因為我的努力而傳給了後人，死有何懼？

在創作「人類三部曲」期間，我採訪了微軟公司的創始人比爾·蓋茨先生。離開微軟後，蓋茨創立了一個基金會，把全部的時間和精力都交給了慈善事業，盡一切可能去幫助地球上那些不幸的人們。從某種角度講，蓋茨接了教會的班，因為最早的慈善組織大都是教會辦的。可是，蓋茨不止一次在公開場合表達過反宗教的立場，因為他覺得教會歪曲事實，做出了很多糟糕的決定。問題在於，如果沒有了宗教信仰，人類依靠甚麼來相互幫助呢？蓋茨在一次私人飯局上表示，他非常希望能出現一個全新的宗教來代替舊的宗教，好讓全世界的人不再相互仇殺。我問他，科學能否擔當此

任呢？蓋茨表示反對，他覺得科學只是工具，既可能辦好事也可能辦壞事，不能成為新的宗教。這一點我同意他，但我仍然相信科學有可能扮演一個類似的角色。比如，我寫「人類三部曲」，就是想通過這組文章向大家傳遞這樣一個信息，那就是今天世界上的所有人幾萬年前都是一家人，我們是同一群非洲居民的後代。今天，人類雖然被人為地分成了很多「部落」，彼此之間經常發生衝突，但我們其實是在共享地球這個生態系統，每個人的利益都是聯繫在一起的。這個概念甚至可以擴展到整個生態圈，因為地球上的所有生命都源自同一個祖先，我們是相互依存的關係，每一種生命都不可能獨立地存在。這個世界上沒有所謂的「黑暗森林」，進化絕不是你死我活的生存競爭，互助才是進化的主旋律。甚至，已經有愈來愈多的證據表明，銀河系內幾乎沒有可能存在高等文明，我們是宇宙的幸運兒。換句話說，人類只有這一個地球，它是我們唯一的家園。如果大家都能打心眼兒裏理解這一點，這個世界一定會變得更好。

必須指出，這套理論是科學，不是宗教。宗教教義是不變的，科學則自帶一套強大的糾錯系統，所以科學是一直在進步的。就好比這個「人類三部曲」，自從我寫完之後一些領域又取得了一批新成果。成書之前，我對發表在《三聯生活週刊》上的原文進行了適當的修改，力求傳遞給大家最新的信息。

謝謝閱讀。

袁越

2018 年 11 月 20 日於北京

第 一 章

人類是從哪裏來的？

只有了解了人類的過去，

才能看清人類的未來。

引言：從東非大裂谷到湖南福岩洞

> 人類是如何從猿類進化而來的？人類的祖先究竟是不是來自非洲？中國人到底是從哪裏來的？這幾個問題看似簡單，但它們的內涵很豐富，不是一兩句話就可以解釋清楚的，需要從頭說起。

1974 年 11 月 24 日清晨，在位於埃塞俄比亞北部的阿法爾三角區（Afar Triangle）內的一個考古營地裏，來自美國克利夫蘭的人類考古學家唐納德‧約翰遜（Donald Johanson）教授正在準備行裝。這已是他第三次來這裏從事考古挖掘工作了。這地方位於東非大裂谷的最北端，強烈的地質活動把一片古老的沉積岩重新暴露在陽光下，原本深埋於地下的動物化石也因此得以重見天日。

這天是星期天，約翰遜教授本來可以睡個懶覺，但他的研究生湯姆‧格雷（Tom Gray）打算去勘察一片全新的區域，他決定一起去看看。「不知甚麼原因，在我的潛意識裏突然出現了一股強烈的衝動，」約翰遜教授後來回憶説，「我預感到那天會有好事發生，於是我決定跟湯姆走一趟。」

兩人在炙熱的非洲陽光下忙活了一上午，結果一無所獲。返回營地的途中，約翰遜提議換一條路碰碰運氣。就在他們經過一個峽谷時，約翰遜突然在左前方的地面上看到了一小截斷骨，多年的經驗告訴他，這是一塊靈長類動物的肘關節化石，很可能來自人類的祖先。他抬頭向左邊的山坡望去，又看到了一小塊頭骨化石、一小塊下顎骨化石以及幾段脊椎骨化石，它們看上去都屬於某種古人

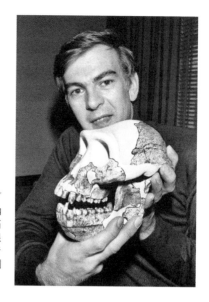

美國人類考古學家唐納德·約翰遜手拿露西石膏頭骨模型。露西在很長一段時間裏保持着「最古老的人類化石」這個頭衛。

類。更妙的是，約翰遜對這片山坡的地質結構十分熟悉，知道它至少有 300 萬年的歷史了。要知道，此前尚未發現過早於 300 萬年前的人類化石。也就是説，他很可能發現了人類最早的祖先。

　　兩人迅速開車回到營地，一邊狂按喇叭一邊向同伴們大喊大叫：「我們找到了！上帝啊，我們找到了！」當天晚上，興奮不已的考古學家們在營地裏開了一個慶祝派對，用一台錄音機反覆播放披頭四樂隊的那張名為《佩珀軍士的孤獨之心俱樂部樂隊》的磁帶。當播放到其中最著名的一首歌曲《天上的露西手拿鑽石》（Lucy in the Sky with Diamond）時，有人提議，為何不叫她露西（Lucy）呢？

　　從此，人類的祖先有了一個好聽的名字。

　　這是人類考古歷史上最有名的故事。露西的知名度也早已超越了學術界，進入了大眾流行文化的範疇。研究表明，露西是一位生

活在 320 萬年前的非洲女性，屬於從猿到人的過渡類型。這個發現為我們提供了第一個確鑿的證據，證明我們這個物種確實誕生於非洲，非洲才是人類的搖籃。

自那之後的 20 多年裏，露西一直保持着「最古老的人類化石」這個頭銜。那段時間出版的人類學教科書大都以露西為模板，為學生描繪了一幅愈來愈清晰的人類進化圖景。露西的發現在全世界掀起了一波考古熱，很多原本並不怎麼重視古人類研究的國家也都紛紛組織人馬掘地三尺，相繼挖出了一大批古人類化石。這些化石的出土極大地改變了我們對於人類祖先來源的看法，下面這個發生在中國的故事就是其中一個很好的案例。

2011 年 10 月，在湖南省道縣樂福堂鄉的福岩洞內，來自中國科學院古脊椎動物與古人類研究所（以下簡稱古脊椎所）的幾位考古學家正在地上細心地挖掘着。道縣地處湖南、廣西和廣東三省交界的南嶺地區，平均海拔不高。福岩洞屬於當地常見的管道型溶洞，洞口朝南，距離地表僅有 60 多米。古脊椎所的吳茂霖和陳醒斌等幾位老前輩早在 1984 年時就來這裏進行過考察，但除了一些動物化石外，沒有找到人類的痕跡。此後這個洞就被當地農民佔用了，變成了一個養牛場。

一年前，也就是 2010 年，古脊椎所來湖南開展洞穴調查，道縣文物管理所的退休館長黃代新又想起了這裏，便帶領古脊椎所的兩位古人類學研究員吳秀杰和劉武進洞考察。一行人順着山洞往裏走了將近 200 米之後，在地面上發現了很多看上去非常古老的堆積物。科學家們僱來幾名民工試挖了一下，發現洞底的土壤較為乾燥，挖出來的動物化石石化得特別好，說明這個洞的年代相當久遠，挖到寶貝的可能性很大。於是，吳秀杰立即向所裏申請了一筆

經費，於第二年再次回到福岩洞，聯合了湖南省考古所和道縣文管所的有關人士一起成立了福岩洞挖掘隊，她自己擔任隊長，開始了第二次挖掘工作。

此次挖掘一開始進行得並不順利，往下挖了 3 米多還沒有找到任何人類化石，差點就放棄了。此時吳秀杰發現主洞的旁邊有個很小的支洞，洞口只有 3 米多寬。一位曾經參加過 1984 年第一次考古挖掘的老人説，在那個支洞裏曾經挖出過少許動物化石，於是吳秀杰決定在這個小支洞裏碰碰運氣。

2011 年 10 月 8 日上午，大家再次進入福岩洞，在這個小支洞裏繼續工作。民工們用鏨子對付堅硬的岩石，吳秀杰則在一邊用小刷子清理堆積物。突然，一顆牙齒從碎石裏露了出來，經驗豐富的吳秀杰立刻意識到這是一顆人類的臼齒，而且是現代人特有的那種結構精巧的臼齒，不是古人類才會有的那種粗大臼齒。這個發現引來了陣陣歡呼，大家立刻振作起精神，在短短的幾天內又挖出了 6 顆牙齒，全都具有現代人牙齒的形態。

就這樣，挖掘隊在福岩洞裏奮戰了兩年，在大約 50 平方米的範圍內挖出了 47 顆現代人牙齒。與牙齒伴生的鈣板和石筍的測年結果表明，這些牙齒的埋藏年代大致在距今 12 萬—8 萬年，屬於中國境內發現的最古老的現代人化石。這篇研究報告發表在 2015 年 10 月 29 日出版的《自然》(Nature) 雜誌上，立刻引起了國際考古學界的廣泛關注。新華社發表文章認為，這個發現給中國的人類進化史，尤其是從古老型人類到現代人的連續進化這一觀點提供了新證據，説明也許在東亞大陸存在一個內在的人類進化譜系。

2016 年 7 月 12 日出版的《自然》雜誌發表了特約評論員邱瑾撰寫的一篇新聞綜述，稱中國正在改寫人類起源學説。文章指出，

將近 100 年前發現的北京猿人頭蓋骨曾經吸引了眾多古人類學研究者的關注，但大家很快就被非洲發現的一系列古人類化石吸引過去了，忘記了東亞。最近在中國出土的一系列化石再次讓大家把注意力轉到東亞，在這裏發生的事情很有可能將會改寫人類進化史。

一年之後，邱瑾的預言便再次得到了驗證。 2017 年 3 月 3 日出版的《科學》（Science）雜誌又發表了一篇來自中國的重磅論文，向全世界報告了許昌人頭骨化石的鑒定結果。這是一種具有中國境內古老人類、歐洲古老人類（尼安德特人）和早期現代人「三位一體」混合特徵的古人類化石，大約生活在距今 12.5 萬—10.5 萬年，它的出現再次向當前流行的現代人類非洲演化理論提出了挑戰。

許昌人的故事和前兩個故事一樣，都帶有某種運氣的成份。挖出許昌人頭蓋骨的地方位於河南省許昌市靈井鎮。鎮上原本有一個湖，後來附近挖礦把水排乾了，露出了河床。 1965 年，下放到那裏進行勞動改造的原北京自然博物館研究員周國興在種樹的時候挖出來幾片石英工具，這才引起了考古界的重視，把周圍這塊總面積超過 1 萬平方米的土地劃為人類史前遺址加以保護。 2005 年，河南考古所的李占揚又在那裏發現了一些舊石器和哺乳動物化石，隨即開始了系統的挖掘。但挖了兩年之後仍然沒有挖出人類化石，該項目差點因此而終止了。就在計劃結束挖掘的前幾天，也就是 2007 年 12 月 17 日，人們終於挖出了第一塊人類髖骨化石。此後又經過了 10 年的系統挖掘，一共挖出了 45 塊人類頭骨化石。來自中國古脊椎所等單位的人類學家和美國聖路易斯華盛頓大學合作，將這 45 塊頭骨化石拼接成了兩個人類頭蓋骨模型，並發現了上述特徵。

這兩個看似偶然的新發現究竟有何意義？人類起源理論為甚麼

會因此而被改寫？這兩個問題都涉及很專業的知識，不是一兩句話就能解釋清楚的。大多數讀者可能更關心一些普遍的問題，比如人類是如何從猿類進化而來的？人類的祖先究竟是不是來自非洲？中國人到底是從哪裏來的？這幾個問題看似簡單，但它們的內涵很豐富，不是一兩句話就可以解釋清楚的，需要從頭說起。

地球的編年史

要想揭開人類起源的奧秘，首先必須掌握測年技術。這項技術相當於一把帶有時間刻度的標尺，地質學家和考古學家就是用這把標尺丈量深邃的時間，從而揭開了地球和人類的秘密。

深邃的時間

我上小學的時候，外公給我看了家裏傳下來的一本家譜，印象中那上面只記載了五六代人的姓名，再往前就沒有了。但這本殘缺的家譜讓我突然開了竅，我意識到我的外公也肯定是有爸爸的，他爸爸也有爸爸，他爸爸的爸爸也有爸爸……如此這般可以無窮無盡地追溯下去，古書上記載的某個古人也許就是我的祖先。那段時間我接連做了好幾個關於祖先的夢，但那些夢全都是支離破碎的，因為我不知道我的先人們長甚麼樣，更不知道他們生活在怎樣一個世界裏。那是我第一次意識到歷史和我的關係是如此緊密，但歷史的時間跨度又如此之大，遠遠超出了我的想像。

上中學的時候，我第一次接觸到了達爾文的進化論，知道人都是猴子變來的，猴子又是由更原始的生物變來的。於是我很自然地想到，如果一代一代地繼續追下去，一定會追到某隻猴子那裏，再往下追的話甚至可能追到一隻青蛙、一條魚、一個細菌甚至是某個比細菌更簡單的生命體那裏去。這個想法突然讓我感到一陣恐懼，我不知道應該如何去想像這無窮無盡的家族鏈，更不知道應該如何去面對這鏈條背後所代表的更加漫長的時間。

我上大學的時候，讀了幾本教科書之外的歷史書，知道我在學校裏學到的歷史觀叫作唯物主義歷史觀，人類歷史上還出現過很多不一樣的歷史觀。比如，我相信父親的父親肯定也有父親，家族鏈條是可以無窮無盡地一直延續下去的。但有不少古代文明卻相信輪迴説，他們認為時間不是線性的，而是一直在不停地循環往復，過去發生的事情每隔一段時間就會再來一遍。中北美洲的瑪雅文明和古印度文明就是這類文明的代表：前者創立了一套獨特的曆法，用來描述循環往復的時間；後者則創造了一種全新的宗教，用來宣揚輪迴理論。佛教正是從印度教中借鑒了這個理論，這才有了中國人熟悉的「積德」「造孽」和「報應」等説法。

一個有意思的小插曲是，根據古印度文獻記載，印度教信徒相信一個輪迴分為創造和毀滅兩部份，每個部份都要經過 43.2 億年的時間才能完成。稍微懂點科學的人都知道，目前公認的地球年齡是 45 億年。這兩個數字竟然十分接近，有人因此認為古印度人是先知，其實這不過是一種巧合罷了，不足為奇。再説了，印度教的一個完整的輪迴是 43.2×2 ＝ 86.4 億年，這個數字和地球的年齡就沒甚麼關係了。

還有不少古代文明相信創世説，認為有個全知全能的上帝創造了我們所知的這個世界。這方面最典型的就是基督教，根據《聖經》裏的記載，上帝花了五天時間造出了世間萬物，又在第六天根據自己的形象用泥巴捏出了第一個人，並取名亞當，夏娃則是上帝用亞當的肋骨造出來的，人類這個物種就是這麼開始的。17 世紀的一位愛爾蘭主教詹姆斯·厄謝爾（James Ussher）根據《聖經》中記載的各種人物的家譜關係，計算出上帝是在公元前 4004 年 10 月 22 日創造了地球。這位主教被當時的歐洲人公認為一位學識淵博的

神學家，他得出的這個數字被視為真理。於是，當年的歐洲基督徒大都相信我們這個世界只存在了不到 6,000 年。

17 世紀的歐洲剛剛從中世紀的黑暗中走出來，地理大發現打開了歐洲人的視野，不少有識之士開始懷疑《聖經》的權威性，嘗試着用理性思考代替宗教教條去認識這個世界，正是這批人揭開了歐洲啟蒙運動的序幕。

◀ 被公認為「古典地質學之父」的蘇格蘭地質學家詹姆斯‧赫頓，他建立的古典地質學基本框架一直沿用至今。

這場運動的中心是蘇格蘭首府愛丁堡，號稱「北方的雅典」，從這座城市走出了亞當‧斯密、詹姆斯‧瓦特和大衛‧休謨等一大批思想家和科學家，對人類文明的發展做出了重要的貢獻。蘇格蘭地質學家詹姆斯‧赫頓（James Hutton）也是從這個「愛丁堡文化圈」裏走出來的一位啟蒙運動的重量級人物。他原本是一個農場主，在實踐中逐漸意識到莊稼所仰仗的地表土壤來自岩石的不斷風化和侵蝕，而當土壤顆粒等沉積物沉入地下後，又會在高溫高壓的作用下逐漸變成岩石，這是一個循環往復的過程，「沒有開始，也

沒有結束」（No vestige of a beginning, no prospect of an end）。

1788 年，赫頓發表了一篇重要論文，題目就叫作〈地球原理〉（*Theory of the Earth*）。在這篇論文中他首次提出地球的形成過程並不神秘，而是和蒸汽機等機械一樣，都是可以用基本的物理法則推算出來的。更重要的是，他相信地質活動是一個極其漫長的過程，地球的年齡遠比 6,000 年要長得多。

如今，赫頓被公認為「古典地質學之父」，他提出的很多地質學基本概念都已得到了驗證。後來一位名叫約翰·邁克菲（John McPhee）的美國作家發明了「深時」（deep time）這個詞，很好地概括了赫頓的理論。

在赫頓之前，人們喜歡用「漫長」（long）這個詞來形容時間，但這個詞不夠準確，多長算長呢？ 6,000 年當然也可以算是很漫長的時間了，但這個時間跨度仍然是人類憑經驗可以想像得出的。赫頓則認為，真正的地質時間遠遠超出了人類的想像，地球的歷史就像大海那樣深不見底，用「深邃」（deep）這個詞來形容才是最恰當的。

「深不見底」還有個同義詞叫作「深不可測」。確實，赫頓時代的地質學只能做定性研究，因為當時的科技發展水平還很落後，無法給出定量的結論。但是，當啟蒙運動把上帝這個角色排除出去之後，人們便意識到這個世界是客觀存在的，支配世界運行的是客觀規律，因此是可以被準確認識的。

說到認識世界，有兩個基本問題是躲不開的。一個是這個世界有多大，另一個就是這個世界有多老。這是兩個定量的問題，毫無疑問都是有準確答案的，但對於一個剛剛從混沌時代走出來的人來說，這兩個問題都無異於天問，只有上帝才能解答。

但是，正如達爾文曾經說過的那樣，愈是無知的人，就愈會覺得很多問題都是不可能找到答案的。只有真正的智者才會相信任何問題都是可以被解決的，這樣的智者雖然人數很少，卻是人類的進步之源。從 17 世紀開始，先後有好幾位人類當中的佼佼者，主動向這兩個天問發起了挑戰。

地球的年齡

如果我們隨便挑一所理工科大學，從裏面隨機挑選一名大學生，讓他只用 200 年前的粗陋工具測出地球的年齡和大小，結果恐怕都會令人失望。這件事足以說明科學發展的速度是何等驚人，早在 200 年前就已經超出了絕大多數現代人的知識範疇了。

這兩個問題中，相對容易解決的是大小問題，畢竟這個世界是可以被直接觀察到的，只要明白了其中的道理，答案顯而易見。這其中，地球本身的大小比較容易測，太陽系的大小測起來則要困難得多。最先提出解決方案的是著名的英國天文學家埃德蒙德·哈雷（Edmond Halley，哈雷彗星就是以他的名字命名的）。1677 年，他在觀測水星凌日（即水星從太陽表面經過）時突發奇想，如果地球上相隔較遠的兩個人觀測同一個行星凌日現象，就可以通過不同觀測點的時間差和距離差推算出地球到太陽之間的距離。當時的人們已經通過天文觀測知道了太陽系各個行星軌道的相對比例，只要知道其中任何兩個星體之間的準確距離，就可以估算出整個太陽系的大小了。

不過，地球上能看到水星凌日的範圍有限，哈雷提議通過觀測金星凌日來解決這個問題。在他的倡議下，歐洲各國同時派出了

十幾支考察隊去往世界各地，觀測了 1769 年發生的金星凌日，測出地球到太陽之間的距離大約為 1.5 億公里。要知道，當時的環球旅行很不容易，為了得到這個結果，無數人獻出了自己的生命。不過，正是從那次測量開始，人類終於知道太陽系實在是太大了，地球只不過是茫茫宇宙中的一粒塵埃，人類的世界觀從此發生了根本的改變。

第二個問題，也就是這個世界的年齡問題，因為不可能直接觀測，所以解答難度要大得多。最先嘗試解決這個問題的人叫艾薩克·牛頓（Isaac Newton）。對，就是那個著名的牛頓。他雖然是個物理學家，但對任何富有挑戰意義的科學問題都很感興趣。當時的人們已經知道地球曾經是個炙熱的大鐵球，牛頓找人製作了一個直徑 1 英寸（約等於 2.54 厘米）的小鐵球，通過實驗知道這個鐵球從紅熱狀態冷卻到室溫要花至少一個小時。他把這個數據換算成地球的大小，得出的結論是 5 萬年。雖然還是太短，但已經比厄謝爾主教的 6,000 年長了很多。

但是，牛頓畢竟不是熱力學家，他的算法存在很多漏洞。最終還是一個名叫威廉·湯姆森（William Thomson）的人出馬，這才給出了一個更為可信的結論。提起湯姆森大家可能不太熟悉，但他後來的封號開爾文男爵（Lord Kelvin）大家一定很熟悉。對，就是作為熱力學溫標單位的那個開爾文。這位男爵一生勤勉有加，在很多領域都做出過傑出貢獻。他最大的貢獻首推熱力學第一定律（能量守恆）和第二定律（熵增定律）。這是熱力學領域的兩個極為重要的定律，不但為現代物理學奠定了基礎，還為英國工業革命的兩大基石——蒸汽機和電動機的發明找到了理論依據。

開爾文男爵是權威中的權威，當他通過自己的計算得出了

9,800 萬年這個數字後，便很少有人敢反駁他了。後來還是一位來自美國的科學家指出，地球內部的壓力非常大，散熱效率會因此而不同。他修正後的結果是 2,400 萬年。但開爾文男爵從一開始就知道他的計算誤差非常大，所以給出了 2,000 萬—4 億年這樣一個巨大的誤差範圍。2,400 萬年處於這個範圍以內，所以開爾文男爵並沒有表示反對。

◀

英國著名科學家威廉·湯姆森，封號開爾文男爵（攝於 1880 年）。他的最大貢獻首推熱力學第一定律和第二定律，這是熱力學領域最重要的兩個定律，為現代物理學奠定了基礎。

　　除了熱力學方法之外，來自愛爾蘭的地理學家約翰·喬利（John Joly）還提出了測量海水含鹽量的方法。他假定地球誕生初期海水都是淡水，此後河流不斷把陸地上的鹽份帶進海中，日積月累海水便成為鹽水了。他計算了全球所有河流的輸鹽量，再和現在的海洋總鹽量做對比，得出了 9,000 萬年這個數字。

　　另一個值得一提的方法是喬治·達爾文（George Darwin）提出來的，他是著名的查爾斯·達爾文的兒子。他假定月球是在地球形成初期自轉速度還很快的時候被甩出去的，此後兩者的引力相互作用導致減速，最終達到了現在這個相對較慢的自轉速度。他根據

這個理論計算出來的數字是 5,000 萬—6,000 萬年，和其他算法的數量級差不多。

現在我們知道，這幾個數字距離真實年齡都差了兩個數量級，原因在於當時的科學家對於這個世界的了解還不夠充份，前提條件是錯誤的。比如，開爾文男爵採用的熱力學計算法就至少犯了兩個錯誤：一是沒有考慮到地球內部岩漿的對流，這會改變熱傳導的速率；二是沒有考慮到地球內部蘊含的放射性元素所導致的持續增溫效應。有趣的是，最終正是後者幫助人類測得了地球的真實年齡。

放射性現象很可能是人類近 100 多年來發現的最重要的自然現象。放射性（radioactivity）這個詞雖然是居禮夫人發明的，他們夫婦二人也對放射性現象的研究做出過卓越的貢獻，但真正在理論上把這一現象解釋清楚的人還得説是出生於新西蘭的英國物理學家歐內斯特·盧瑟福（Ernest Rutherford），他被公認為「核物理之父」。正是他第一個意識到產生放射性的原因是原子核裂變，這一過程不但改變了原子的屬性，還會產生巨大的能量，這就預言了原子彈的誕生，還順帶解釋了地球內部為甚麼溫度一直如此之高。

有個小插曲很有意思。1904 年，年僅 35 歲的盧瑟福應邀去倫敦皇家學會（相當於英國科學院）發表演講。事先他準備在會上提一下放射性元素會產生熱量這一新發現，並以此來解釋為甚麼開爾文男爵計算的地球年齡有誤差。沒想到開爾文男爵那天也在場，盧瑟福心裏十分緊張，因為開爾文男爵是公認的學術權威，當年還是個初生之犢的盧瑟福可不敢得罪這位當時已經 80 歲的泰斗級人物。演講中途，盧瑟福發現開爾文男爵的眼睛閉上了，他以為老先生睡着了，於是便大着膽子講起了地球年齡的問題。誰知一直在閉目養神的開爾文男爵突然睜開了眼睛，把講台上正在侃侃而談的盧瑟福

驚出了一身冷汗。盧瑟福靈機一動，馬上改口說其實開爾文男爵很早就在論文裏指出，他那個熱力學測年法只有在地球內部沒有新的熱源的情況下才是正確的，所以正是開爾文男爵最早預言了放射性現象的存在！講到這裏，盧瑟福用眼角餘光掃了一眼開爾文男爵，只見他坐直了身子，臉上露出了讚許的微笑，盧瑟福這才長出了一口氣。

「核物理之父」歐內斯特‧盧瑟福，他的發現為放射性測年法奠定了理論基礎。

不過，開爾文男爵並沒有認錯，他直到生命的最後一刻仍然堅信自己的計算是正確的，地球只有幾千萬年的壽命。由此看出，科學家絕不都是一些不食人間煙火的怪人。科學圈也和其他圈子一樣，存在着權威打壓小輩的情況。一個年輕人提出的新理論要想成功上位，需要克服很多意想不到的困難。

再接着說盧瑟福。他對放射性研究所做的最大貢獻就是首次提出原子核衰變遵循的是嚴格的指數規則，即衰變速率只和未衰變原子核的數量成正比，和環境溫度、壓力、化合物分子式等物理化學屬性沒有任何關係。這個發現促成了半衰期這個概念的出現，為人類最終發明出放射性測年法奠定了理論基礎。

簡單來說，如果一開始我們有 400 萬個 A 原子，100 年後只剩下了 200 萬個，其餘的都衰變掉了，那麼我們就可以説，A 原子的半衰期是 100 年，即每 100 年衰變一半。再過 100 年之後，我們手裏會剩下 100 萬個 A 原子，再過 100 年還會剩下 50 萬個，依次類推。於是，假定我們知道某件物體在初始狀態時含有 400 萬個 A 原子，某個時間點測量的結果是 100 萬個 A 原子，我們就可以知道這個時間點距離初始狀態剛好過去了 200 年。

盧瑟福發現放射性的這個秘密之後，立刻就意識到這是大自然為人類提供的一台調校精準的天然計時器。如果科學家能夠找到解讀這座時鐘的法門，就可以測出地球的年齡了。盧瑟福是一個動手能力很強的人，他立即開始嘗試用這個方法測量岩石的年齡。他從地質學家朋友那裏弄來幾塊年齡很老的石頭，測量了蘊藏在岩石中的氦氣的質量。當時他已經知道鈾裂變後會生成氦氣，只要測出岩石中氦的含量，就可以估算出岩石的年齡了。

1905 年，盧瑟福在耶魯大學做了一個關於放射性測年的科學報告，首次向全世界介紹了放射性測年的原理。初步測量結果顯示，那幾塊岩石的年齡都在 5 億年以上，比開爾文男爵的測量結果大一個數量級。即便如此，盧瑟福仍然堅持認為地球的實際年齡肯定比 5 億年還要長，因為岩石中的氦氣很可能會漏掉一部份，導致測量結果偏小。事實證明盧瑟福是對的，地球壽命比 5 億年還要再大一個數量級。

雖然盧瑟福是第一個用放射性原理估算岩石年齡的人，但他興趣廣泛，很快就把注意力放到其他地方去了。此後爆發的兩次世界大戰導致全球動盪，沒人再有心思研究這事了。直到「二戰」結束，這才有人重新開始琢磨如何解讀這座天然時鐘，地球

的秘密終於被揭開了。

碳-14 測年法的誕生

　　上一節的敘述方式很可能會給讀者留下一個「放射性測年很容易」的印象，其實這個方法難度極大，原因在於科學家面對的是在大自然中含量極低的放射性同位素，對於測量儀器的靈敏度和精確度的要求都特別高。另外，對實驗材料初始狀態的判定也是一件非常困難的事情，所以最先取得突破的並不是自然界最常見的放射性同位素鈾，而是碳-14。

　　碳-14 最初是被加州大學伯克利分校的化學家馬丁·卡門（Martin Kamen）發現的，他為了研究光合作用機理，需要找到一個方法標記碳原子。自然界的碳原子大都是沒有放射性的碳-12，但是地球高空大氣中的氮氣會在宇宙射線的轟擊下源源不斷地轉變成具有放射性的碳-14，其分子量雖然比碳-12大，但化學性質和碳-12幾乎是一樣的，非常適合用來作為碳原子的標記物，研究有機化學反應的細節。

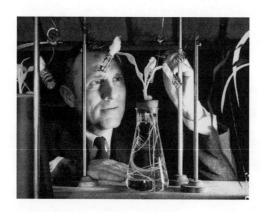

1941 年 1 月 1 日，美國化學家馬丁·卡門在進行光合作用實驗。他在研究光合作用機理時發現了碳-14。

　　卡門發現碳-14 的事情被芝加哥大學的物理學家威廉·利比（William Libby）知道了，他立刻意識到碳-14 的性質非常適合用來測年，只要假定大氣層中的碳-14 含量是恆定的就行了。已知任何生命體中都含有碳，這些碳原子歸根到底全都來自空氣中的二氧化碳，通過光合作用被轉化成了有機碳，所以任何活着的生命體內的碳-14 和碳-12 的比例都是和大氣中的比例是一樣的。一旦生命體死亡，它和環境的碳交換便終止了，從此體內的碳-14 只衰減，不增加，只要測出剩下的碳-14 的比例，就可以知道生命體是何時死亡的。

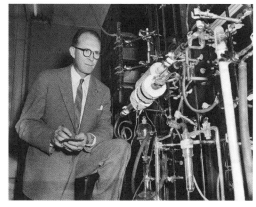

發明碳-14 測年法的芝加哥大學物理學家威廉·利比。

　　這個思路並不難想到。利比的貢獻在於，他意識到碳-14 是一種具有放射性的微量元素，其含量可以通過專門測量放射性的蓋革計數器間接地測出來。蓋革計數器非常靈敏，可以測出極其微弱的放射性強度。否則的話，死亡生命體中含有的痕量碳-14 是很難稱量的。

　　只要想到這一層，剩下的事情就相對簡單了。利比先測出樣品中含有的碳元素的總量，然後再用蓋革計數器測出其中碳-14 的含量，就可以推算出樣品的年齡了。為了提高靈敏度，減少環境背景

輻射導致的誤差，利比在樣本外面安裝了一圈蓋革計數器，先測出當時的背景輻射值，再從測量值中減去就行了。

當然了，這事現在說起來容易，當年做起來還是很困難的。自然界每 1 萬億個碳原子中才有一個碳-14，每克碳中含有的碳-14 每分鐘只會發生 14 次核裂變，碳-14 的半衰期是 5,730 年，也就是說 5,730 年前的樣品中的碳-14 就只剩下一半了，這樣的 1 克樣品用蓋革計數器測的話每分鐘只能記錄到 7 個信號，一不留神就錯過了。當年還沒有發明出自動測量儀，研究人員經常要整日整夜地守在蓋革計數器前記錄信號，工作辛苦而又枯燥。好在利比招來的博士後研究員吉姆・阿諾德（Jim Arnold）是一個對古埃及歷史非常着迷的業餘考古學家，他深知這項技術對埃及學研究的重要性，所以工作的時候特別忘我。

經過兩年沒日沒夜的工作，利比覺得這個方法成熟了，決定實際應用一次。他們選擇的第一個具有考古意義的樣本來自紐約大都會博物館收藏的古埃及法老的木質棺材，送來這件樣品的博物館館長不知道阿諾德熟知古埃及歷史，一眼就猜出了樣本的大致年齡。不過阿諾德還是認認真真地測了一次，得出的結果是 4,650 年，和他自己的估算值相當吻合。

阿諾德事後回憶，1948 年 6 月的一個星期六的下午，同事們都回家了，只有他獨自一人留在實驗室裏做計算。當他最終得到了那個神奇的數字後，屋子裏卻沒人能夠分享他的喜悅。他意識到全世界只有他一個人知道放射性測年法是正確的，從此人類終於可以為歷史文物標上準確的時間刻度了。「整個下午我都處於一種癲狂的狀態中，不停地在屋子裏走來走去。」阿諾德回憶說，「人，就是為這樣的時刻而活着的。」

利比將這次測年的結果寫成論文，發表在 1949 年 3 月出版的《科學》雜誌上。不用說，這篇論文立刻在學術界引起了轟動，但利比並不放心，僅此一件樣品還不能說明問題，萬一是巧合呢？於是他給芝加哥大學歷史系的一位老教授打電話求助，後者給他送來一塊據說來自古埃及的傢具樣品。沒想到測年的結果令他大跌眼鏡，這件樣品的放射性太強了，幾乎和來自當代的木頭差不多。利比反反覆覆測了好幾次都是如此，那段時間他的心情沉重極了，以為這個方法沒戲了。一個月之後，他忍不住跑到那位老教授那裏尋求解釋，後者聽後大笑一聲，說道：「你很可能是對的！這件樣品來自一個開羅的古董商，我一直懷疑他有造假的嫌疑！」利比回憶說，他當時差點打這位老教授一拳。

這個小插曲雖然結局很美好，卻讓利比看到了放射性同位素測年法的巨大威力。從此他為自己立了個規矩，堅決不測具有宗教意義的樣品，因為他不願得罪教徒，怕惹麻煩。事實證明，利比的擔心有些多餘。宗教和科學本來就是互相抵觸的兩件事情，教徒是不會相信科學測年法的。舉例來說，被基督教徒和天主教徒視為聖物的耶穌裹屍布曾經被三家實驗室獨立地測試過，結果都證明這是一件來自 13 世紀或者 14 世紀的樣品，不可能是真品，倒是和它的發現年代一致。但教徒們根本不信，這件聖物至今仍然保存在意大利都靈的一座教堂裏，每年都有成千上萬的教徒專程過來瞻仰。

1949 年底，利比的第二篇論文在《科學》雜誌上發表了。這次他測了六件文物樣品，結果全都和它們的已知年代非常相符。從此放射性測年法終於在全世界範圍內火了起來，無數人拿來各種樣品請他們測。利比不得不專門成立了一個顧問委員會，負責篩選最適合測年的樣品。

隨着樣品數量的增多，利比逐漸發現不少結果不太準確，似乎存在系統性的誤差。後續研究找到了兩個主要原因：第一，碳-14 測年法對污染非常敏感，如果樣品被新的微生物污染了，哪怕只有一點點霉斑，都會導致測量數據嚴重失真。尤其是年代久遠的樣品，碳-14 含量本來就少，稍微有一點污染都會帶來很大偏差。第二，碳-14 測年法的一個重要假定就是大氣中的碳-14 濃度不變，但研究表明這個值不是恆定的，而是和宇宙射線的強度成正比。不過這個缺陷不是致命的，只要科學家想辦法搞清楚地球歷史上宇宙射線的強度變化情況，就可以對測量數據進行校正，得到正確的年代。

　　這件事説起來容易，做起來很難，最終是一位來自奧地利的核物理學家漢斯·蘇斯（Hans Suess）利用樹木年輪作為對照，解決了這個問題。他發現樹木年輪的粗細和當年的氣候因素密切相關，所以同一地區的所有樹木均會表現出同樣的變化模式。只要掌握了其中的規律，再和收集到的古老樹幹進行對比，就可以通過拼接的方式構建出很長的歷史時間段內的年輪規律。舉例來說，某地區一棵老樹已經活了 1,000 歲，科學家分析了這棵樹的年輪，構建出了該地區最近 1,000 年來的氣候變化規律，如果再能找到一棵已經死亡了幾百年的千年老樹幹，找出和那棵活樹相對應的部份，兩者拼接起來，就有可能構建出過去 1,500 年的氣候變化曲線。依次類推，長達幾千年的樹木年輪史都可以通過這種方式被構建出來。

　　蘇斯知道，樹幹的年輪部份是死的，一旦形成就不再和外界進行碳交換了，於是蘇斯從已知年齡的古樹年輪組織中採樣，測了碳-14，再和該年輪所對應的年代相對比，就可以知道當年的宇宙射線強度和現在的標準值到底有多大的差距，從而畫出歷年宇宙射

線強度的校正曲線。蘇斯早在 1969 年就利用這個辦法做出了過去 7,000 年的宇宙射線校正曲線，後來世界各地都有人做出了類似的曲線，結果都差不多。這可不是巧合，而是說明這種校正方法是可靠的，因為各地的局部氣候雖然不同，但宇宙射線的強度應該是一樣的。

總之，碳-14 測年法的出現徹底改變了考古學的面貌，從此人類的手中便多了一桿時間標尺，終於可以把重要的歷史文物標上年份了。學過歷史的人都知道這件事的意義究竟有多麼大。

更重要的是，這項技術的出現徹底改變了人類的世界觀。以前人們普遍相信過去發生的事情如果沒有文字記錄的話是不可能被後人知道的，測年法幾乎相當於一部時光穿梭機，讓現代人能夠穿越回古代去見證歷史。利比教授堪比穿越小說裏的魔法師，他向世人證明，科學比魔術厲害多了，因為只有科學才能把想像變為現實。

為了表彰利比對科學發展做出的傑出貢獻，諾貝爾獎委員會將 1960 年的諾貝爾化學獎授予了他。對，真的是化學獎，雖然利比是如假包換的物理學家。不過，利比並不是第一個被授予化學獎的物理學家，盧瑟福早在 1908 年就拿到了諾貝爾化學獎。這兩位跨界人士都是研究放射性的，這不是巧合，因為放射性是一種元素轉變成另一種元素的唯一途徑。當年還有一位物理學家也想改變元素的屬性，他就是花了後半生的時間專心研究所謂「煉金術」的牛頓。可惜他那個時代不太可能發現放射性，所以煉金術注定會以失敗告終。但我們不能因此而責怪牛頓晚節不保，科學研究就是這樣，在得到結果之前誰也不敢保證自己的研究方向是正確的，我們不能僅憑成果論英雄，應該鼓勵科學家勇於嘗試新領域，即使失敗了也是

有意義的。

　　下面這個故事就是一個很好的例子。

鈾鉛測年法的意外之喜

　　碳-14 測年法有個無法克服的困難，那就是可測量的年代範圍極為有限。因為碳-14 的半衰期只有 5,730 年，超過 4 萬年的樣品中含有的碳-14 就非常少了，測量結果會很不可靠。科學家們迫切需要找到新的放射性同位素，能夠把人類的目光導向更遙遠的過去，去丈量那深邃的時間。

　　於是，半衰期長達數億年的鈾再次登上了測年的舞台。

　　最早在這個領域取得突破的是芝加哥大學的核物理教授哈里森·布朗（Harrison Brown）。他的辦公室就在利比的隔壁，兩人經常在一起討論問題，雙方都獲益匪淺。事實上，前文提到過的利用年輪來校正碳-14 測量曲線的蘇斯也來自芝加哥大學，這可不是巧合。

　　眾所周知，美國在「二戰」期間實施了「曼哈頓計劃」，最終製造出了世界上第一顆原子彈。芝加哥大學被美國政府指定為「曼哈頓計劃」的一個重要的研究中心，聚集了一大批優秀的核物理學家。戰後這批人並沒有離開芝加哥大學，而是在校長的挽留下繼續留在這裏從事與核物理有關的科研工作，其中就包括新興的放射性測年研究。

◀

芝加哥大學的核物理教授哈里森·布朗，岩石的放射性測年法正是在他的實驗室做出來的。

利比和布朗都是這麼留下來的。既然好友利比研究的是幾萬年以內的測年技術，布朗便決定把目光放遠一點，研究地球的年齡，半衰期很長的鈾自然成為突破口。已知鈾的衰變終產物是鉛，這兩個元素都必須被準確地測出來，於是布朗教授招來了兩名研究生，共同負責這個項目。一人名叫喬治·提爾頓（George Tilton），負責測量岩石中的鈾，另一人名叫克萊爾·派特森（Clair Patterson），負責測量岩石中的鉛。

雖然鈾是岩石中含量最高的放射性元素，但絕對含量仍然是非常小的，作為終產物的鉛含量就更低了，因此鈾鉛測年法面臨的最大障礙就是如何準確測量鈾和鉛的含量。後來科學家們又發現，大自然中含有的鈾同位素有三種，鉛有四種，這就更增加了工作的難度。布朗教授之所以招來這兩位研究生，是因為兩人都曾經在「曼哈頓計劃」中工作過，並因此掌握了一門神奇的技術，正好可以派上用場。

這項技術就是大名鼎鼎的質譜測定法（Mass Spectrometry）。顧名思義，這個方法的目的就是測量同位素的質量。舉例來說，給你一塊含鈾礦石，如何才能知道其中到底含有多少鈾-235、多少鈾-238 呢？用質譜儀測一下就行了。這個方法的工作原理早在 19 世紀末就搞清楚了，但真正被用於實踐則是「曼哈頓計劃」的貢獻。這個例子從一個側面說明，戰爭對於人類而言也不全是災難，很多日後造福人類的重大科技進步都是在戰爭期間被發明出來的，質譜儀、電腦和抗生素等都是如此，核電站更是與「曼哈頓計劃」有很大關係。

布朗教授的兩位研究生利用自己在曼哈頓計劃中學到的技能，開始嘗試用質譜儀測量鈾和鉛的質量。提爾頓首先完成了任務，但

派特森卻進展緩慢，測量結果總是有很大的誤差，嘗試了很多次都不行。按照常理，提爾頓是個勝利者，應該被歌頌，派特森是個失敗者，很快就會被歷史遺忘，但科學是經常不按常理出牌的一門學問。派特森並沒有放棄努力，在嘗試了一年之後，他終於意識到問題可能出在污染上。不知甚麼原因，他的實驗設備、工作人員的衣服甚至實驗室的空氣中都含有微量的鉛，這些鉛在通常情況下不會干擾物理實驗，但他測的是極其微量的鉛原子，這才惹了麻煩。進一步研究發現，這些痕量的鉛來自含鉛汽油的大量使用。20 世紀 20 年代，有人發現如果在汽油中混入一定比例的四乙基鉛，可以提高汽油的辛烷值，改善發動機的抗爆性能。隨着含鉛汽油的大量使用，人工添加的鉛混在汽車尾氣中進入了大氣層、土壤和地表水中，導致現代人體內的鉛含量比古代人高了 1,000 多倍。

當時的醫學研究已經證明，鉛是一種對人體有害的物質，尤其會影響兒童的神經系統，對青少年智力發育帶來不可逆的危害。石油公司當然知道這件事，但他們為了賺錢，極力掩蓋這個事實。直到派特森的研究結果證明鉛污染已經無處不在，並將這一事實報告給了政府和公眾，這個謊言才終於被戳穿了。

一個值得深思的細節是，布朗教授從石油公司那裏獲得了不少贊助，因為石油公司覺得這項研究能夠幫助他們尋找新的油田。但當派特森發現了鉛的問題後，石油公司立即停止了資助。不但如此，石油公司還暗中給美國政府施壓，強迫他們削減給布朗實驗室的研究經費。好在美國政府頂住了壓力，派特森的實驗這才得以繼續進行，並直接促成美國政府於 1975 年頒佈了新法規，禁止新車使用含鉛汽油，強迫石油公司研製更安全的汽油抗爆技術。

哈里森・布朗的學生克萊爾・派特森找到了測量岩石中含有的痕量鉛的方法，這項研究揭示了鉛對環境的污染，直接導致含鉛汽油時代的終結。

派特森的師祖，芝加哥大學著名的美籍意大利物理學家恩里克・費米（Enrico Fermi）曾經說過一句話：「如果你做了一個實驗，得到了你想要的結果，那麼你只是完成了　次實驗而已。但如果你做了一個實驗，得到了你意想不到的結果，那麼你就有了一個新發現。」派特森的故事再次驗證了費米的遠見卓識，這位 1938 年的諾貝爾物理學獎得主的確是科學史上罕見的天才。

更有意思的是，派特森本來從事的是一項和公眾健康沒有任何關係的純理論研究項目，最終卻拯救了無數人的身心健康。這個例子再次說明，科學研究是很難預知結果的，那些看似沒有實用價值的純理論研究，最終往往會以一種讓人意想不到的方式徹底改變人類的生活。

言歸正傳，派特森找到了誤差來源之後，想辦法解決了這個問題，測出了岩石中鉛的含量。再後來，他採用了一種從鈾鉛測年法推導出來的鉛鉛測年法測量了隕石內鉛同位素的含量，並和地球岩石做對比，終於測知地球的年齡是 45.5 億年。

布朗教授把這個結果發表出來後，立刻引起了全世界的廣泛關

注。與此同時，這個結果也遭到了很多人的質疑。全球有多家實驗室試圖證明這個結果是不正確的，但試來試去卻反而證明了這個結果的正確性。

如今 45.5 億年這個數字已經成為科學界的共識，但相信這個數字的人遠比相信碳-14 測年法的人要少，原因在於碳-14 測年法是被古文獻和樹木年輪校正過的，兩者都是直觀信息，可信度較高，普通人也很容易理解。地球的年齡則太過深邃，很難通過直覺去理解它。但其實鈾鉛測年法的邏輯鏈條是非常完整的，對於專業人士來說可信度也很高。可惜絕大多數人都只願意相信自己能理解的事物，可他們的理解力又因為知識面太窄而不足，所以才會有那麼多人不相信科學測年法測出來的數字，寧願選擇相信古人根據《聖經》推算出來的結論。

上面這個矛盾在探索人類起源的過程中也經常會遇到，這也是關於歷史或者未來的科普比關於當下問題的科普要難做很多倍的原因。多數人都更願意相信「眼見為實」，沒有意識到自己的眼睛往往很不可靠，邏輯推理的力量要遠比自己的那點可憐的人生經驗要強大得多。

地球的斷代工程

利比和布朗分別解決了地球歷史上最近和最遠年代的測年問題，中間這漫長的 45 億年該如何解決呢？

讓我們再次回到牛頓的時代，當初他之所以選擇用燒紅的鐵球估算地球年齡，是因為他相信地球形成初期就是這樣的。這個想法可不是他憑空捏造出來的，而是英國煤礦工人的功勞。英倫三島盛

產煤炭，這也是工業革命首先誕生在英國的原因之一。煤礦工人們發現，隨着礦井愈挖愈深，溫度也愈來愈高，他們很自然地猜測地球內部一定是非常炙熱的岩漿，現在我們知道這個想法是正確的。

英國地質工程師威廉·史密斯首次意識到不同的地層對應着不同的生物化石，這個發現直接導致了地質年代這個概念的誕生。

　　除了這個發現外，煤礦工人們還發現地下岩石是分層的，各層之間的分界線非常清晰。17 世紀中期有一位名叫尼古拉斯·斯丹諾（Nicolas Steno）的丹麥學者認為，這些分界線的存在説明岩石材料都是從水裏慢慢沉積下來的，所以最早的岩層分界線都是水平的，而且愈往上年紀愈輕。這個推理現在想來可能不覺得怎樣，在當時可是一個革命性的想法，斯丹諾因此被尊稱為「地層學之父」。

　　下一個突破來自英國人威廉·史密斯（William Smith），他是一位地質工程師，經常跟隨礦工下井，發現了很多化石。過去歐洲人一直認為化石是上帝造出來逗大家玩的，因為這些化石雖然很像某些現在還活着的生物，卻又有很多明顯的不同。到了 17 世紀，終於有人意識到這些化石很可能是曾經在地球上生活過的古生物的遺骸，如今已經滅絕了。

　　史密斯更進了一步，他發現礦井內的地層厚度雖然不一樣，但化石出現的順序都是一致的，完全可以根據化石的不同把全英國的地質層面納入同一套體系之中。1799 年，他出版了世界上第一本着

色的地層圖，1813 年又出版了英格蘭、威爾士和蘇格蘭地層圖，至今仍然沒有過時，從此一門嶄新的學問——生物地層學誕生了。

要知道，進化論當時還沒有問世，但史密斯已經意識到化石可以按照時間來排序，這是個非常了不起的發現。英國著名地質學家查爾斯‧萊爾（Charles Lyell）就是在史密斯的啟發下，寫出了那本劃時代的著作——《地質學原理》。年輕的達爾文在乘坐「小獵犬」號帆船環遊世界時，行囊裏就裝着這本書。我們甚至可以說，正是這本書中提出的思想，啟發達爾文寫出了《物種起源》。

到了 19 世紀中期，第一張地質年表終於被地質學家們構建出來了。最開始的年表很簡單，即最古老的為第一紀，距離我們最近的為第四紀。之後，隨着知識的更新，大家耳熟能詳的寒武紀、侏羅紀、更新世之類的名詞也開始出現了。毫不誇張地說，這張年表是地質學對人類所做的最大貢獻，因為它為人類了解地球歷史提供了一個基本的框架。從此，無論是地球的發展史還是生命的進化歷程都可以在這個框架內被討論了。

關於地質年表的故事完全可以單獨寫一本書，本文的讀者只需要知道兩件事就行了：第一，起碼從化石層面來看，生命的進化過程似乎不是連續漸進的，而是被分成了一個個階段，每個階段都始於一次物種大滅絕事件，絕大部份在上個階段稱霸地球的物種都消失了，代之以一大批全新的物種。第二，每一種化石都是和周圍的沉積物一起被埋入地下的，因此每一種生物生活的年代都可以通過對同一層沉積物的測年而被估算出來。

當然了，19 世紀的地質學家連最基本的測年法都沒有掌握，他們只知道各種化石出現的相對順序，對每一個地質年代的具體時間一無所知。直到放射性測年法出現後，人類才知道了各種生命類型

出現的時間，這為科學家研究生命的進化過程提供了重要依據。

下面簡要介紹四種比較常見的岩石測年法。

第一，鈾系法。自然界含量最高的鈾同位素是鈾-238，這種同位素在衰變為終產物鉛-206之前，還要經過8次核裂變，每次均會釋放出一個氦原子。這一系列衰變的中間產物都可以用來測年，鈾系法因此得名。此法比較適合用來測定碳酸鹽地層的年代，常用於測量洞穴堆積物、骨化石和牙齒化石的年齡，在古人類化石研究中有着廣泛的應用。引言中提到的道縣牙齒化石的年齡就是用鈾系法測出來的。

第二，鉀氬測年法。鉀是地殼中含量很高的一種放射性元素，鉀-40會衰變成氬-40，後者是一種氣體，因此火山噴發時熔岩中原有的氬氣都會揮發掉，這就相當於一次清零的過程。當火山熔岩重新凝結成固體後，新生成的氬氣會被禁錮在岩石中，再也跑不掉了。只要測出火山岩或者火山灰中氬氣的含量，再和其中含有的鉀做對比，就可以算出上一次火山爆發究竟發生在何時。這個方法非常適合測量被火山灰覆蓋的化石年代，人類化石的熱點地區東非大裂谷恰好是著名的地質活躍帶，曾經發生過很多次火山爆發，用這個方法可以很精確地測出夾在火山灰層之間的化石年齡。

第三，古地磁測年法。地球磁場不是恆定不變的，其強度和方向一直在不停地變化，歷史上甚至還發生過多次南北磁極徹底顛倒的現象。研究顯示，最近的一次磁極翻轉發生在78萬年前，算是間隔比較久的一次了，因此科學家們預計下一次磁極翻轉很可能即將發生，年輕讀者也許會在有生之年親眼看到。地殼中的很多礦物質都有磁性，它們在受熱後冷卻或者沉積的過程中會因為地球磁場的影響而表現出一定的方向性，這就相當於把那一時刻的地球磁

場的方向和強度記錄了下來。地質學家們在採集樣品時先記錄其方向，再在實驗室裏測量樣品的剩磁方向，就可以知道該岩石樣本在形成或沉積時地球磁場的極性。最後再將這個信息放在已經建立好的地球磁極變化歷史框架內，就可以知道該樣本的大致年代了。

第四，光釋光測年法。自然界的大部份晶體裏肯定都會有雜質和缺陷，這些雜質和缺陷會把路過的電子吸引過去，並滯留在那裏。此時如果遇到諸如加熱或者強光的照射，這些電子獲得了能量後就會一哄而散，消失殆盡。太陽光是很強的光源，所以這些晶體一旦暴露在陽光下，就相當於完成了一次清零的過程。此時如果用土把晶體蓋住，讓它再也見不到陽光，那麼泥土中的微量放射性元素的衰變所釋放的電子就會一點一點地被晶體缺陷吸引過去，並儲存在那裏，儲存量和時間成正比，直到飽和為止。考古學家只要把和化石埋藏在同一地層的土壤保存在不透光的容器中運回專門的光釋光實驗室，分離出土壤中的礦物晶體，用不同波段的光一照，儲存在晶體中的電子就會以光的形式釋放出來，釋放出的光愈強，這個晶體距離上一次見光的時間就愈久。這個方法非常適合測量含有石英和長石晶體的沉積層的年齡，引言中提到的許昌人頭骨化石的年齡就是用這個方法測出來的。

有了上述工具，科學家們終於知道了所有地質年代的時間跨度，也可以相對準確地測知幾乎所有化石的生存年代。至此，舞台和道具都已準備好了，就等考古學家和人類學家登場，為我們解開人類起源之謎。

掘地三尺有祖先

> 隨着歲月的流逝，人類祖先的身體早已化為灰燼，只有少量骸骨化石尚留人間，只有想辦法找到它們並做出正確的解讀，才有可能揭開人類起源之謎。

尋訪祖先的蹤跡

位於德國西南部的巴登符騰堡州是個農業州，大部份土地被開闢成了農田或者牧場，森林密佈的小山丘點綴其間，一派田園風光。州內有個地方叫作龍涅河谷（Lonetal Valley），卻看不到龍涅河，原來這塊土地是典型的喀斯特地貌，地表水都從石灰岩的縫隙中滲入了地下，把龍涅河變成了一條地下河。正因為如此，這裏有好多被水侵蝕出來的石灰岩山洞，從洞裏挖出過不少好東西。我在2016年專程來這裏走了一趟，尋找歐洲古人類留下的蹤跡。

我的第一個目的地是福格爾赫德山洞（Vogelherd Cave），這是一個比較典型的石灰岩山洞，坐落在一個30多米高的小山丘上。洞口十分狹窄，但裏面卻非常寬敞，明顯可以看出是被挖過之後的結果。原來，1931年有人在洞裏發現了一些石器殘片，附近的圖賓根大學迅速組織了一個考古隊，從洞裏挖出了上萬件舊石器和人工製品碎片，其中包括9個用猛獁象牙雕刻而成的動物雕塑，造型優美，工藝精良。

「當年那支考古隊往下挖了三四米深，挖出來的堆積物在洞外堆成了一個小山包。不過他們不太專業，很多有價值的東西都被當作垃圾丟掉了，所以2005年又挖了一次，從當年那個垃圾堆中

又找到了 5 個動物雕塑，以及更多的文物。」導遊赫爾曼（Hermann）介紹説，「測年結果顯示，這些動物雕塑的年代大約在距今 3.5 萬年左右，是目前已經發現的年代最古老的人類雕刻藝術品。」

2013 年，德國政府投資 380 萬歐元在這裏建造了一個考古公園，站在洞口可以看到整個公園的全貌，視野非常開闊。「3.5 萬年前這片地方是凍土草原，就像現在的西伯利亞。整個龍涅河谷都被冰川覆蓋，幾乎找不到一棵樹。」赫爾曼接着説，「草原上到處遊蕩着猛獁象、獅子、河馬、野馬、棕熊、馴鹿和野牛等大型哺乳動物，古人就是追着這些獵物進入這片山谷的。這座山洞是古人的臨時避難所和觀察站，他們站在這裏可以俯瞰整個山谷，一旦發現獵物的蹤跡，便手持標槍衝下山去追捕，然後把捕到的獵物抬進洞來燒烤，全家人圍着篝火飽餐一頓。」

考古學真是一門需要想像力的學問，我後來採訪過的很多考古學家都證明確實如此。赫爾曼雖然只是一名業餘導遊，但他也繼承了考古學家們的這種氣質，講起古人的事情來頭頭是道，眉飛色舞，充滿了各種細節。

當然了，考古不是寫小説，考古學家的想像絕不是天馬行空，而是要有事實作為依據。比如，歐洲大陸曾經遍佈冰川這件事最早是瑞士科學家提出來的，因為瑞士是僅有的幾個能看到冰川的歐洲國家，瑞士人通過觀察阿爾卑斯山附近的冰川，學會了如何辨別冰川侵蝕陸地後留下的痕跡。之後他們在歐洲大陸的其他地方都發現了類似的痕跡，這才得出了上述結論。

再後來，我們有了科學，可以不必依靠人生經驗去做判斷了，這才終於搞清了冰川的規律。原來，地球歷史上大部份時間的平均

溫度都要比現在高，但由於各種原因，從距今 800 萬—500 萬年開始地球逐漸變冷，並從 200 多萬年前開始正式進入了冰河時期。這段時期內地球溫度在大部份時間裏處於較冷的「冰期」，高中緯度地區幾乎全都被冰川覆蓋。每個冰期之間會有一段短暫的「間冰期」，那時的地球溫度甚至有可能比現在還要高，但持續時間較短，很快就又冷了下來。

　　大約從 80 萬年前開始，地球進入了一段變化劇烈的時期，冷暖交替加速，每隔 9 萬年左右便會出現一個「極寒期」。導致這一規律性變化的主要原因是地球公轉軌道的規律性擾動，使得地球接收太陽輻射的總量不斷變化。這套理論是由塞爾維亞工程師米盧廷·米蘭科維奇（Milutin Milanković）最先提出來的，因此後人稱之為「米蘭科維奇循環」。這個循環是研究人類進化史的重要依據，甚至有人認為，人類之所以被進化出來，並擴散至整個地球，與冰期的規律性變化有着直接的關聯。比如，地球在大約 4.5 萬年前時處於間冰期，氣候相對溫暖，現代智人正是在那段時間進入歐洲的。大約在 3.5 萬年前，地球再次進入了冰河期，並一直持續到 1 萬多年前才結束。這段時期歐洲大部份地區都被冰川覆蓋，海平面要比現在低 90 米，龍涅河谷就是在這一時期被進入歐洲的早期現代智人所佔領的，他們創造了著名的「奧瑞納」（Aurignacian）文化，福格爾赫德山洞就是這一文化的標誌性地點之一。

　　考古學家們通過分析從洞中挖出的文物，還原了「奧瑞納人」的生活方式。為了保暖，他們穿着獸皮縫製的衣服；他們平時住在簡易帳篷裏，需要遷徙時會把所有家當裝在擔架中拉着走；這種簡易擔架其實就是兩根木頭之間綁塊獸皮，一頭用人拉着，另一頭拖着地；他們用標槍打獵，槍桿是用木頭做的，槍頭上綁着用石頭仔

細打磨過的骨質箭鏃；他們還發明了簡單的投擲器，就是一小截木頭手柄，一頭頂住標槍的柄尾，另一頭拿在手上，這樣可以更好地使用手腕的力量，增加投擲距離；打到獵物後他們會用各種專門的石器把肉從骨頭上剔下來，這些石器的材料不是產自當地，而是來自今天的克羅地亞，這說明他們最早是從中歐遷過來的；他們掌握了鑽木取火的技能，獵物通常都是被烤着吃掉的。

不是所有人都有考古學家那樣豐富的想像力。為了方便遊客更好地理解科學家們的推理過程，考古公園用當時所能得到的原材料和工具製作了帳篷、擔架和獸皮衣服展示給大家看，一位導遊還現場表演了鑽木取火，同樣只用當地能找到的原材料，幾分鐘就成功了。園方甚至專門設立了投擲體驗區，用紙板做了幾個實物大小的犀牛模型放在 20 多米遠的地方，鼓勵遊客嘗試投擲標槍，體驗投擲器的威力。

不過，信息量最大的還得算是那幾件牙雕製品，以及項鏈首飾和樂器等生活用品。考古公園裏有一座設施完備的紀念館，不但展出了當年從洞中挖出來的兩件動物雕塑的實物，還用一部紀錄片還原了奧瑞納人製作這些動物模型的過程，從中推導出了他們的智力水平和社會結構，這很可能是人類學家們最關心的兩個問題。

智慧時光機

一圈走下來，我感覺自己對奧瑞納人有了很深的了解。仔細一想，原因就在於他們和我一樣，都屬於心智已經基本發育成熟的現代晚期智人，不但會製造複雜的工具，還具備了製作並欣賞藝術品的能力。所謂「藝術」的本質就是人類把自己大腦中對周圍世界的

理解轉變成實物,這就相當於為後人留下了很多物證,方便考古學家們去想像古人的生活場景。

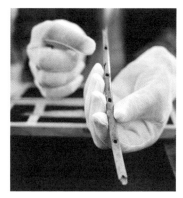

▶ 2009 年 6 月 24 日在德國施瓦本山區的岩洞裏發現的骨笛,是用禿鷲中空的翅骨製成的,代表着奧瑞納文化在藝術上的最高成就。

▲ 位於法國南部的拉斯考克斯洞穴壁畫,屬人類的舊石器時代。

這方面的一個最有趣的案例就是歐洲晚期智人留下的壁畫。福格爾赫德山洞雖然沒有壁畫,但同時期的歐洲晚期智人在法國、西班牙和德國境內的很多山洞裏都留下了栩栩如生的壁畫作品,證明

我們的祖先至少在 4 萬多年前就已經具備了人類特有的高級認知能力。根據《自然》雜誌 2016 年的報道，歐洲科學家通過對這些壁畫的研究，搞清了歐洲野牛的進化史。現存的歐洲野牛是兩種古代野牛雜交的產物，但那兩個親本都已經滅絕了，只剩下骨頭。幸運的是，歐洲晚期智人在洞穴的牆壁上畫下了牠們的形象，很多細節都栩栩如生。當代科學家通過這些壁畫直接穿越到了 4 萬多年前，認出了兩種親本野牛的樣子。像畫畫這樣的事情只有具備了極高認知能力的智慧生物才能做到，獅子、老虎再勇猛都不行。

換句話說，智慧就相當於一個時光機，帶領我們穿越了時空的阻隔，回到了過去的世界。

智慧愈高級，為後人留下的信息就愈豐富，我們的想像力也就愈有用武之地。所有信息當中，壁畫只能記錄粗糙的視覺信息，文字才是萬能的。當人類發明出文字後，我們就不必再去猜測古人的生活狀態，更不再需要放射性測年之類的考古技術了，這就是為甚麼我們把文字出現之前的歷史叫作「史前史」，文字出現之後才叫「歷史」。在學者們看來，歷史是有文字記錄的年代，研究方法和史前史完全不同，後者屬於考古學的範疇，需要一整套特殊的研究方式和技巧。

讓我們把眼光再放遠一點，想像一下 1 萬年後的歷史學會是甚麼樣子。那時的歷史學家如果要想研究我們這個時代的事情，肯定不用再去挖土了，甚至連書都不用去翻，我們給後人留下了太多的文字、音頻和視頻資料，未來的歷史學家最擔心的反而是如何從浩如煙海的資料中挑出最有用的信息了。高級智慧的出現從根本上改變了「歷史」這門學問的面貌，考古這門學科很可能在不遠的將來不復存在。

　　但有一點不會改變，歷史學仍然不會是一門完全中立的學問，因為這門學問研究的是人類自己，研究者很難不帶有偏見。當年圖賓根大學投入了大量人力、物力去挖洞，原因在於納粹德國打算利用考古來提振德國人的士氣，彰顯德意志民族的高貴。那時的考古學充滿了各種基於民族主義的偏見，就連歐洲古代壁畫所採用的紅黃黑三色顏料都被納粹吹噓成德國國旗的象徵。事實上，愈來愈多的證據表明，這一時期的歐洲智人並不是當代歐洲人的直接祖先，奧瑞納人的膚色甚至更有可能是深色的。從這個角度講，今天的德國算是有了很大進步，願意出資為這些不明來歷的古人建紀念館。

　　那麼，福格爾赫德山洞裏曾經住過的那些古人究竟長甚麼樣呢？沒人知道，因為這個山洞裏沒有找到古人類化石。於是我來到了下一個目的地，那裏曾經挖出來一根古人的大腿骨。

發現尼安德特人

　　我的下一個目的地是同樣位於龍涅河谷的一個山洞，名叫「空心穀倉」（Hohlenstein-Stadel Cave）。去了才知這個洞實際上只是一處峭壁上的凹陷，比福格爾赫德山洞要淺得多，但遠比後者古老，而且早在 1861 年就被人發現了。發現此洞的是一個喜歡收集熊骨的人，他從洞裏挖出了不少熊骨化石，卻把其他的骨頭都丟掉了，甚為可惜。不過，即使他把一根人骨拿在手裏，也不一定能認得出來。辨認動物化石可是一門學問，需要經過專門的訓練才行。

▲ 尼安德特人住過的「空心穀倉」山洞，位於德國巴登符滕堡州的龍涅河谷。

◀ 德國導遊赫爾曼在為遊客講解尼安德特人的解剖特徵

　　1937 年，熱衷宣揚德意志民族高貴形象的納粹政府再次想到了這個山洞，派人進洞二次挖掘，終於挖出了一根古人類的大腿骨。導遊赫爾曼給我看了那根骨頭的照片，其實只是大腿骨中間的一小段而已，反正我肯定認不出來。但那時的考古學家們已經有了經驗，認出那根骨頭屬於尼安德特人（*Neanderthal*），一種比奧瑞納人還要古老得多的歐洲古人類。

科學家們在研究尼安德特人頭蓋骨
（攝於 1946 年）

尼安德特人的故事要從
1856 年講起。那年夏天，有幾
個石灰礦開採工人在杜塞爾多
夫附近的尼安德爾峽谷（Nean-
der Valley）挖出了一具人類骸
骨化石，頭骨看着很像現代人，
但又有不少明顯的差別，比如額頭遠不如現代人那麼飽滿，眉骨過
份凸出，下頜骨雖然結實，卻沒有下巴頦兒。其他部位也有一些不
同之處，比如肩胛骨過份寬大，前臂和小腿都比現代人短，胸腔圓
而厚，肘關節和膝關節異常粗大，等等。總之，看上去像是個傻大
黑粗的野蠻人。

這件事引起了歐洲學者們的廣泛關注，但大家爭論了半天也沒
有達成共識。一部份人猜測這是一個佝僂病人的骸骨，另一部份人
認為這是個傳說中生活在密林裏的野人，甚至還有人相信這是一個
在拿破崙戰爭中受傷的哥薩克騎兵！不過，後者很快就被否決了，
因為在此之後的若干年裏，全歐洲都相繼出土了一批和尼安德特人
很類似的骨骼化石，而且從地層和石化程度判斷，年代都相當古
老。歐洲學者們不得不承認，這是一個曾經遍佈歐洲大陸的古老人
種，不知為何滅絕了。

後來又有人意識到，類似的化石其實早在 1830 年就在比利時
境內被發現過，1848 年在直布羅陀也曾經出土過這樣的化石。從化

石分佈的密度判斷，古代的歐洲人肯定挖到過尼安德特人的骸骨化石，但他們完全沒有能力分辨出來。要不是那幾個德國礦工首先意識到這批骸骨的價值，尼安德特人的故事很可能要晚很多年才被我們知道。

為甚麼是德國人首先意識到這一點呢？這裏面是有玄機的。由於地理位置和民族歷史等原因，德國人一直對所謂的「人種差異」非常敏感，投入到這方面的研究也最多。出生於維也納的德國醫生弗朗茨·約瑟夫·高爾（Franz Joseph Gall）最早開始研究顱骨形狀和智力之間的關係，他因此被公認為「顱相學」（Phrenology）之父。這門學問從一開始就帶有嚴重的種族歧視色彩，因為大部份研究者都試圖用這個方法證明白種人是世界上最優秀的種族。

比如，高爾就曾通過自己的研究得出結論，說高額頭和低眉骨是聰明人的標誌。其實這個結論完全沒有科學根據，只是因為高爾覺得歐洲人都是這樣的，而非洲人在這兩方面正好相反。這個結論導致德國科學家先入為主地認為額頭低、眉骨高的尼安德特人都是粗魯的野蠻人，一直羞於承認他們是自己的祖先。

後來，隨著人類學研究數據的積累，哪怕是最堅定的種族主義者也不得不承認人種之間的「顱相」差異非常小，現代人的顱骨結構和智力高低更是沒有一丁點兒關係，所以這門典型的偽科學漸漸被人遺忘了。

如果說「顱相學」還有任何價值的話，那就是它激發了人們研究人類顱骨形狀的興趣。這股風氣在德國尤為盛行，這就是尼安德爾峽谷挖出來的那具骸骨終於引起了德國人的注意的原因。不信的話可以去找一張尼安德特人的顱骨照片看看，我相信大部份人在不看註釋的情況下是分辨不出來的。

這個案例從一個側面證明了以色列物理學家戴維·多伊奇（David Deutsch）的遠見卓識。他在《無窮的開始》（*The Beginning of Infinity*）一書中曾經說過，我們對任何東西都不是直接觀察的，所有的觀察都是理論負載的。一件事情，如果你只是盯着它看，最終除了它本身之外你甚麼也看不到。要想在觀測中有所收穫，就需要我們在觀測前就具備很多相關知識。

想想看，人類化石很多國家都有，卻是歐洲人最早發現了晚期智人的蹤跡，人類近親的化石也是最早在歐洲被發現的，原因就是歐洲人最先開始了對人類起源問題的探索，具備了其他地方的人尚不具備的專業知識。

歐洲人之所以最早開始研究人類起源，並不是因為他們更關心自己的祖先，而是因為歐洲人主導了 15 世紀末開始的地理大發現。無數事實證明，如果一個人一輩子只見過和自己相似的人，那他是不會對自己的身世感興趣的。古代社會的流動性很差，古人見到異族的機會不多，眼界十分狹窄。掌握了遠洋航海技術的歐洲人最早開始環遊世界，歐洲海員們最早意識到地球上生活着各種各樣的人，於是他們很自然地對人類的起源問題產生了興趣，因為他們想弄清楚這些人都是怎麼來的，不同人種之間的差別到底是如何形成的，以及這種差別究竟意味着甚麼。

換句話說，人類學的誕生，最初不是因為人們對自己的祖先感興趣，而是因為人們對自己的同類感興趣，原因在於他們是我們的競爭對手。事實上，不同部落和種族之間的相互比拼貫穿了整個人類史，直到最近才有所減弱。

達爾文為人類學指明了方向

在尼安德特人化石剛剛被發現的時候，達爾文的《物種起源》還沒有出版，不過當時的歐洲科學界已經意識到《聖經》是不可靠的，人類的歷史要遠比《聖經》上記載的更悠久。但是，因為缺乏科學知識，以及種族偏見的影響，當時的歐洲學術界普遍認為不同種族的人們一定都是分別進化而來的，否則無法解釋各個民族之間的巨大差異。當然了，後續研究證明不同人種之間的差異其實是很小的，但人類最擅長發現同類之間的不同之處，這種能力是多年進化的結果，早已深深地刻在了我們的基因組裏，很難被改變。

尼安德特人化石被發現 3 年後，也就是 1859 年，《物種起源》出版了，立刻在學術界引發了一場大地震。雖然一開始雙方鬥爭激烈，但支持方逐漸佔了上風，進化論被愈來愈多的人認同。在人類尋找自己祖先的歷程中，《物種起源》的出版要算是一個重大的轉折點，達爾文的進化論為人類家族的傳承提供了一個大致的方向，考古學家們終於知道該去哪裏找線索了。

達爾文的早期擁躉相信的是一種狹義的進化論，即認為新物種是在老物種的基礎上一點一點地

▶

當代最偉大的生物學家達爾文

進化出來的，中間存在着很多過渡狀態，每一個新變化都要比老版本更複雜、更高級，在競爭中更有優勢，所以一旦新版本（物種）出現之後，老版本便很自然地消失了。

這種單線程的進化模式很快得到了廢奴主義者的支持，他們認為這個理論説明不同的人種其實都來自同一個祖先，大家 500 年前是一家，所以奴隸制度是不道德的。支持奴隸制的人則堅稱進化論是不對的，因為只有這樣才能為一群人奴役另一群人找到合理的藉口。類似這種政治陣營左右科學態度的案例在人類歷史上比比皆是，人類進化領域更是重災區，人類學研究者很難保持中立，古今中外莫不如此。

其實《物種起源》並沒怎麼談及人類，因為當時達爾文自認為對這個問題沒有把握。後來他花了很長時間思考人類的進化問題，還多次專程去倫敦動物園觀察黑猩猩的行為。歐洲人很晚才知道世界上有猩猩這種動物，第一頭大猩猩是 1847 年才從非洲運到歐洲來的，所以當時的歐洲老百姓爭論的焦點都是人到底是不是猴子變來的，沒猩猩甚麼事兒。但當達爾文了解了猩猩這種動物的行為模式和生活習性之後，立刻意識到猩猩才是和人類最相似的哺乳動物，人類的祖先一定是一種和猩猩很相似的非洲古猿。

達爾文在 1871 年出版了《人類的由來及性選擇》（*The Descent of Man and Selection in Relation to Sex*）一書，首次提出非洲有可能是人類的搖籃，因為他發現地球上很多地區的現存哺乳動物都和該地區已經滅絕了的哺乳動物最為相似，推測人類也應該遵循這一原則。不過，達爾文的這個想法並沒有得到大多數古人類學家的認同，他們不相信如此落後的非洲會是人類的發源地。

於是，在 19 世紀末到 20 世紀初那段時間，歐洲各國興起了

一股挖掘人類化石的熱潮，大家都覺得自己的民族才是最優秀的民族，每個國家都想成為人類的發源地。因此，大家都喜歡把在本國境內發現的古人類化石命名為一個新的物種，甚至為了達到目的不惜誇大化石之間的細微差別，模糊了「物種」這個現代生物學概念的定義和邊界。古人類學從此進入了一個混亂的時期，大家各自為政，缺乏共識。

那時的歐洲考古界還很熱衷尋找所謂的「缺環」（missing link），即從猿到人的進化過程中的中間環節，哪個國家先找到這樣的化石，這個國家就可以自豪地說，人類是在我這裏進化出來的，我們國家才是人類的搖籃。值得一提的是，尼安德特人雖然看上去很原始，卻被排除在外了，因為法國鐵路工人於1868年在多爾多涅區的克羅馬農（Cro-Magnon）山洞中發現了5具人類骨骼化石，年代和尼安德特人差不多，但形態上已經和現代智人沒甚麼差別了。單線程進化模式預言，地球歷史上的任何階段都只有一種人類生存，因為低等的古人類肯定會被高等的人類所替代。如果歐洲已經有了克羅馬農人，就不應該再有尼安德特人了，所以尼安德特人不可能是人類進化過程中的「缺環」，只能是一條進化的死胡同，走不通。

1921年，一個名叫查爾斯·道森（Charles Dawson）的英國業餘考古愛好者首先報告說他找到了這個「缺環」。當時還是一名鄉村律師的道森在英國東薩塞克斯郡的一個叫作皮爾當（Piltdown）的地方發現了幾塊人類頭骨碎片，它們被埋在一處非常古老的地層之中，說明它的主人生活在遙遠的過去。這個所謂「皮爾當人」最有趣的地方在於，拼接後的頭蓋骨完全就像個現代人，但下頜骨卻是猩猩的模樣，看上去像是一個完美的過渡態人種。

英國皇家學會的人類學家們仔細研究後發現，這個頭骨有個小小的缺陷，那就是下頜骨和頭骨似乎對不上。但這個發現實在是太讓人興奮了，專家們來不及多想，立即將這個消息公佈了出去，宣佈從猿到人的那個「缺環」終於被找到了。

從這天開始，人類考古學就走入了一條死胡同，直到 40 多年後才走出來。

原來，這個頭骨化石是偽造的，偽造者把一個晚期智人的頭蓋骨化石和一個加工成化石模樣的紅毛猩猩的下頜骨放在一起，謊稱是從同一個地點挖出來的。最後還是同位素測年技術讓這件贋品露了餡，可惜真相大白之時所有當事人都已作古，真正的幕後策劃者恐怕永遠也找不到了。

皮爾當人化石造假事件是人類科學史上非常有名的一樁公案，至今仍然餘波未消。為甚麼那麼多化石專家都被這件並不怎麼高明的贋品給騙了呢？除了民族主義這個因素之外，還有一個更深刻的原因。自從主流科學界認定人類是從猩猩變來的之後，接下來一個很自然的問題就是猩猩到底是怎麼一步一步變成人的。科學家們通過對靈長類動物生活習性的觀察，列出了四個大家都同意的關鍵步驟，分別是從樹上下來、雙足直立行走、形成複雜的社會結構和認知水平飛躍，至於這四個步驟的順序則眾說紛紜。

達爾文認為正確的順序應該是先下樹，再直立行走，然後大腦認知水平發生飛躍，最後才會出現複雜的社會結構。但英國人類考古學界公認的最高權威亞瑟‧基斯爵士（Sir Arthur Keith）則認為認知水平肯定是最先變化的，因為他內心裏一直相信進化的動力來自人的主觀意志，人必須先進化出高級意識，才會驅動身體的其他部位向終極目標邁進。皮爾當人化石的出現「恰好」驗證了基斯爵

士的觀點。你想啊，認知水平的飛躍一定伴隨着顱容量的增加，皮爾當人的顱容量和現代人一樣大，但下巴似乎還沒進化完全，實在是太符合基斯爵士的理論了。

事實證明，不但皮爾當人化石是假的，基斯爵士的觀點也是不對的。進化是沒有目的的，不需要有個神秘的「主觀能動性」來驅動。英語裏的 evolution 被翻譯成「進化」實在是有些不妥，應該翻譯成「演化」才更準確，因為這是一個事先沒有預設方向的變化過程。

這個例子再次說明，我們對待自己祖先的態度其實是非常微妙的：一方面我們很想知道祖先來自哪裏，他們如何生活；另一方面我們卻對所發現的事實感到不安，生怕和自己心目中的祖先形象不符。事先擁有豐富的知識雖然能夠幫助人們更好地認識這個世界，但如果我們被某種先入為主的概念或者政治立場牽着鼻子走，其結果同樣會是災難性的。

在古人類研究領域，類似這樣的案例太多了，下面就再舉一例。

發現爪哇人

達爾文雖然是生物學界公認的泰斗，但他對於人類起源於非洲的猜測卻一直沒有得到廣泛的認同。德國著名的生物學家恩斯特·海克爾（Ernst Haeckel）就是反對派的代表人物。

海克爾最擅長的領域是動物發育，就是他最早提出動物的進化史會在該動物的胚胎發育過程中完美地再現一遍。雖然這個理論現在已經被否定了，但當年在普及進化論的過程中還是起到過很

大作用的。他還發明了很多大家耳熟能詳的詞語，比如生態學（ecology）和幹細胞（stem cell）等，甚至連「第一次世界大戰」這個說法也是他首先提出來的。

海克爾是達爾文的進化論在德國的主要推廣者，但他卻一直不相信達爾文的人類非洲起源說，而是堅信紅毛猩猩（orangutan）才是和人最相似的靈長類動物，出產紅毛猩猩的亞洲才是人類的搖籃。其實那時已經有人解剖了亞洲紅毛猩猩和非洲黑猩猩，發現後者最像人。海克爾之所以堅持自己的想法，完全是政治因素在作怪。

還有一個重要的原因，那就是人類進化這個研究領域在早期一直是「定性」的成份居多，缺乏可以量化的指標和能夠被清晰地證偽的理論框架。到底哪些性狀能夠證明紅毛猩猩不是人類祖先呢？誰也不知道應該以何種標準來評判。再加上人類的祖先都早已作古，沒人出來做證，因此這個領域一直充滿了爭議，大家按照政治立場或者學術派別來站隊，誰也說服不了誰。

那麼，作為一個德國人，為甚麼海克爾會堅持認為亞洲才是人類的搖籃呢？這裏面有一個很古老的原因。大部份歐洲人信的是基督教，《聖經》裏所說的伊甸園卻是在中東地區，那片地方已經有很長時間被穆斯林控制在手中了，再加上德國人也很不喜歡源自中東地區的猶太人，於是他們便把目光轉向了更加遙遠的東方，創造出了「雅利安」（Aryan）這個概念。據說雅利安人起源於印度北部，是一個非常高貴的古老民族，德國哲學家黑格爾認為歐洲最早就是被雅利安人征服的，日耳曼人都是雅利安人的後代。

這套理論一直缺乏考古證據，語言學（印歐語系）是其唯一的支持者。18 世紀末出生的德國博物學家約翰·弗里德里希·布盧門

巴赫（Johann Friedrich Blumenbach）則另闢蹊徑，認為中亞更有可能是人類的發源地，當地的白色人種是所有人類的祖先，他稱之為高加索人（Caucasian）。他還是最早把人類當作一個生物物種來研究的人，就是他首次把「種族」（race）這個詞用在了人類身上。

海克爾繼承了布盧門巴赫的思想，他相信生活在南亞諸島上的紅毛猩猩才是人類最早的祖先，因此他虛構了一個幽靈洲（Lemuria），認為這塊大陸才是人類的搖籃，後來沉入印度洋底，這就是古人類化石如此罕見的原因。

海克爾的理論流傳很廣，一個名叫尤金·杜布瓦（Eugene Dubois）的荷蘭東印度公司的醫生就是這套理論的擁躉。他利用自己被派到印尼工作的機會，組織當地人先後在蘇門答臘島和爪哇島的河岸以及洞穴中尋找人類化石，終於在 1891 年時在爪哇島發現了一個很像猩猩的頭蓋骨，第二年又發現了一根很像現代人的大腿骨，他將其命名為「直立行走的猿人」，也有人因其發現地而稱之為「爪哇人」。

因為杜布瓦是個業餘科學家，他的這項發現並沒有被主流科學界承認，他鬱悶得差點兒發了瘋。等到皮爾當人化石出土之後，歐洲科學家們都把注意力轉到了英國。杜布瓦和他的發現符合「先直立行走再大腦發育」的進化路線，和皮爾當人正相反，所以很快就被大家遺忘了。

但是，亞洲起源說並沒有被遺忘，反而愈演愈烈，吸引了不少歐洲人前往亞洲尋找人類化石，中國自然成為他們的首要目標。這些人很快發現，在中國找化石根本不需要去田野裏挖土，只要去中藥店走一趟就行了，因為中國人迷信，他們覺得吃了動物骸骨化石研磨成的粉可以壯陽，甚至還可以治病。當時很多藥店都出高價收

購所謂「龍骨」，不少農民專門靠挖化石謀生。他們顯然沒有受過這方面的專業訓練，很可能把人類化石當成「龍骨」賣給了藥店。因為缺乏相應的科學知識，一直標榜最崇拜祖宗的中國人就這樣把祖宗留下的遺骨當作壯陽藥吞進了肚子裏。

當然了，絕大部份化石都是古代動物留下的，人類化石很少。人在地球上生活的時間本來就遠少於動物，種群數量更是天差地別，化石少並不奇怪。不過，動物化石也是相當珍貴的東西，能留下來的都堪稱奇蹟。去非洲看過野生動物的人都知道，大型動物在野外死亡後，其屍體很快就會被各種食腐動物處理得乾乾淨淨，骨頭雖然可以保留得久一些，但骨髓裏面也有營養，也會被動物咬碎。據統計，絕大多數情況下動物骸骨在死後的兩年內就會徹底消失，留不下一點痕跡，除非死後很快被沙土掩埋，才有可能保存下來。

自然界通常只有兩種情況會把死亡動物的骸骨迅速地埋進土裏：一種情況是動物掉進坑裏或者山洞中，然後被沖進來的泥水覆蓋住；另一種情況是動物掉進河裏或者湖裏，被水底淤泥掩埋。這就是絕大部份動物化石都是在山洞或者古代河床的沉積層內發現的原因。《引言》中提到的道縣牙齒化石就屬於前者，據觀察應該是死亡後被水沖進洞裏來的。許昌人化石則屬於後者，那地方在考古界被稱為「河湖相」遺址。

當然了，還有一種情況會把死人迅速埋進土裏，那就是具有高級智慧的現代人主動為之。事實上，這就是距今 4 萬年以內的人類化石通常質量會比較高的原因，因為那時的人類已經開始埋葬死去的親人了。

發現北京人

20 世紀初期，有個德國人無意中在一家中藥店裏找到了一顆疑似古人類的牙齒的化石，消息傳到歐洲後吸引了更多的古人類學愛好者前往中國挖寶。一位名叫約翰・安特生（Johan Andersson）的瑞典人就是這樣來到了北京。他本人是個地質學家，受中國政府邀請來中國找礦，但他同時還是個業餘考古愛好者，當他聽說北京南郊周口店附近的雞骨山裏曾經挖出過「龍骨」，便出錢僱了一幫農民在周口店附近進行了小規模的試探性挖掘。雖然只挖出了幾件動物化石和石器碎片，沒有找到人類化石，但安特生依然興奮地說：「我有一種預感，我們祖先的遺骸就躺在這裏。」

對於職業考古學家來說，挖出人類化石屬於可遇不可求的事情，很多人幹了一輩子也不一定能挖出來一件。但石器就不同了，出現的概率要大很多，畢竟一個人一輩子可以製造成百上千件石器工具，但死後只能留下一副骸骨。

從某種角度說，石器的重要性一點也不亞於人骨，因為它是人類智慧的產物，體現了人類心智的進步。這是人區別於動物的最重要的特徵，也是考古人類學最為看重的領域。有意思的是，人類在其漫長的演化進程當中，石器製造技術的進步是非常緩慢的，甚至在幾十萬年的時間跨度內都看不到一點進步的跡象。有經驗的考古學家僅憑石器的樣子就可以判斷出它來自哪裏，以及大致的年代範圍。

另外，石器易於保存，可以找到各個階段的石器，比較容易構建出一條完整而又準確的進化鏈條。人骨就不同了，其保存條件受到後天因素的影響太大，化石多的地方不見得當年生活在這裏的人

就多，初次發現某類化石所屬的年代也不見得一定是這一類人種的起始年代，僅憑化石很難完整地構建出人類活動的全部歷史。

舉例來説，人骨化石和牙齒在濕熱的條件下很難保存，對於酸性土壤的耐受力也很差，所以在遍佈酸性土壤的非洲熱帶雨林中幾乎找不到人類化石，但這並不等於説人類不喜歡熱帶雨林，事實很可能正相反。

再接着説安特生的故事。因為他畢竟不是搞化石出身，在這方面缺乏經驗，瑞典烏普薩拉大學（University of Uppsala）考古系便委派了一位名叫奧托・師丹斯基（Otto Zdansky）的古人類學家給他當助手，最終正是這個師丹斯基於 1923 年在雞骨山旁邊的龍骨山找到了該地區第一枚人類牙齒化石。因為牙齒的外層有牙釉質保護，牙齒比骨骼更容易保存下來，所以《引言》中提到的湖南道縣福岩洞出土了 47 顆人類牙齒卻沒有找到一塊骨頭，並不是一件特別奇怪的事情。

這個消息公佈後，引起了當時正在蒙古地區挖化石的一支美國考古探險隊的興趣。因為顯而易見的原因，美國在人類考古領域一直落後於歐洲。但隨着美國國力的日漸強盛，對人類起源問題感興

▶
美國「中亞探險隊」在蒙古地區發現的第一顆恐龍蛋化石

趣的人也漸漸多了起來。1921 年，位於紐約的美國自然歷史博物館在摩根大通的贊助下，組織了一支「中亞探險隊」（Central Asiatic Expedition）來到中國。這支探險隊以北京為基地，在蒙古地區的戈壁灘上尋找化石，結果費了半天勁甚麼也沒找到，卻挖掘出了世界上第一顆恐龍蛋化石。

當美國人聽說了周口店的事情後，便想過來分一杯羹。經過一番明爭暗鬥，瑞典人主動撤走，順便把他們發現的那顆牙齒化石也帶走了。剛剛成立不久的中國地質調查所接管了周口店的考察工作，第一任所長翁文灝代表中方和代表美方的北京協和醫院於 1927 年簽署協議，由協和醫院的贊助者美國洛克菲勒基金會出資，在周口店遺址進行為期 10 年的大規模系統挖掘工作。這項工作的美方負責人是加拿大學者步達生（Davidson Black），他主要負責落實資助，並把成果寫成英文論文投給國際期刊。真正在現場負責挖掘工作的是剛從法國巴黎大學留學回國的裴文中，正是他在周口店的「第一地點」發現了該地區第一個人類頭蓋骨化石，後人稱之為「北京人」。

裴文中的助手名叫賈蘭坡，當時他還是一個剛剛考入中國地質調查所的練習生。1936 年，賈蘭坡接替裴文中，成為整個周口店挖掘項目的負責人。在這兩位中方負責人的領導下，周口店遺址一共挖掘出 14 具完整程度不一的頭蓋骨、147 顆牙齒、7 根大腿骨以及其他一些零星的人類骨骼化石。另外還發現了上萬件各式各樣的石器，這在人類考古史上絕對是一項了不起的成就。在翁文灝的堅持下，美國研究者並沒有把這些化石帶回美國，而是全部留給了中國。但他們沒有想到的是，在那個兵荒馬亂的年代，羸弱的中國無力保護如此珍貴的東西。

　　當年還沒有發明出精確的測年技術，考古學家們只能從地質結構以及處於同一地層的哺乳動物化石的種類來估算「北京人」化石的年齡，估算結果為 25 萬—50 萬年。從解剖學的角度看，「北京人」非常符合人類學家們關於「缺環」的想像：他們的眉脊凸出，前額低平，骨壁較厚，枕骨（後腦）也很粗壯，看上去似乎有點像尼安德特人，但兩者有一個很大的不同，那就是尼安德特人的平均顱容量高達 1,600 毫升（男），比現代人還要大。相比之下，「北京人」的顱容量平均只有 1,088 毫升，雖然比猿類的 600 毫升大了將近一倍，但也遠比現代人的平均值 1,400 毫升小了很多。

　　步達生把周口店發現「北京人」化石的消息寫成英文論文投給了國際期刊，立刻在世界範圍內引起了轟動。這是第一次在亞洲大陸發現古人類化石，為「走出亞洲」學說提供了一個重要證據。很快又有人發現，「北京人」化石和早年間在印尼發現的「爪哇人」化石非常相似，於是將兩者合而為一，命名為「人屬直立人」（*Homo erectus*）。

　　步達生不幸於 1934 年死於心臟病，最終接替這個職位的是一個名叫魏敦瑞（Franz Weidenreich）的德裔美籍人類學家。1936年日本軍隊攻佔了北平，挖掘工作被迫停止，直到 1949 年後才又重新恢復。

　　1941 年太平洋戰爭爆發，翁文灝和魏敦瑞商量後決定將化石交給美國大使館，由使館出面調用美國海軍陸戰隊的卡車將其送至秦皇島，再從秦皇島碼頭裝船運到美國。但是，如此珍貴的化石竟然在運輸過程中神秘地丟失了，至今沒有任何線索。關於「北京人」化石的丟失以及隨後的搜尋過程可以單獨寫一本書了，在此不再贅述。

幸虧魏敦瑞事先把「北京人」頭蓋骨化石做成了模型並放在隨身行李裏運回了美國，這才讓他能夠繼續從事人類起源問題的研究。1943 年，魏敦瑞提出現代中國人是北京猿人的後代，3 年後他又將這個思想擴展到整個歐亞大陸，提出了人類起源的「多中心假說」（polycentric hypothesis）。他認為現在的人類並不都是來自同一個源頭，原本生活在世界各地的古人類各自獨立進化，變成了現在的不同族群。不過在這一過程中各個族群之間發生了很多基因交流，並不是完全孤立的。

「多中心假說」挑戰了當時流行的「走出亞洲」學說，魏敦瑞試圖用這套理論解釋世界各地不同人種的差異性，他發現「北京人」頭蓋骨有着和現代東亞人類似的特徵，比如平臉、高顴骨和鏟形門齒等。「爪哇人」頭蓋骨則和居住在澳大利亞的土著更相似，比如顴骨較厚、臉部凸出等。於是他猜想，「北京人」就是當今東亞人的祖先，「爪哇人」則是當今東南亞人和澳大利亞土著民族的祖先，尼安德特人應該是當今歐洲人的祖先，非洲出土的古人類應該就是非洲人的祖先。

沒想到，後續研究發現，非洲出土的古人類可不僅僅是非洲人的祖先那麼簡單，「走出亞洲」學說最終被非洲發現的一大批古人類化石徹底推翻了。

南非的意外發現

當瑞典古人類學家師丹斯基在周口店的龍骨山挖出第一顆「北京人」牙齒化石的時候，一個名叫雷蒙德·達特（Raymond Dart）的澳大利亞人類學家也正在南非尋找古人類化石。達特的專業是大

腦解剖學，本打算畢業後在英美某大學謀求一份體面的教職，但他的導師格拉夫頓‧埃利奧特‧史密斯（Grafton Elliot Smith）安排他去南非金山大學，在剛剛成立沒多久的解剖學專業任教。達特很不情願，但還是接受了這個安排。

達特的導師史密斯同樣來自澳大利亞，他被公認為大腦解剖學領域的權威，也是「文明超級擴散論」（hyper-diffusionism）的主要支持者，該理論認為文明在人類進化史上只出現過一次，然後文明從高級人種向低級人種擴散，最終傳遍全球。這個理論深受歐洲殖民者的歡迎，他們堅信自己就屬於那個高級人種，有責任把現代文明傳播給那些「未開化」的原始民族，否則的話後者永遠不會進入文明社會。

史密斯教授同時還是「大腦先行」理論的擁躉，他本人就是研究腦解剖的，自然對大腦的功能非常看重。他堅信古猿一定是先進化出了聰明的大腦，才會具備所謂的「進化動力」，促使身體的其他部位一點一點地向人的方向進化，這就是為甚麼他和同樣堅信這一點的英國古人類學泰斗基斯爵士一樣，都相信皮爾當人化石是人類的祖先，英國才是人類的搖籃。

受到導師的鼓勵，達特在工作之餘也對收集古人類化石產生了興趣。金山大學位於南非第一大城市約翰內斯堡，城市周邊有很多礦山。達特放出口風，讓礦工們一旦發現有趣的化石就寄給他。1924 年 11 月 28 日，達特收到了一件從湯恩（Taung）寄來的包裹，裏面是一個剛從石灰岩礦中挖出來的頭骨化石，從牙齒特徵來看應該還不滿 10 歲。化石保存得相當完整，甚至連顱腔都在，基本上不用拼接就能看出個大概。

那天達特本來要去給朋友當伴郎的，但他立刻被這個頭骨吸引

住了，差點兒錯過了婚禮。他仔細檢查後發現，這個頭骨的臉相對較平，牙齒較小，具有猩猩和人的混合特徵，但顱骨內壁上有很多解剖特徵都和人類的更相似，枕骨大孔（foramen magnum，即脊柱和大腦連接的部位）位置靠下而不是靠後，説明它平時是直立行走的，這一點也説明它更像人而不是猩猩。

達特僅用了 40 天時間就寫好了一篇分析報告，並投給了《自然》雜誌。達特認為這個「湯恩兒童」（Taung Child）代表着從猿到人的過渡階段，是大家夢寐以求的「缺環」。因為在南非發現，所以達特給這個化石取名為「南方古猿非洲種」（*Australopithecus africanus*）。

沒想到，文章發表後立刻引起了考古學界的廣泛質疑。達特的導師史密斯禮貌地説，他需要看到更多的證據才能下結論。基斯爵士則直言不諱地指出，凡是顱容量低於 750 毫升的都應該屬於猩猩那一支，「湯恩兒童」的顱容量太小了，不是人類祖先。這個化石之所以看上去有些人類特徵，只是因為它尚處於幼年期而已，還沒長開呢。

當年在學術界有點名氣的人當中，只有蘇格蘭考古學家羅伯特・布魯姆（Robert Broom）支持達特。布魯姆的專業是古脊椎動物，在獸孔目（therapsid，一種很像哺乳動物的爬行動物）研究領域做出過突出貢獻。他本人是個神秘事物愛好者，當時已經在非洲工作多年。據説當他第一次見到「湯恩兒童」化石時竟然當場就跪下了，聲稱自己是在祭拜祖先。受到這個發現的刺激，當時已是 59 歲高齡的布魯姆也開始四處尋找人類化石，很快就找到一個和「湯恩兒童」類似卻更加粗壯的古人類化石，取名為「傍人粗壯種」（*Paranthropus robustus*）。

布魯姆的新發現同樣沒能贏得國際考古界的認同，這一方面是因為當時還在流行「走出亞洲」學說，大家普遍相信人類的搖籃應該在亞洲。另一方面則因為以基斯爵士為代表的「腦先行」學派相信大腦一定是最先開始向人的方向變化的，身體其他部位的變化是後來的事情，而這兩個非洲化石都正好相反，身體先變了，顱容量仍然和猩猩無異。

不過，更深刻的原因在於當時的世界還是一個種族歧視相當嚴重的世界，科學界流行所謂的「優生學」（eugenics），大部份西方學者不相信落後的非洲會是人類祖先的誕生地。最終是「二戰」改變了這個局面，納粹德國對猶太人所做的事情讓全世界看到了種族歧視的嚴重後果。「二戰」結束後，學術界和公眾輿論的氛圍發生了 180 度大反轉，種族歧視變成了一個不能碰的禁區，甚至連研究不同族群之間的差別都被視為政治不正確。

這方面的一個經典案例就是美國體質人類學家卡勒頓・庫恩（Carleton Coon）的遭遇。他受魏敦瑞的「多中心假說」啟發，於 1962 年出版了《種族的起源》（*Origin of the Races*）一書，提出了「多地區起源理論」（polygenism）。該理論認為地球上所有的現代人可以分為五個種族，分別是高加索人種（歐洲白人）、蒙古人種（黃種人）、澳大利亞人種（澳洲土著）、尼格羅人種（非洲黑人）和開普人種（非洲科伊桑人），它們是分別進化的，彼此間只有很少的基因交流，進化速度也不一樣，直接導致了各個種族文明程度的不同。

另外，庫恩已經意識到非洲出土的化石非常古老，非洲大陸很可能是人類的發源地，但他仍然堅持認為，即便如此非洲也只是人類的幼兒園而已，歐亞大陸才是人類的學校。人類的祖先很早就從

非洲大陸走了出來，然後分別進化成了現在的五種人。他曾經用那種歐洲老式燭台的形狀為自己的理論做了比喻，五個種族好比五根燭托，它們雖然共用一個基座，但很快就從根部開始分支了，因此也有人把這個理論稱為「燭台理論」（candelabra hypothesis）。

這個「燭台理論」如果是在 20 世紀 40 年代提出來的，問題倒也不大，但 1962 年的情況很不一樣了，該理論遭到了很多人的抵制。言辭最激烈的當屬美國著名遺傳學家摩爾根的大弟子西奧多西斯·杜布贊斯基（Theodosius Dobzhansky），他乾脆把庫恩斥為種族主義者，認為「燭台理論」就是變相地在為種族歧視找理由。迫於輿論壓力，庫恩不得不辭去了美國體質人類學會會長的職務，這個「燭台理論」也沒人敢提了。

確實，如果這個理論屬實的話，非洲人和澳大利亞土著就是天生的「劣等民族」了，這個結論到底意味着甚麼不用說大家也能想像得到。這就不得不引出一個問題：科學研究到底是為了甚麼？真的是為了發現真相嗎？如果這個真相會讓老百姓生活得更糟糕，甚至導致人類自相殘殺，那還值不值得去研究呢？也許，我們應該換一種問法：為甚麼發現了事實真相反而會導致更加糟糕的結果呢？難道我們人類沒有能力接受真相了嗎？

所幸，新的研究證明庫恩的理論確實是不正確的，人類不同族群之間的差異沒那麼大。但是，這件事還是很值得深思的，因為以當年的科學發展水平，科學界並沒有足夠多的證據質疑庫恩的理論，他所受的遭遇不能說是公平的。

走出非洲

再接着説非洲的故事。因為輿論大環境發生了改變，有愈來愈多的古人類學家開始在非洲這塊此前被大家遺忘的大陸上尋找人類祖先的蹤跡。其中做得最好的當屬在肯尼亞出生的英國人類學家路易斯·利基（Louis Leakey），他曾經在劍橋大學跟從基斯爵士學習人類學，畢業後選擇回到肯尼亞，在美國富翁查爾斯·鮑伊斯（Charles Boise）的資助下在東部非洲尋找人類化石。利基會説一口流利的肯尼亞當地土話，這讓他能夠深入到許許多多尚未被外人發現的隱蔽角落，非洲的秘密就這樣一點一點地被揭開了。

▲ 英國人類學家路易斯·利基在東非大裂谷考察。（攝於 1962 年 12 月 1 日）

先期勘察之後，路易斯和同樣是人類學家的妻子瑪麗·利基（Mary Leakey）決定把重點放在肯尼亞和坦桑尼亞交界處的奧杜威

峽谷（Olduvai Gorge），這地方位於著名的塞倫蓋蒂平原上，十幾萬年前發生的一場大地震在平原上震出了一個將近50公里長、90多米深的峽谷，把一段古代湖床暴露了出來。利基曾經在峽谷裏找到過一些石器殘片，他相信如果仔細挖掘的話一定能找到人類化石。

1959年7月的某一天，路易斯·利基因為患了流感不得不留在營地裏休息，妻子瑪麗獨自在峽谷裏忙碌着。突然，她在地上發現了一段上頜骨，上面附着的牙齒很像人類。她小心翼翼地將其挖出，然後迅速開車回到營地，衝着帳篷大叫：「路易斯！路易斯！我終於找到『親愛的小孩』（dear boy）了！」

如果説達特發現「湯恩兒童」只能算是序幕的話，那麼瑪麗發現「親愛的小孩」就相當於正式拉開了「走出非洲」這齣戲的大幕，人類的故事從此被徹底改寫了。

為了感謝他們的贊助人鮑伊斯先生，利基將這個頭骨化石命名為「鮑氏東非人」（Zinjanthropus boisei）。發現化石的東部非洲是個火山活動頻繁的地方，火山灰把地層分成了一個個界線分明的地質層面，非常適合用放射性同位素的方法測年。利基從美國伯克利大學請來一位測年專家，採用鉀氬測年法測出了鮑氏東非人所處地層的年代，得出了160萬—190萬年這個數字（後來用更準的方法測得的年代為178萬—179萬年）。這是世界上首個用科學方法測年的古人類化石，其年代遠比在歐亞大陸發現的人類化石更加古老。這個讓所有人都大吃一驚的結果立刻把全世界的目光都吸引到了非洲，古人類學家們蜂擁而至，一大批重要的古人類化石相繼被發現，其中就包括前文提到的露西。

非洲考古熱的初期重複了半個世紀前歐洲的情況，每個人都傾

向於把自己的發現單獨命名為一個物種，因為只有這樣才能突出自己的成就。物種（species）本是一個嚴肅的生物學概念，有着嚴格的定義，即能夠在自然狀態下發生基因交流的一群生物屬於同一個物種。人類學家們顯然無法從化石上判斷出兩者是否能夠交配，只能從化石結構的相似性上做推測，標準相當模糊。就拿現代人來説，任意兩個人的頭蓋骨之間肯定存在差異，那麼兩個化石之間的差異到底是分屬兩個不同的物種造成的，還是同一個物種內生物多態性的正常體現？誰也説不清。

前文曾經説過，任何觀察都是理論負載的，化石研究者在分析化石樣品時頭腦裏肯定已經先有了一個理論框架，這就必然帶來偏見。這種偏見非常強大，以至於大部份研究者甚至都沒有意識到自己已經有了偏見。曾經有人用活着的靈長類動物的骸骨做實驗，依照和古人類化石同樣的分析方法，看看任意兩種動物是否屬於同一個物種，並估算一下牠們之間的遺傳距離到底有多遠，然後再和基因分析的結論加以對照，結果證明僅憑化石證據來為靈長類動物分類是很不可靠的。

話雖如此，但古人類學家手裏只有骨骼和牙齒化石可供研究，其他一些重要特徵，比如皮膚顏色、聲音特點和行為模式等信息都很難推測出來。不過，當他們意識到這一點後，決定打破門派壁壘，將一大批介於猩猩和人類之間的化石歸為一個屬，統稱為「南方古猿」（*Australopithecus*）。於是，傍人粗壯種改名為「南方古猿粗壯種」（*Australopithecus robustus*），鮑氏東非人改名為「南方古猿鮑氏種」（*Australopithecus boisei*），露西也被命名為「南方古猿阿法種」（*Australopithecus afarensis*），因為發現露西化石的地方位於埃塞俄比亞北部的阿法爾三角區。

從左至右：

南方古猿阿法種
生活在距今 370 萬—300 萬年的非洲，是人屬動物的祖先，代表化石是發現於埃塞俄比亞、距今 320 萬年的露西。雄性身高約為 1.5 米，體重平均為 42 公斤，雌性身高約為 1 米，體重平均為 29 公斤。腦顱容量平均只有大約 500 毫升，比現代人小 900 毫升，但比黑猩猩要大。雖然能夠直立行走，但雙臂很長，仍然具有很強的攀爬能力。臉部整體較平，眉骨凸出，下頜凸起，咀嚼肌發達，有可能會製造簡單石器。

人屬能人種
生活在距今 240 萬—160 萬年的非洲，是第一個被劃為「人屬」的物種。能人身高只有 1—1.35 米，體重約為 32 公斤，腦顱容量僅有 600—700 毫升，約為現代人的一半。能人是第一種肯定具備製造石器能力的物種，「能人」的意思就是「會製造工具的人」。

人屬匠人種
生活在距今 190 萬—150 萬年的非洲，代表化石為在肯尼亞發現的、生活在 160 萬年前的「圖爾卡納男孩」。匠人身高為 1.45—1.65 米，體重 50—68 公斤，腦顱容量平均為 750 毫升，能夠製造複雜的石器。

尼安德特人
生活在距今 35 萬—3 萬年的古老型人類，主要分佈於歐洲和中亞地區。身高 1.52—1.68 米，體重 55—80 公斤，腦顱容量 1,200—1,700 毫升，比現代人還要大。額頭較扁，眉骨凸出，沒有下巴頦兒，肩胛骨過份寬大，前臂和小腿都比現代人短，胸腔圓而厚，肘關節和膝關節異常粗大。

弗洛里斯人
發現於印尼弗洛里斯島的小矮人，大約生活在距今 20 萬—5 萬年，身高僅有 1.1 米，體重約為 25 公斤，腦顱容量約為 380—420 毫升，臉部和身體形態很像早期直立人。

　　路易斯・利基起初不認為南方古猿是人類的直系祖先，他曾在鮑氏東非人所屬地層的下面又發現了一個全新的古人類化石，身邊還散落着不少石器。他一直相信只有能夠製造工具的古猿才是人類

的直系祖先，因此他將這個新發現命名為「人屬能人種」（*Homo habilis*）。這是第一個被歸到「人屬」（*Homo*）裏面的物種，比南方古猿又進了一步。不過，關於能人在人類進化樹上的準確位置仍有爭論，有人認為這其實就是晚期的南方古猿而已，因為大多數能人都是身高只有 1 米多一點的小矮人，顱容量雖然比南方古猿稍大，但也比現代人小很多。能人雖然可以直立行走，但上肢仍然保留着猩猩的特徵，同樣能夠在樹上生活。

經過幾輪的合併，目前已經確認的古老型人種一共有 23 個，大多數都是在東非發現的，因此東部非洲在很多人心目中成了人類的搖籃。但前文説過，東非之所以發現了那麼多化石，主要原因在於東非大裂谷地質活動頻繁，很多遠古時代的地層被暴露了出來而已，並不能説明那裏一定是人類祖先最喜歡住的地方。非洲中部的熱帶雨林裏幾乎沒有發現過人類化石，但也僅僅是因為雨林裏的酸性土壤不適合化石的保存，不能説明古人類不喜歡在那裏生活。

事實上，法國考古學家於 2001 年在中非的乍得沙漠裏發現的「乍得沙赫人」（*Sahelanthropus tchadensis*）距今已經有 700 萬年的歷史了，是目前發現的最古老的人族成員。從化石的時間和形狀來看，這應該是人

▶ 南方古猿的構想圖

巴黎戴內斯工作室的人類學雕塑家伊麗莎白・戴內斯還原千年前古人容貌：（左起）匠人、格魯吉亞人（男）、一組尼安德特人、格魯吉亞人（女）、弗洛里斯人（持竹矛）、南方古猿露西夫婦、克羅馬農人（投擲矛）、南方古猿鮑氏種、乍得沙赫人、南方古猿非洲種、尼安德特男女、能人（左前蹲者）。

和猩猩剛剛分開不久的一種古猿，是人和猩猩的共同祖先最可能的模樣。之後依次是距今 600 萬年左右的「千禧人屬圖根種」(*Ororin tugenensis*)，距今 550 萬年左右的「地猿屬始祖種」(*Ardipithecus kadabba*)，以及距今 450 萬年左右的「地猿屬拉米達種」(*Ardipithecus ramidus*)。之後是「南方古猿」的時代，最早出現的「南方古猿」是距今 400 萬年左右的「南方古猿湖畔種」(*Australopithecus anamensis*)，然後才是大家熟悉的距今 320 萬年的南方古猿阿法種（露西），以及南方古猿鮑氏種、南方古猿非洲種、南方古猿粗壯種和被認為最有可能是人類直系祖先的「南方古猿驚奇種」(*Australopithecus garhi*) 等，一直發展到距今 240 萬—160 萬年的「能人」階段才算告一段落。

必須指出，上述這些人族成員們生活的具體年代和地點只是一種估算，他們相互之間的關係也並不十分清楚，沒人能夠肯定地指出到底哪個種是人類的直系祖先，哪個種是進化的死胡同，原因就是化石材料太少了。據統計，距今 700 萬—100 萬年這段時間內，迄今為止一共只發現了大約 2,000 個個體的化石，其中絕大部份還都是單個牙齒化石，頭骨碎片和下頜骨非常少，後兩者才是最重要的，因為它們分別代表了思維方式的進步和食物來源的變化，最能反映出人類進化的腳步。

因此，對於普通讀者來說，這段歷史只要知道個大概就行了，沒有必要了解很詳細，更何況其中的細節肯定會隨着化石的不斷發現而改變。我們只需要知道，人類和距離我們最近的猩猩有着共同的祖先，這位祖先一直生活在非洲的叢林裏，像猴子一樣過着樹棲生活。大約在 700 萬年前，非洲氣候發生了劇烈變化，這群古老的非洲猿類開始分道揚鑣，其中的一支從樹上下來，嘗試用兩足行

走，從此開始了一段漫長的進化之路。

他們就是人類的祖先，我們都是這群非洲古猿的後代。

尾　聲

在位於北京市西南方向的房山區，距離天安門大概 40 多公里的地方，有一條奇怪的鄉間公路。這條路雖然是雙向四車道，卻完全沒有給左轉彎的車輛留出空間，以至於來往車輛經常被轉彎車堵住。不過這條公路已經沒辦法擴展了，因為公路兩側密密麻麻地種着一排楊樹，從樹幹的直徑來看，至少已有 40 年的樹齡了。原來，這就是著名的京周路，從北京市中心可以直達周口店。

這條路的前身是燕山石油化工基地的對外通道，是 1949 年後北京所修的第一條出城方向的高規格柏油馬路。1969 年，北京市政府在原來的基礎上又加寬了一倍，路兩旁還栽種了一排楊樹，至今依然挺立。

40 年後的京周路依稀可見當年的氣派，卻早已跟不上中國經濟的發展速度了。我順着這條路前往周口店參觀，發現當初挖掘出「北京人」化石的那個山洞正在翻修，不久將會建成一個半露天的北京猿人遺址公園。一座設施相當現代化的周口店遺址博物館已經建成開放，來參觀的人還挺多。大家最關心的一個問題就是：北京猿人到底是不是中國人的祖先？如果不是的話，中國人到底是從哪裏來的？

這兩個看似簡單的問題，卻並不那麼容易回答。

中國人是從哪裏來的？

關於中國人的來歷，存在兩種針鋒相對的理論，彼此間爭論不休。

斯特林格的歐洲之旅

1971 年 7 月的某一天，一個名叫克里斯．斯特林格（Chris Stringer）的英國人開着一輛破車行駛在法國的高速公路上。他剛剛年滿 24 歲，是英國布里斯托大學（Bristol University）人類學系的在讀博士生。他想弄清楚現代歐洲人都是從哪裏來的，便申請了一筆經費，去歐洲各大博物館收集古人類化石證據。

這筆經費為數不多，勉強夠他四個月的伙食開銷。為了省錢，他決定開自己的車上路，還經常在路邊搭帳篷過夜，或者乾脆就睡在車裏。路過比利時的時候他甚至在流浪漢收容站過了一晚上，因為那裏可以讓他洗個澡。他還曾兩次遭遇搶劫，所幸記錄數據的筆記本沒有丟失。

就這樣，他用了 4 個月的時間訪問了歐洲十個國家的人類學博物館，收集到了當時最全的古人類頭骨化石數據。然後他用打卡的方式把這些數據輸入電腦，讓機器來告訴他答案。要知道，那時候一台電腦有好幾間房子那麼大，互聯網更是聽都沒聽說過。他就是在如此簡陋的條件下開創了用電腦和大數據方式研究人類進化的先河，現在想來堪稱壯舉。

英國人類學家克里斯·斯特林格，他用電腦分析化石數據，首次提出了「走出非洲」説。

　　一個古人類學家，為甚麼不去考古現場挖土，而是選擇去博物館收集資料呢？這就要從當時歐洲人類學研究的狀態説起了。前文説過，因為科技水平相對發達，歐洲一直是古人類學研究的前沿地帶，歐洲大陸挖掘山的古人類化石數量最多，保存質量也最高。除了前文提到的尼安德特人和克羅馬農人之外，1907 年在德國的海德堡發現了一個人類下頜骨化石，和尼安德特人的不太一樣。後來人們又在歐洲多個國家發現了類似的化石，它們被歸為一類，學名叫作「海德堡人」（*Homo heidelbergensis*）。從形態上看，海德堡人應該是比尼安德特人更加古老的一個人種，但兩者之間的關係並不清楚。

　　1921 年，歐洲人類學家又在贊比亞的布羅肯山（Broken Hill）發現了一種新的人類化石，看上去和海德堡人很相似。因為贊比亞在獨立前的原名是北羅得西亞，因此歐洲將這種化石命名為「羅得西亞人」（*Homo rhodesiensis*），我們可以近似地將其看作生活在非洲的海德堡人。

　　如果再加上在亞洲發現的直立人，當時已經發現了至少五種古老型人類，他們全都生活在距今 200 萬年以內，比在非洲發現的

南方古猿化石要年輕得多，屬於人類進化的晚期，全都可以被劃入「人屬」的範疇。科學家們猜測，人類的祖先雖然誕生在非洲，但很早就離開家鄉遷徙到了歐亞大陸，逐漸進化成了很多不同的「人屬」成員。如今這些成員都已滅絕，「人屬」裏就只剩下我們這一群孤零零的「智人」（Homo sapiens）了。

這些古老型人類當中，究竟是誰最終幸運地進化成了現代智人，其餘的又是因何被淘汰出局的呢？這是當時歐洲古人類學家們最關心的話題，他們尤其想知道自己是怎麼來的，歐洲人的直系祖先到底是誰。

想像一下，如果現代人相當於成年人，古老型人類相當於小孩，那麼只要在小孩長大成人的過程中每天採一次樣（比如每天拍一張照片），就可以準確無誤地判斷出哪個成年人是從哪個小孩子開始長起來的，這就是經典達爾文主義為我們描繪的進化圖景。這一派學者都相信，進化是一個漸進的過程，只要找到足夠多的化石，就能拼接出人類的整個進化史。

但是，隨着化石樣品愈積愈多，這個理論遭到了懷疑。人們發現化石並不像經典達爾文主義預言的那樣隨時間一點一點地勻速進化，而是在很長時間內基本保持不變，然後突然在很短的時間裏發生天翻地覆的變化，舊物種大批消失，新物種迅速湧現。地球上曾經發生過至少五次這樣的大變化，每一次都造成了至少 75% 的物種滅絕，史稱「物種大滅絕事件」（mass extinction event）。最近的一次發生在 6,600 萬年前，直接導致恐龍從地球上消失，原本被恐龍壓制的哺乳動物趁機興起，迅速佔據了恐龍留下的生態位，成為我們這個時代的霸主。

從某種意義上講，作為哺乳動物中的一員，我們必須感謝這次

物種大滅絕事件，否則地球上很可能就不會出現人類了。

　　化石研究結果還顯示，即使在物種大滅絕事件之間，物種的進化也都遵循這種間斷性跳躍發展的模式，而不是勻速地漸進演化。為了解釋這個現象，美國古生物學家尼爾斯・艾爾德雷格（Niles Eldredge）和史蒂芬・傑・古爾德（Stephen Jay Gould）共同提出了「間斷平衡」（punctuated equilibrium）理論。該理論認為，如果生活環境相對穩定的話，那麼物種傾向於保持不變，因為沒有發生變化的動力。一旦環境發生改變，更加適應這一變化的新物種就會在很短的地質時間段內突然出現，然後迅速達到新的平衡態，並維持下去。

　　這個理論目前尚有爭議，但支持者愈來愈多了。該理論對於人類進化研究所做的最大貢獻就是解釋了「缺環」的原因，早期人類學家相信從猿到人是一個漸變的過程，每一點微小的變化都應該在化石上留下證據。誰知挖掘出來的大部份古人類化石都可以被分成幾個大類，比如南方古猿和直立人等，每一大類的化石都是突然出現的，然後就基本保持不變，有的甚至可以在上百萬年的時間段內都不發生顯著變化，非常符合「間斷平衡」理論的預言。

　　但是，這樣一來就給考古學家研究人類進化史帶來了很大的麻煩，因為不同的古人類之間的進化關係變得難以確定了。

第二次走出非洲

　　必須指出的是，「間斷平衡」理論並沒有否定達爾文進化論，只是對進化論所做的一個重要補充而已。但這個理論意味着各個古老型人種之間的相互關係不再像經典達爾文理論預言的那樣可以輕

易地被推斷出來了，它們在進化史上的先後順序也不再那麼容易地被看出來。於是，人類學家們只能退而求其次，通過分析不同人種之間共有特徵的多少來確定它們之間的遺傳關係，再通過它們和現代人骨骼形態的相似度來推斷進化過程的先後順序。舉個例子：自行車、汽車、飛機和火箭都可以被歸為交通工具，如果要進一步分類的話，我們可以按照「是否有發動機」這個特徵把自行車首先分出去，然後再根據「是否會飛」這個能力把汽車再分出去，最終剩下的飛機和火箭相互關係最近，可以歸到「飛行器」這個大類中。古人類學家所要做的就是類似這樣的事情。不過，早年的古人類學研究方法相對原始，往往是挖出化石的人憑經驗去做判斷，即使測量也只測少數幾個指標，缺乏全面的橫向比較。這個方法顯然很難避免受到研究者個人主觀因素的影響，得出的結論往往摻雜着太多的個人偏見，不夠客觀。

斯特林格最先意識到了這個問題，決定利用電腦來輔助人腦做判斷，盡可能地減少因偏見導致的誤判。電腦分析需要大量的優質數據，而當時歐洲各大博物館均收藏了不少古人類化石，於是斯特林格挨家挨戶地訪問了這些博物館，用相同的方法測量了這些頭骨化石的各種相關數據，建立了一個到那時為止最全的人類化石數據庫。然後他又求助於一位美國人類學同行，獲得了當代不同族群成員的頭骨數據。他把這些數據輸入電腦，花了兩年多的時間進行分析，結果表明尼安德特人和現代歐洲人之間的關係並不像大家想像得那麼特殊，尼安德特人和歐洲人、非洲人、因紐特人及澳大利亞土著等各種現代人之間的距離都差不多，這說明尼安德特人不是現代歐洲人的直系祖先，而是一個進化死胡同。

不但如此，斯特林格還發現世界各地挖掘出來的具備智人特

徵的人類化石（比如克羅馬農人和奧瑞納人）全都和真正的現代人更相似，都有着細長勻稱的身體構造、細小的牙齒、低眉骨、圓額頭、下巴頦兒凸出、顱骨壁較薄等特徵。相比之下，目前挖掘出來的所有的古老型人類化石（比如尼安德特人或者直立人）都有着粗壯笨重的身體構造、牙齒較大、高眉骨、平額頭、沒有下巴頦兒、顱骨壁較厚等特徵，兩者之間的差別非常明顯。他認為這個結果説明所有這些具備智人特徵的人都應該被劃入同一個物種，即「人屬智人種」。這個人種包括了當今世界上的所有人，而且無論是黑人、白人、黃人，還是美洲、澳大利亞土著，全都是同一個古老人群的後代。原本生活在世界各地的其他古老型人類則大都走入了進化的死胡同，慘遭滅絕了。

有人曾經用「挪亞方舟」或者「伊甸園」來形容這個假説，這兩個詞在這裏並沒有宗教含義，而是説所有現代人都是少數倖存者的後代，同時代的其他人都死光了。這個理論明顯是針對庫恩的「多地區起源理論」而提出來的，後者認為歐亞非這三個大陸的現代人都是由各自大陸上的古老型人類分別單獨進化出來的。斯特林格認為庫恩在做研究的時候帶有個人偏見，所以得出了錯誤的結論。電腦不帶偏見，得出的結果證明庫恩的假説是錯誤的。

斯特林格雖然相信所有現代人都來自同一個地方，但他一直不敢肯定這個「伊甸園」到底在哪裏，最終還是非洲發現的新化石為這個問題提供了答案。1967–1974 年，路易斯和瑪麗所生的兒子理查德·利基（Richard Leakey）領導的一個考古隊在埃塞俄比亞的奧莫（Omo）河谷發現了和現代智人非常相似的人類化石，當時的測年結果是 13 萬年，比在以色列的兩個山洞——斯虎爾（Skhul）和卡夫澤（Qafzeh）中所發現的智人化石要早得多。以色列化石的

▲ 英國古人類學家理查德‧利基在坦桑尼亞考察。(攝於 1961 年 10 月 10 日)

年代大約為距今 9 萬年左右，但已經是迄今為止在歐亞大陸上發現的年代最早的智人化石了。後來隨着技術的發展，奧莫化石的測年結果被修正為 19.5 萬年，比歐亞大陸的智人化石早了 10 萬年。

這批年代較早的智人化石在古人類學界有個更學術的名稱，叫作「解剖學意義上的現代人」(Anatomically Modern Human)，意思是說他們的骨骼結構已經和現代人差不多了，僅憑化石很難區分，但在其他方面（尤其是智力）則很可能還是和現代智人有很大差異，因此他們也被稱為早期現代人。從距今 5 萬—4 萬年開始，早期現代人突然發展出了高級的智慧，具備了抽象思維的能力，出現了複雜的社會行為，這些人就是我們，學名叫作「人屬智人種智人亞種」(*Homo sapiens sapiens*)，或者也可以簡稱為晚期智人或者現代智人。

理查德‧利基因為發現奧莫化石而出了名，但他並沒有停止探

索，又於 1984 年在肯尼亞北部的圖爾卡納發現了一具相當完整的骸骨化石，取名「圖爾卡納男孩」（Turkana Boy）。測年結果顯示，這是個生活在 160 萬年前的少年，身高達到了 1.6 米，比非洲能人高出很多。顱容量雖然還是比現代人小不少，但體型修長勻稱，已經沒有多少猩猩的痕跡了，説明這個男孩完全適應了在平原上生活，不再經常爬樹了。換句話説，如果給他穿上衣服並戴上帽子的話，這幾乎就是個現代人，不仔細看是看不出差別的。

考古學家們後來在非洲又發現了一大批類似的化石，它們合起來被稱為「人屬匠人種」（*Homo ergaster*）。匠人生活在距今 190 萬—140 萬年的非洲，「匠」的意思是他們會製造複雜的石器工具，已經具備了相當高的智力。考慮到能人的定義尚存爭議，非洲匠人應該算是地球上出現的第一個毫無爭議的、基本具備人形的物種。

後續研究表明，非洲匠人和亞洲直立人無論是身體形態、臉型樣貌還是製造工具的水平都極為相似，兩者要麼屬於同一個物種，要麼是從某個非洲祖先分離開來的兩個亞種。後來人們又在格魯吉亞的德馬尼西（Dmanisi）發現了距今 180 萬年的直立人化石，他們很可能就是不久前剛剛走出非洲的匠人的後代。

根據以上這些信息，斯特林格於 1984 年在一些專業會議上提出了「晚近非洲起源」（recent African origin）假説。這個假説後來被媒體説成是「走出非洲」，但斯特林格不喜歡這個説法，因為化石證據已經證明古老型人類起源於非洲，而且早在 200 萬年前便已走出了非洲，這是沒有爭議的。斯特林格關注的重點是現代智人的起源，他認為我們都是距今幾十萬年內誕生在非洲的一群早期智人的後代，這群人再次走出非洲，取代了當時生活在世界各地的古老型人種，所以也有人把這個假説叫作「第二次走出非洲假説」（out of Africa Ⅱ），或者「取代模型」（replacement model）。

　　幾乎與此同時，又有人提出了一個新理論和斯特林格抗衡，雙方從此展開了激烈的爭論，至今仍未終結。

同一個世界，不同的夢想

　　1984 年，美國學者米爾福德‧沃爾波夫（Milford Wolpoff）、澳大利亞學者阿蘭‧索尼（Alan Thorne）和中國學者吳新智共同提出了「多地區進化假説」（multiregional hypothesis），向斯特林格發起了挑戰。

　　「很多中文媒體都把我們提出的這個假説稱為『多地區起源假説』，這是不對的，因為人類起源於非洲是肯定的，原本在世界各地生活的古老型人類也都是從非洲過去的，這個沒有問題。」今年已經 89 歲高齡的吳新智院士在接受我採訪時開門見山地説道，「我們討論的是現代人的進化問題，和人類起源不是一回事。我們認為現代人是從生活在各地的古老型人類分別進化而來的，至今仍然保留着各個地方的古人類獨有的特徵。」

　　作為「多地區進化理論」的三位奠基人之一，學解剖學出身的吳新智在國際考古學界享有盛名。他於 1999 年當選為中科院院士，還曾經擔任過中國科學院古脊椎動物與古人類研究所的副所長。雖然他年事已高，已經不是每天上班了，但所裏至今為他保留了一間辦公室，裏面收藏了很多人類頭骨化石的複製品。「東亞地區出土的更新世時期的人類化石有幾個共同特徵，比如面部和鼻樑相對扁平，眼眶呈長方形，上門齒呈鏟形等，這幾個特徵在其他地區則非常少見。」吳院士如數家珍地拿起一個個頭骨模型給我講解「多地

區進化假説」在化石上的證據，「這説明我們中國人就是在以北京人為代表的幾個東亞直立人支系的基礎上，在中國這塊土地上連續進化而來的，不存在演化鏈條的中斷，其間也未發生過大規模外來人群對本土人群的替代。與此類似，歐洲、非洲和東南亞諸島上的土著也都是從那裏的古老型人類進化而來的，各個人群在進化過程中發生過一定程度的基因交流，所以仍然可以被劃歸為同一個物種」。

中國著名古人類學家吳新智——
「多地區進化假説」的首創者之一

　　這個説法聽上去和庫恩提出的「燭台理論」非常像，但吳院士認為真正的靈感來自魏敦瑞，因為他們的理論和魏敦瑞早年提出的「多中心假説」一樣，都認為各個人種之間存在某種程度的基因交流。「我們的理論相當於在燭台的每支蠟燭之間加上了很多橫向的連接線，代表不同人種之間的雜交，因此我認為更準確的説法是『連續進化附帶雜交』。」吳院士對我説。

　　為甚麼同樣都是化石專家，面對的也都是同樣的樣本，卻得出了完全相反的結論呢？這裏面的原因很複雜，值得我們認真討論。

　　首先必須承認，利用人類化石來研究人類進化途徑本來就存

在很多問題，一來化石稀缺，樣本量太少，很難用化石構建出整個進化鏈條；二來化石分類方法不夠精確，每個人都可以根據自己的偏好選擇不同的分類標準，以此來建立化石之間的進化關係。這就是為甚麼「連續進化派」會認為東亞古人類化石的某些特徵延續到了今天的東亞人，而「取代派」卻認為這些特徵是來自非洲的古人類。

換句話說，同一個化石樣本，因為關注的焦點不同，選取的數據不同，採用的標準不同，很容易得出完全不同的結論。這就好比前文舉過的那個交通工具分類的例子，我們既可以按照有沒有發動機來分類，也可以按照有沒有橡膠輪胎來分類，前者把自行車先分了出去，後者卻把火箭先分了出去。到底是發動機重要還是橡膠輪胎重要，誰也說不清。因為這個標準是人為制定的，個人偏好起了很大作用，這就給政治（或者其他因素）干預科學研究創造了條件。

據斯特林格回憶，當年他發表了第一篇論文之後，收到了很多抗議信，其中夾雜了不少言辭惡劣的個人攻擊，甚至他的好朋友也對他惡語相加，認為他的理論是垃圾。反對的人當中，一部份人認為不同人種之間的差異巨大，大家不可能來自同一個祖先。另一部份人則不相信人類祖先竟然把世界各地的原住民全部「取代」了，這件事太荒唐了。

如果我們仔細分析一下的話，不難發現第一種反對意見隱含的意思就是我們不可能和「劣等民族」是同一家人，第二種反對意見同樣暗示自己的祖先是文明人，不會像野蠻人那麼冷酷無情。

有意思的是，種族主義者以前曾經支持過一個類似的「取代模型」，這就是北美大陸的「土丘之謎」。原來，當初歐洲殖民者佔

領北美後，發現這裏有很多土丘，也就是用泥土建起來的微型金字塔。當地的印第安原住民也不知道這些土丘到底是誰建的，它們的歷史便成了一個謎。美國考古學家一直不願相信土丘是北美印第安人修建的，於是構想了一個遠古時代的高級文明，土丘是由那些高貴的文明人建造的，但後來「野蠻」的印第安人用蠻力打敗了這個高級文明，將其完全「取代」了。可是，當時其實已經有好多證據表明土丘就是印第安人的祖先修建的，只不過年代太久，被當地人遺忘了。美國考古學家們之所以不願承認這個事實，一方面是因為他們不希望看到自己居住的這塊大陸自古以來就是荒蠻之地，幻想着這裏曾經有過一個堪比印加、瑪雅甚至古代歐洲的燦爛文明；另一方面他們也希望這種「取代」真的發生過，這樣就可以為北美殖民者用武力「取代」印第安原住民找到藉口。

隨着時代的進步，如今歐美學術界的政治氛圍發生了 180 度大反轉，任何涉及種族歧視的理論或者言行都會立即遭到抵制，哪怕僅僅是暗示也不行。再加上「取代派」獲得的證據愈來愈多，斯特林格提出的「晚近非洲起源」假説逐漸得到了愈來愈多的認同，已經成為歐美科學界的主流理論。支持「多地區連續進化」的人不但成了少數派，而且大都來自發展中國家。於是歐美科學界便指責這些國家的科學家都是民族主義者，他們是為了滿足愛國主義情懷才去支持「連續進化」理論的。

這方面的一個經典案例就是在印尼發現的「弗洛里斯人」（*Homo floresiensis*）。根據《自然》雜誌的報道，一支由澳大利亞和印尼科學家組成的聯合考察隊於 2003 年在印尼弗洛里斯島（Flores）的梁布亞（Liang Bua）洞穴中發現了一種身高只有 1.1 米左右的小矮人化石，他們顱容量很小，胳膊也更像猩猩，看上去

就像是矮化的直立人，所以又名「霍比特人」。最初的測年結果顯示弗洛里斯人化石的年代是距今 1.2 萬年。此結果一出立刻引發了巨大爭議，沒人相信這樣一種古老型人種居然在 1 萬多年前還活着。這個發現對於「連續進化」學派是個嚴重的打擊，於是這一派的印尼領軍人物拉迪安‧蘇鳩諾（Radien Soejono）和他的合作者特烏庫‧雅各布（Teuku Jacob）便發表文章認為這不是一個新人種，而是得了某種病的現代智人。

蘇鳩諾和雅各布屬於印尼少數幾位可以自由出入總統府的國寶級科學家。兩人都是從日據時期過來的，對印尼的殖民歷史非常敏感，所以兩人都對西方人來印尼挖化石很不滿，導致歐美考古學界多年來一直躲着印尼，生怕惹麻煩。兩人還運用手中掌握的權力打壓印尼國內的年輕一代考古學家，因為後者大都支持「取代說」。弗洛里斯人化石被發現後，雅各布用行政手段將化石強行收走，後來迫於國際學術界的抗議，這才不情願地將其歸還，但還回來的化石損壞嚴重，很多地方都有重新黏合的痕跡。

在雅各布的暗中操縱下，印尼政府於 2005 年頒佈禁令，禁止外國科學家進入梁布亞洞穴，直到雅各布去世後這項禁令才被解除。後續研究結果顯示，「弗洛里斯人」確實是一個全新的人種，很可能來自 100 萬年前遷徙至此的直立人。因為島上資源匱乏，這群人迅速矮化，最終變成了現在這個樣子。類似這樣的「孤島矮化」事件在歷史上發生過很多次，一點也不奇怪。

2016 年，新的測年實驗否定了以前的結論，弗洛里斯人早在 5 萬年前就已經滅絕了，這一時間點恰好和現代智人進入印尼的時間相吻合，所以他們有可能是被現代智人殺死的。類似的事情在歐洲也發生過，尼安德特人的滅絕時間也和現代人進入歐洲大陸的時間

相重疊，也有可能是被後者殺死的。

2017 年，新的化石研究又否定了此前關於弗洛里斯人來源的結論。澳大利亞學者借鑒了斯特林格的思路，用電腦分析了弗洛里斯人的骸骨化石，杜絕了人為因素的影響，最後得出結論説弗洛里斯人不太像是亞洲直立人的後代，而更像是從非洲能人直接進化而來的。

從這個例子可以看出，人類起源是目前國際上相當活躍的一個研究領域，新發現層出不窮。起碼從現在收集到的證據來看，目前國際上大部份學者傾向於認為弗洛里斯人是一個全新的古老型人種，他們並沒有變成現代人，而是走進了進化的死胡同，他們的存在為「取代模型」提供了新的證據。

和印尼一樣，中國也被一部份西方學者當成了政治干預科學的例子。「中國科學家不願相信人類來自非洲，他們希望甚麼東西都是中國的。」一位不願透露姓名的西方考古學家曾經這樣評價。不過，我採訪到的絕大部份中國學者均否認自己受到了愛國主義的影響，比如吳新智院士就堅信「多地區連續進化」學説是有科學根據的，在化石和石器等方面均有確鑿的證據。

下面就讓我們仔細分析一下雙方的證據，把科學的問題還給科學。

把科學還給科學

兩派爭論的焦點是人類化石的解讀方式，尤其是頭骨化石，更是存在多種分析方法。斯特林格用電腦分析法把頭骨的一些可測量性狀進行了統計分析，而吳新智則更強調那些非測量性狀，比如眼

眶和門齒的形狀等。他曾列出過 23 項中國人獨有的解剖學特徵，以此來支持「多地區連續進化」理論。

對於這些證據，「取代派」並不否認，但提出了不同的解讀方式。他們認為這是趨同進化的結果，也就是說，中國獨特的自然環境導致所有生活在這裏的人都不約而同地演變成了某種特殊的模樣。比如，已知高鼻子可以為吸進去的冷空氣加熱，歐洲氣候寒冷，所以歐洲人都是高鼻子；非洲赤道氣候炎熱，所以非洲人都是扁鼻子。相比之下，中國的中原地區緯度適中，不冷不熱，所以在這裏生活的人都進化出了高度適中的鼻子。這不是進化連續性導致的，而是環境使然。

為了驗證這個說法，我專程去長春採訪了中國體質人類學專家、吉林大學邊疆考古研究中心主任朱泓教授，他認為「取代派」的這個解釋在某些性狀上是說得通的，但在另外一些性狀上卻很難成立。比如鏟形門齒（即在門齒的後面有個凹槽，像個鏟子）這個性狀，在他們研究所收集的兩萬多例古人類骸骨時，除了新疆地區挖掘出來的之外，只要有牙的，百分之百都是。另據統計，現代中國人當中有 80%—90% 也是鏟形門齒，相比之下，歐洲人只有 10% 是鏟形門齒，非洲人也只有 15%，均屬於少數。

「我真的想不出中國的生活環境中有哪個因素會讓所有生活在這裏的人都必須有鏟形門齒，非鏟形門齒的人就很難生存下去，只能被淘汰。」朱泓對我說，「我認為對這個現象最好的解釋就是，鏟形門齒遺傳自中國的古老型人種，是他們把這個性狀傳給了現代中國人。」

鏟形門齒確實是「取代派」的一個很難越過的坎，但這一派也不是全無應對。科學家發現，一種名為「人類外異蛋白受體」

（human ectodysplasin receptor）的蛋白質在不同人類種族中具有不同的特性，大部份東亞人體內攜帶的都是 EDAR370A 這種突變體，該突變發生於大約 3 萬年前，符合「取代模型」的預言。2013 年，有人將這種突變體對應的基因轉入小鼠中，發現小鼠的體毛變粗了，說明這個基因突變很可能就是東亞人頭髮又粗又硬的原因。更有趣的是，這個基因還和牙齒的形狀有關，很可能就是因為這個基因突變才使得中國人都有鏟形門齒的。

換句話說，東亞的自然環境選擇了又粗又硬的頭髮，鏟形門齒只是這個選擇的副產品，因為同一個基因具有兩種不同的作用。當然了，這個解釋還有待進一步研究才能確認，但起碼雙方在這個問題上各自拿出了有一定道理的科學證據，而不是互相指責對方政治不正確，這就是進步的體現。

不光是化石的形狀可以用來討論，就連化石的分佈也是很重要的證據。「取代派」最常用的一個證據就是中國在距今 10 萬—4 萬年這段時間內的人類化石非常稀少，他們認為這個事實說明 11 萬年前開始的末次冰期導致中國本土人口急劇減少，甚至瀕臨滅絕。於是，當來自非洲的現代智人於距今 6 萬—4 萬年遷徙到中國境內時，看到的是一個幾乎無人居住的空曠大陸，「取代」沒費吹灰之力就完成了。

我就這個問題專門採訪了中國科學院古脊椎動物與古人類研究所的研究員高星，他認為這個說法是不對的。「過去中國的考古科學不發達，人類化石出土的非常少，所以才會給人以距今 10 萬—4 萬年是人類化石空白期的印象。如今大家都開始重視考古學研究了，出土的化石愈來愈多，像黃龍洞人、柳江人、道縣人和田園洞人等古人類化石遺址都處於這一階段。」高星對我說，「這些新出土

中國科學院古脊椎動物與古
人類研究所研究員高星

的化石填補了中國考古學的空白，證明這段時間內中國這塊地方是
有人居住的。」

　　除此之外，高星還對末次冰期的影響提出了質疑。「末次冰期
大約開始於 11 萬年前，但直到大約 7 萬年前才真正冷下來，其對
世界各地氣候的影響程度是很不一樣的，比如中國就沒那麼嚴重，
不至於把東亞直立人都滅絕了。」高星對我說，「研究顯示，至少在
中國的南部和中部地區不存在典型的冰川遺蹟。再說了，生活在那
裏的大熊貓都挺過來了，人沒有理由挺不過來。」

　　高星的專業是舊石器研究，目前擔任亞洲舊石器考古聯合會主
席一職。他認為化石證據固然很重要，但人類化石的數量還是太少
了，僅靠化石來研究人類起源是很不夠的。「目前中國境內一共發
現了 2,000 多處人類文化遺址，其中有人類化石的只有 70 多處。
也就是說，在最近這 100 多萬年的漫長時間裏，我們只找到了不到
100 個個體，他們能代表所有人嗎？」高星對我說，「更何況化石
研究本來就很難量化，大部份遺址挖出來的往往僅僅是幾枚牙齒而
已，靠化石是很難填補人類進化的『缺環』的，只有石器才有可能
做到這一點。」

　　確實，石器一直是人類考古學界的一個非常重要的研究項目：

一來石器數量大，可供研究的樣本多；二來石器可以反映出製造者和使用者的生存狀況，這是僅憑人類骨骼化石無法知道的信息。非洲的石器研究尤其發達，科學家發現非洲石器可以分為好幾個階段，每個階段的技術進步都非常顯著，層層遞進的特徵極為鮮明，行家只要看一眼就能分辨出來哪個石器來自哪個階段，甚至連挖掘地點都能猜個八九不離十。相比之下，東亞出土的石器無論是種類還是數量都明顯少於非洲，其複雜程度更是遠不如非洲，甚至連歐洲也不如。

「如果取代派的説法是正確的，那麼我們應該能在中國境內找到來自非洲的現代智人帶進來的先進石器。但是，中國的石器自 170 萬年前開始出現以來，直到距今 1 萬年為止，一直是非常簡單粗陋的。」高星解釋説，「舉個例子：我 2000 年回國後接手了三峽地區的文物搶救工作，發現了 60 多個被錯誤地當成舊石器時代的考古遺址，原因就是那裏面發現的石器全都很簡單，看上去和舊石器時代無異，但實際上它們距今 7,000—5,000 年，屬於新石器時代，這個現象用取代模型是很難解釋的。」

對於這個問題，取代派也是承認的，但他們還是給出了自己的解釋。一種解釋認為，製作石器是一項技術含量很高的工作，愈是複雜的技術會的人就愈少，因此也就愈容易失傳，也許現代智人在長途遷徙的過程中把這項技術丟掉了。

另一種解釋認為，中國境內缺乏適合製造精細石器的石材。不過高星否認了這一點，他告訴我，曾經有人用中國隨處可見的鵝卵石打造出了複雜的石器，説明這個理由不成立。

第三種解釋最有意思。有人研究了中國境內特有的竹子，發現用它可以製造出非常精細的工具，切肉剔骨等都可以輕鬆完成，一

點也不比高級石器差。用竹子做工具的優點是製造過程簡單，成本低，缺點是無法保存，也許這就是在中國境內找不到先進石器的原因。高星認為這個解釋雖然有一定道理，但必須想辦法找到古人使用竹器的證據（竹器留在骨頭上的割痕和石器不一樣）才能確定。

結　語

總之，關於現代智人起源的問題至今仍然存在兩種理論，彼此間爭論不休，誰也說服不了誰。造成這一局面的根本原因是化石和石器的證據都太少，研究方法也不夠精確，因而存在多種可能性。

有趣的是，歐洲考古界並不存在這樣的爭論。絕大多數歐洲科學家均已承認尼安德特人不是現代歐洲人的直系祖先，他們全都是非洲移民的後代。之所以會出現這樣的情況，第一個原因是歐洲的科研傳統深厚，歐洲科學家受到的政治干涉較少；第二個原因是歐洲的考古學研究開展得早，無論是化石還是石器的證據收集得較多，證據鏈較為完整。第三個原因就是歐洲並沒有挖出過太多不符合現有理論的化石，但中國在近幾年卻出土了一大批非常具有爭議性的化石。比如引言中提到的許昌人化石正好處於末次冰期的開始階段，許昌人兼具歐亞大陸古老型人類和早期現代人的特徵，說明這一階段的中國人正在向現代智人進化，符合「多地區進化理論」的預言。

《引言》中提到的湖南道縣牙齒化石之所以在國際考古學界引起了很大轟動，原因也在於此。按照「取代模型」的觀點，現代人是距今 6 萬—4 萬年時才遷徙至東亞的，此前這一地區只有古老的直立人，但道縣福岩洞內發現了距今 12 萬—8 萬年的現代人牙齒化

石，不符合「取代模型」的預期。

就這樣，繼周口店發現北京猿人化石之後，中國再次成為人類考古學研究的熱點地區，吸引了很多人的關注。

那麼，北京猿人到底是不是中國人的祖先呢？如果不是的話，黃龍洞人、柳江人、道縣人、田園洞人、許家窰人、大荔人、馬壩人、丁村人、道縣人和許昌人等這些發現於中國境內的古人類有可能是嗎？要想回答這個問題，光靠化石是不夠的，我們需要找到更加準確的證據。

解讀生命之書

　　DNA 是寫在生命體內的一本歷史書，記錄了生命進化史上發生的所有大事。如果科學家們能夠學會解讀這本生命之書，就有可能穿越到遙遠的過去，弄清楚每一個生命都是怎麼來的。

生化標籤和分子鐘

　　歷史學家喜歡以百年為單位，似乎每一個世紀都有自己的獨到之處。剛剛過去的 20 世紀毫無疑問是人類歷史上最重要的一百年，而且從第一年開始就精彩紛呈，令人目不暇接。

　　1900 年，一個名叫卡爾・蘭德斯坦納（Karl Landsteiner）的奧地利醫生發現了血型的秘密。這項發現不光是讓輸血變得更加安全，而且從根本上改變了人的分類方式。事實上，這是人類所發現的第一個屬於生物化學領域的身體特徵，具有嚴格的科學定義，和高矮胖瘦這些概念模糊的形容詞很不一樣，更是和種族這個常用標籤完全不同。任何人都只能有一種血型，沒有中間狀態，而且一輩子無法更改。

發現了血型秘密的奧地利醫生卡爾・蘭德斯坦納

分子人類學的先驅者之一，加州大學伯克利分校的生物學教授艾倫·威爾遜。

　　第一個嘗試用血型來分類的人是一個名叫路德維克·赫茲菲爾德（Ludwik Hirszfeld）的波蘭軍醫，他在第一次世界大戰時奉命為馬其頓戰場上的士兵測血型，結果發現歐洲士兵大部份是 A 型血，印度僱傭軍則多為 B 型血。於是他猜測 A 和 B 代表兩個原始部落，分別來自北歐和南亞這兩個地區，然後雙方雜交，形成了 AB 型和 O 型。他把測量結果寫成論文，發表在 1919 年出版的《柳葉刀》（Lancet）雜誌上，但他卻沒有解釋血型到底意味着甚麼。

　　無論赫茲菲爾德怎樣解釋肯定都不對，因為隨着血型數據的增加，人們很快就發現他的這個理論是不成立的。人類的基本血型只有四種，分佈模式又太複雜了，根本不適合作為辨別不同人群之間遺傳關係的依據。不過，這個思路卻啟發了新一代人類學家去尋找更合適的生化指標，幫助他們去研究人類的起源。

　　20 世紀 60 年代，出生於新西蘭的美國加州大學伯克利分校的生物學教授艾倫·威爾遜（Allan Wilson）找到了一個合適的指標，並在 1967 年 12 月出版的《科學》雜誌上公佈了他的發現。當時科

學家們已經初步搞清了抗原和抗體的概念，知道如果把一種哺乳動物體內的抗原（比如血清球蛋白）打入另一種哺乳動物的身體裏，就會刺激後者產生專門針對它的抗體。如果用這種抗體來試驗其他哺乳動物體內的類似抗原的話，那麼抗原和抗體之間的免疫反應強度取決於兩種哺乳動物遺傳距離的遠近，兩者關係愈近，免疫反應就愈強烈。威爾遜試驗了各種靈長類哺乳動物的免疫反應，測出了任意兩兩組合之間的反應強度，然後依照這個結果畫出了靈長類動物的進化樹。

後來人們知道，抗原和抗體都是由 20 種氨基酸依照不同的排列方式組成的蛋白質分子，免疫反應的強度和氨基酸的排列順序有關。上述實驗測量的其實就是這個排列順序的差異，兩種動物分開的時間愈長，差異就愈大。

之後，威爾遜又做出了一個大膽而又絕妙的假設，他認為氨基酸排列順序的差異度和時間成正比，兩者是一個近乎線性的關係。於是，每一個蛋白質分子都可以被看成一台分子鐘，只要測出兩種動物體內的同源蛋白質分子的差異，就可以推斷出兩者分開的確切時間。

▶

巴黎人類博物館裏展出的（左起）長臂猿、猩猩、黑猩猩和人的骨架。

　　有了這個假設，剩下的事情就簡單了。當時考古學家們已經通過化石研究知道了幾種靈長類動物分家的大致時間，威爾遜將這幾種靈長類動物的分子差異和分家時間分別作為 X 軸和 Y 軸，做成了一張曲線圖，然後他把人和黑猩猩的分子差異代入這張圖，得出結論說兩者大約是在距今 500 萬—300 萬年時分家的。

　　這個結論立刻引起了廣泛爭議，因為當時的考古學家們大都認為人和猩猩在距今 3,000 萬—2,000 萬年時就分開了，500 萬年太短了，很難解釋雙方之間看似巨大的差異。於是大家一致認為威爾遜的實驗方法出了問題，分子鐘不可靠。要知道，20 世紀 60 年代的考古學界還處於化石和石器研究佔主流的階段，這個領域的絕大部份專家都屬於比較傳統的學者，只相信自己的眼睛，蛋白質看不見摸不着，很難讓人信服。

　　後來我們知道，威爾遜的估算結果基本準確，人和猩猩應該是在距今 700 萬—600 萬年時分家的。兩者之間的遺傳距離也遠沒有大家想像得那麼大，基因層面只有 1% 的差別。不過，考古學家們的質疑也是有道理的，蛋白質並不是一個好的分子鐘，和放射性同位素時鐘相比缺點非常明顯：一來免疫反應強度是個相對模糊的概念，並不能準確地反映出氨基酸順序的差異；二來氨基酸順序的變異並不完全是中性的，很可能會受到環境因素的影響而變得不準確。

　　即使如此，用蛋白質分子鐘來測年的技術仍然可以稱得上是一項絕妙的發現，因為古老的蛋白質很難獲得，只能用活動物的蛋白質去倒推祖先的生活軌跡，其難度可想而知。相比之下，同位素測年法用的是古老的樣本，無論是測量原理還是實驗方法都要比分子鐘更容易理解。

面對考古學家們的質疑，威爾遜並沒有放棄，他堅信分子鐘測年法的邏輯是正確的，只是蛋白質分子不太適合幹這個罷了。他需要找到一種分子，既要有相對恆定的變化速率，還要有很高的分辨率。天底下哪有這麼好的事情？答案是真的有，這就是大家耳熟能詳的 DNA。

◀

紅毛猩猩曾經被認為是距離人類最近的靈長類動物

▼

DNA 分析得知，黑猩猩是距離人類最近的靈長類動物。

天賜良鐘

　　1953 年，DNA 雙螺旋結構被發現，遺傳的秘密從此大白於天下。簡單來説，DNA 是一種線性的生物大分子，由 ATCG 這四種核苷酸首尾相連而成。幾乎每一個人體細胞內都含有 46 個這樣的 DNA 分子，它們被稱為染色體。這 46 條染色體兩兩對應，一共有 23 對，每對染色體中有一條來自父親，另一條來自母親。

　　如果我們把每一個生物體看作一幢由蛋白質組成的大廈，那麼 DNA 分子就好比是攜帶着建築信息的圖紙，其中負責編碼蛋白質結構的那部份 DNA 被稱為基因。人體內一共有大約 2 萬個基因，它們合起來被稱為基因組，總長度只佔染色體總長度的 1.5%。每一代生物體都會把建築圖紙的內容通過 DNA 複製的形式傳遞給下一代，生物性狀就是這樣一代一代地遺傳下去的。DNA 拷貝的準確性非常高，但偶爾也會出差錯，如果某個錯誤錯得恰到好處，那麼它就會被大自然挑中，將錯就錯地繼續遺傳下去，這就是達爾文進化論的本質。

　　正是因為 DNA 複製差錯無處不在，所以地球上除了極少數微生物和病毒之外，沒有兩個生命體是完全相同的，大自然用這種方式為每個生命貼上了獨有的 DNA 標籤，遠比膚色或者血型之類的標籤要精準得多。人類學家們只要掌握了 DNA 標籤的解讀方式，就可以精確地比較人和人之間的遺傳關係，從而更好地推斷出人類這個物種的進化史。

　　比如，以前的人們不敢肯定到底是黑猩猩距離人類近還是紅毛猩猩距離人類近。有了 DNA 工具後，這個問題就變得很容易解決了。只要比較一下三者的 DNA 序列，就可以很清楚地知道黑猩猩

才是距離人類最近的靈長類動物。

對於我們要講的這個人類起源故事來說，DNA 分子還有一個特性更重要，那就是有些 DNA 段落是搭基因的順風車而來的，它本身不編碼任何蛋白質，也不具有任何調控能力，不會對生物的性狀或者適應環境的能力帶來任何影響，這樣的 DNA 段落被稱為「垃圾 DNA」。雖然名字很糟糕，但其實垃圾 DNA 片段的複製方式和非垃圾片段是一樣的，出錯的概率也是一樣的。

更妙的是，DNA 複製的差錯率是一個相對恆定的生物學特性，和生物的年齡、健康狀況以及生存環境等因素關係不大。於是，只要我們能測出祖先的 DNA 的順序，再和當代的 DNA 加以對照，就可以計算出兩者之間經過了多長的時間。舉例來說，如果我們測出了某種生物的 DNA 順序，又想辦法得到了它的祖先的 DNA 順序，發現兩者有 100 萬個差別。已知這種生物的 DNA 突變率大約為每代 100 個，我們就可以計算出兩者之間相差了 1 萬代。如果我們再假定每代之間相隔 25 年，就可以推斷出這種生物從祖先發展到今天一共用時 25 萬年。

上述算法和碳-14 測年法的原理是類似的，不難理解。兩者的差別在於，碳-14 所測的古代樣本是可以得到的，祖先的 DNA 順序可就沒那麼容易測出來了。不過，這點困難可難不倒科學家們，他們改進了算法，只需要測出當代生物的 DNA 序列，就可以通過數學推理的方式推測出物種進化的大致路徑和年代。

為了更好地解釋這個方法的妙處，我們舉一個現實生活中的例子。改革開放前的中國大陸不允許引進港台書籍，於是金庸小說只能以盜版的方式在大陸擴散，請問如何才能通過分析這些盜版書籍搞清它們的擴散路徑和時間呢？首先我們必須假定所有盜印設備

都會出錯，而且這種錯誤的出現概率很低，同一個錯誤很難出現兩次。其次，我們還要假定盜版商審稿不嚴，錯字不會被發現，而是繼續將錯就錯地傳播了下去。有了這兩個假設，緝私局的偵探們就可以開始工作了。

假設他們發現廣東省收繳上來的盜版書錯誤種類最多，其他各省的錯誤種類不但要少得多，而且大都可以在廣東省盜版書中找到，於是偵探們有理由相信，盜版書首先是從廣東省開始出現的，而且一定是先在廣東省內流傳了很長的時間，積累了大量錯誤，然後才流到其他省份去的。其次，如果福建、浙江、江蘇和山東境內收繳的所有盜版書都有同一個錯字，其他省份沒有這個錯字，在此基礎上，浙江、江蘇和山東境內的盜版書裏全都有另一個錯字，其他省份沒有……以此類推，那麼偵探們有理由相信這幾個省份的盜版書是按照福建、浙江、江蘇、山東這樣的順序流傳開來的。再次，假定我們事先知道盜版設備的錯誤率，又知道了山東省和甘肅省境內的盜版書相互之間一共有多少不一樣的錯誤，偵探們就可以大致算出山東盜版書和甘肅盜版書距離它們共同的源頭到底經過了多少輪複製。具體的算法比較複雜，這裏就不詳細寫了。另外，偵探們不必去統計所有的金庸小說，只要能統計出某一本小說，甚至某一個章節的錯誤率就可以大致估算出來了。當然了，統計的書目愈多，這個估算就愈精確。

具體到 DNA 分子鐘這件事上，上述假定都是成立的。

首先，DNA 複製會出錯，大約每複製 10 億個核苷酸會出一次差錯。這樣算下來，每個人一生中會出現 70 個全新的基因變異。不過大家不用害怕，要知道每個人的基因組裏都有大約 60 億個核苷酸，如果把這 60 億個字母印成一本書的話，按照每頁印 3,000

個字母的標準來計算，這將是一本 200 萬頁的巨著，所以說這 70 個錯誤對於每個人來說幾乎可以忽略不計。目前全世界所有人的單個核苷酸複製錯誤加在一起一共有 600 萬個左右，相當於每 1,000 個核苷酸就會出現一個不一樣的字母，科學術語稱之為「單核苷酸多態性」（簡稱 SNP）。SNP 是人類 DNA 序列差別的最主要的表現形式，世界上之所以不存在兩個一模一樣的人，主要原因也在於此。不過，所有這些 SNP 當中，絕大部份都是所謂的「中性突變」，既不好也不壞。這類中性 SNP 在人群中的擴散機制主要是以遺傳漂變（genetic drift）的形式（而不是自然選擇）進行的，我們可以簡單地理解為「全憑運氣」。這個想法最早是由日本遺傳學家木村資生提出來的，他也因此而被公認為群體遺傳學的奠基人之一。這套理論解釋起來需要用到大量的數學知識，一般人不必理會。我們只需知道 DNA 分子之所以能夠被當成分子鐘來使用，原因之一就是木村資生的這套「中性理論」。

其次，人類染色體 DNA 的突變率是非常低的，通常情況下一個字母發生突變之後，再在同樣的地方發生第二次突變的概率低到可以忽略不計。所以我們可以不必考慮這種情況，以最簡單的方式來解釋任意兩人之間的遺傳關係。這個方法的理論基礎就是著名的「奧卡姆剃刀」原理，即「如無必要勿增實體」。這是群體遺傳學家們進行數學計算之前的重要前提，一般人也不必深究，只需知道這個奧卡姆剃刀是 DNA 分子鐘的另一個理論基礎就行了。

有了這兩個理論做基礎，剩下的事情就相對簡單了。威爾遜再次成為第一個吃螃蟹的人，正是他在 1987 年發表的一篇論文，打開了基因尋祖的大門，從而徹底改變了人類進化史研究的進程。

線粒體夏娃

1987 年 1 月出版的《自然》雜誌刊登了一篇重磅論文，作者是威爾遜以及在他手下工作的兩名博士生麗貝卡・卡恩（Rebecca Cann）和馬克・斯通金（Mark Stoneking）。這篇論文通過對人類線粒體 DNA 多態性的研究，得出結論説全世界所有現代人的母系祖先都可以追溯到 15 萬年前的非洲，我們都是同一位非洲女性的後代。

這篇論文好似一枚炸彈，把全世界都炸醒了。各國媒體不約而同地把這條消息放在了頭條的顯著位置，有人借用《聖經》裏的概念，稱這位非洲女性為「線粒體夏娃」。威爾遜雖然不喜歡這個帶有宗教意味的説法，但無法阻止它迅速流傳開來。不用説，以英國人類學家斯特林格為代表的「取代派」高聲歡呼，認為自己的理論得到了最權威的 DNA 數據的支持。與之對立的「連續進化派」也迅速做出反應，對這篇論文的科學原理和計算方法提出了質疑。威爾遜認真聽取了各方的反對意見，增加了新的數據，改進了計算方法，重新又算了一遍，但結果依然維持原樣，我們所有人的母親仍然是一位「幸運的非洲媽媽」。

這個結論是怎麼得出來的呢？讓我們先從線粒體開始説起。這是一種體積比細胞還小的細胞器，專門負責為細胞提供能量。有證據表明線粒體是遠古時代的細胞捕獲的一種微生物，這就是它會自帶 DNA 的原因。

線粒體之所以能成為基因尋祖的突破口，和線粒體 DNA 的兩個特性有關。第一，線粒體 DNA 嚴格遵循母系遺傳的規則，只從母親傳給子女，父親幾乎沒有做出任何貢獻。這樣一來科學家就不

用考慮基因重組的問題了，大大簡化了計算和推理的過程。如果再用金庸盜版書舉例的話，這就好比說盜版商把每一章的影印工作分包了出去，然後再統一收集起來裝訂成一本盜版書，警察分不清哪一章來自哪裏，這就給偵緝工作增加了很多困難。而線粒體就好比是金庸寫的那本最短的小說《越女劍》，從來沒有被分拆過，歷史很清白，分析起來要容易得多。第二，線粒體 DNA 的複製精確度比常染色體 DNA 低，糾錯系統的工作效率也較染色體 DNA 為低，其結果就是線粒體 DNA 的突變率大約是常染色體 DNA 的 10 倍，直接導致線粒體的遺傳多樣性要比常染色體高出很多。人類常染色體每 1,000 個核苷酸才有一個突變，線粒體 DNA 的高變區每 100 個核苷酸就有一個突變。從群體遺傳學家的角度看，這就意味着線粒體分子鐘走得比常染色體分子鐘要快，如果研究對象的年代不那麼遙遠，可供分析的數據就變多了，分析結果的準確性就會大大提高。如果拿放射性同位素測年法來做個對比的話，線粒體 DNA 就相當於半衰期較短的同位素，更適合用來研究近代發生的事件。

以上分析都屬於紙上談兵，具體做起來難度相當大。20 世紀 80 年代，DNA 測序還是一件非常困難的事情，不但實驗程序複雜，而且價格昂貴，一般人是測不起的。幸虧加州大學伯克利分校有眼光，給了威爾遜足夠多的研究經費，支持他測量了 134 個人的線粒體 DNA 序列。為了方便起見，這 134 個志願者都是從美國國內找的，好在美國是個移民國家，可以找到來自世界各地的「純種」的少數民族，足以代表世界上幾個比較大的族群了。

線粒體 DNA 雖然很小，但也有 1.67 萬個核苷酸，全測一遍是不可能的。威爾遜選擇了其中的一個總長度為 500 個字母的控制區，這個區對於線粒體的功能沒有影響，區內的所有突變都是木村

資生所説的「中性突變」，最適合用來進行分類和尋祖。

分析結果顯示，非洲人在控制區內的基因突變種類最多，其他族群的基因多態性不但少了很多，而且所有非非洲人（指除了撒哈拉沙漠以南非洲之外的所有地方的人）的突變類型都可以在非洲人群中找到，説明所有非非洲人的母系祖先都來自非洲。非洲的那幾個基因類型也都可以追溯到同一個母系祖先那裏去，這説明所有的現代人的母系祖先都來自同一個非洲部落。

所有非非洲人的基因突變類型還可以一級一級地細分下去，從而畫出人類走出非洲的路線圖。有了這個路線圖之後，威爾遜就可以判斷出哪些位點是從非洲帶來的野生型，哪些是後來突變產生的。然後他，又涌過其他辦法估算出了線粒體 DNA 的突變率，將其代入一套算法，算出所有人類共同的母系祖先生活在距今 20 萬—14 萬年的非洲。

這個年代估算是「線粒體夏娃」理論當中最關鍵的數據，因為前文説過，人類祖先源自非洲這件事是沒有爭議的，大家爭議的是現代人到底是從哪裏來的。如果所有現代人共同的祖母只有不到20 萬年歷史的話，「多地起源」理論就不成立了。事實上，這就是「線粒體夏娃」理論被「多地起源學派」攻擊得最厲害的地方，很多人都在想辦法找出分子鐘的漏洞來。但是，這麼多年爭論下來，大家只是對分子鐘的準確性做了一些必要的修正，這個理論整體上依然是沒有問題的。

隨着 DNA 測序技術的進步，科學家所能研究的線粒體 DNA 愈來愈長，採樣的範圍愈來愈廣，數據量也成倍上升，但主要結論依然沒變。那篇論文剛發表時，在埃塞俄比亞挖到的現代智人奧莫化石的測年結果還是 13.5 萬年，論文發表若干年後這個結果被修正為

19.5 萬年，為「線粒體夏娃」理論提供了重要的化石證據。目前國際學術界普遍認為人類共同的母系祖先最晚可以追溯到 20 萬年前的非洲，也就是說，如果地球上的每個人都能坐上時光機一代一代地往回穿越，最終大家會發現所有人的曾曾……曾祖母都是同一個生活在 20 萬年前的非洲女性。

到底有多少個「曾」字呢？如果拿 20 萬年來計算的話，假定每 25 年更新一代，那麼答案是 8,000 代。這是個超出一般人想像的數字，這就是為甚麼歷史學家們通常用「深邃」這個詞來形容漫長的史前時代。

必須指出的是，這個結論並不意味着當時這個非洲部落裏只有一名女性。事實上，群體遺傳學研究認為這個部落很可能有上千人之多，其中肯定有幾百名育齡女性。但是她們要麼沒有生下女兒，要麼生下的女兒沒有接着生下女兒，導致她們的線粒體都沒有傳下來，這就是為甚麼威爾遜一直把這位女性稱為「幸運的非洲媽媽」，而不是夏娃。

威爾遜完成的這個線粒體尋祖實驗是群體遺傳學歷史上最經典的研究之一，具有劃時代的意義。如今，利用 DNA 分子多態性來構建某種生物的遺傳史已經成為群體遺傳學領域最重要的工具，計算流程已經高度標準化了。這套工具需要用到複雜的數學知識，但其理論基礎就是前文提到的「中性理論」和「奧卡姆剃刀」原理。反對者也大都會從這兩個理論着手，質疑這套工具的正確性。比如中國就有一位大學教授宣稱自己找到了這套理論的錯誤，而且一直在四處辦講座宣傳自己的那套理論，可惜他關於此事所寫的論文並沒有被任何一家採用同行評議制度來審稿的主流科學期刊所採納，只能說是自說自話而已。事實上，目前尚未出現任何一種能夠被大

多數群體遺傳學家所接受的質疑，所以我們仍然認為這兩個理論是正確的，這套計算工具仍然是可信的。

值得深思的是，「線粒體夏娃」理論提出之後的頭十年裏，中國學術界一直沒甚麼反應。一方面是因為當年大部份中國考古學家都是支持「連續進化附帶雜交」理論的，大家不約而同地選擇對這個不利於自己的證據保持沉默；另一方面是因為 20 世紀 80 年代的中國正處於百廢待興的時期，有很多遠比人類起源更加迫切的問題需要解決，沒多少人有閒心去關心自己祖先的事情。最終，一位在美國留學的中國學者意外地闖入了這個新興領域，沒想到卻掀起了一場更大的波瀾。

尋找亞當

在講述亞當的故事之前，必須先來談談遺傳學在中國的遭遇。20 世紀 50 年代，遺傳學也曾經像今天的人類進化領域一樣，分成了互相抵觸的兩大學派。一派的代表人物是蘇聯的植物育種專家米丘林，另一派則是果蠅遺傳學的奠基人摩爾根。中國因為政治的原因選擇站在了米丘林一邊，當年中國大學生物系的遺傳學教材都是從蘇聯照搬過來的。摩爾根學派在中國遭到了殘酷的打壓，唯一的原因就是摩爾根是美國人。

摩爾根有個學生名叫杜布贊斯基，前文曾經提到過他。杜布贊斯基招過一位來自中國的研究生，名叫談家楨。1949 年後，談家楨博士回國任教，擔任了復旦大學生物系的系主任。正是由於談家楨的緣故，復旦大學決定繼續講授摩爾根遺傳學，為中國的遺傳學研究保留了唯一的火種。

▲ 「中國現代遺傳學之父」談家楨教授（左）
在指導學生（新華社供圖）

▲ 中國分子人類進化領域的領軍人
物，復旦大學副校長金力博士。

　　改革開放之後，或者更準確地說，是「冷戰」結束之後，中國
學術界終於承認摩爾根遺傳學是正確的。因為談家楨留下的班底還
在，所以復旦大學生物系遺傳專業迅速成為全國最佳，培養了一大
批優秀的人才，現任復旦大學副校長的金力博士就是其中之一。他
在 1985 年和 1987 年分別在復旦大學生物系拿到了遺傳學學士和碩
士學位，然後赴美留學，於 1994 年在得克薩斯大學拿到了博士學
位。畢業後他立即前往斯坦福大學，在著名的意大利裔人類遺傳學
家路易吉・盧卡・卡瓦利—斯福扎（Luigi Luca Cavalli-Sforza）實
驗室做博士後，主攻群體遺傳學。

　　「我那時候的主要興趣是疾病的群體遺傳學，非常希望研究對
象盡可能地『純』，這樣研究起來會更方便。但實際人群都是『雜』
的，所以我想對實際人群到底有多『雜』做一個分析評價，於是便
開始關注 Y 染色體。」金力博士在他的辦公室接受了我的採訪，「當
時線粒體的遺傳多樣性已經做了好幾年，但線粒體畢竟太小，而且

獨立於細胞核之外，應用範圍有限。Y 染色體也是單線遺傳的，不必考慮重組問題，所以我覺得 Y 染色體也許是一個機會，可以幫助我解決問題。」

前文說過，人體一共有 46 條染色體，它們分成 23 對，除了 X 和 Y 這兩條性染色體之外，其餘的 22 對常染色體是一一配對的。性細胞在減數分裂的過程中會發生基因重組，也就是一對染色體中相對應的段落彼此互換位置，以此來增加遺傳多樣性。據統計，人類的每一代平均會發生 36 次基因重組，每條染色體發生一次多一點，如此累計下來，只需幾代之後，染色體就混雜得分不清哪塊來自父親，哪塊來自母親了，導致基因分析的工作量大大增加。X 和 Y 染色體只有極少部份是對應的，基本上不會發生基因重組，所以 Y 染色體的遺傳方式和線粒體類似，都是單線遺傳的，只不過這次是從父親傳給兒子，和母親無關。所以，沿着 Y 染色體這條線，最終找到的是人類共同的父系祖先，西方媒體習慣性地稱之為亞當。

對於科學研究這件事，普通人往往只看原理和結果，不關心過程。科學家則正相反，因為他們才是真正做實驗的人。尋找 Y 染色體亞當的理論基礎雖然和線粒體夏娃差不多，但 Y 染色體和線粒體很不一樣，實驗過程要困難很多倍。首先，一條 Y 染色體上含有將近 6,000 萬個核苷酸，比線粒體大了 3,600 多倍，對於當年的 DNA 測序技術來說，這是個龐然大物，極難對付。其次，Y 染色體是位於細胞核內的「正規」染色體，其 DNA 複製的精確度比線粒體高很多倍，導致 Y 染色體上的 SNP 突變率要低很多，找起來非常困難。當時全世界只發現了一個 Y 染色體 SNP，遠遠不夠。

雖然明知山有虎，但金力偏向虎山行。他冥思苦想了很長時間，始終找不到解決辦法，最終是一位分析化學專業的博士後幫了

金力的大忙。「我喜歡喝咖啡，和另外一間實驗室的一個同樣喜歡喝咖啡的奧地利人交上了朋友。」金力回憶道，「他叫皮特·歐芬納（Peter Oefner），專業是高壓液相色譜（HPLC）。當時他正在嘗試用『變性高壓液相色譜』（DHPLC）技術來分離 DNA 短片段，這項技術速度快，效率高，可以不必通過測序就辨別出不同序列的 DNA 小分子。我倆一起嘗試用這項技術來辨別 DNA 長片段，結果大獲成功，在很短的時間裏就篩選出了好幾個 Y 染色體標記物。」

這裏所說的標記物指的是 Y 染色體上和別人不一樣的點，類似於金庸盜版小説裏的印刷錯誤。不同版本的盜版小説可以通過這些具有特異性的印刷錯誤一眼認出來，不同來源的 DNA 也一樣。SNP 是遺傳學家最常用的標記物，Y 染色體上還有「短串聯重複」（STR）和「拷貝數差異」（CNV）這兩大類標記物，也可以用來給 Y 染色體做標記。

「其實我的興趣並不是人類起源，而是人類的遷徙路徑。研究人類遷徙最關鍵的一點就是找到特定人群的標記物，然後利用它去追蹤源頭。」金力博士解釋道，「這就好比説你要搞清楚東海裏的水到底是哪裏來的，最好的辦法就是在黃河源頭倒一瓶紅墨水，在長江源頭倒一瓶藍墨水，然後去東海裏取一瓢水，看看裏面到底有多少紅墨水分子，又有多少藍墨水分子。在這個例子中，墨水就是標記物，用來追蹤水的遷徙路徑。」

初戰告捷之後，金力和同事們在 1995 年召開的美國人類遺傳學年會上向與會者報告了這項技術，引來了無數關注。此後來自世界各地的科學家運用這項技術找到了好幾百個 Y 染色體標記物，為人類尋找亞當的蹤跡鋪平了道路。

2000 年 11 月，來自卡瓦利—斯福扎實驗室的 19 位作者在

《自然遺傳學》（*Nature Genetics*）雜誌上發表了分子進化領域的第二篇重磅論文，通過對不同人群 Y 染色體遺傳標記物的分析，找到了人類共同的父系祖先。這位亞當同樣生活在非洲，時間大約是距今 5.9 萬年，遠比夏娃要近得多。後來科學家們又獲得了更多的數據，把這個數字修正為距今 16 萬—12 萬年，和夏娃大致處於同一個時間段內。這篇論文發表後，「多地區進化」理論便又挨了重重的一拳，雖然這個理論的支持者仍然還想掙扎着再爬起來，但難度愈來愈大了。

「其實我想問的問題很簡單，那就是各個人群之間的遺傳距離到底有多大？如果這個距離大於 100 萬年，那麼『多地區起源』理論就有可能是正確的。但如果像現在這樣只相差十幾萬年，那麼這個理論就不太好解釋了。」金力對我說，「我當然知道分子鐘有問題，計算出的年代可能有誤差，但頂多差個 1—2 倍而已，無論如何差不到 100 萬年以外去，沒法支持『多地起源』理論。」

2000 年那篇論文只分析了 1,000 多例 Y 染色體，雖然已經足以得出結論説世界上大部份人的父系祖先都來自非洲，但金力還是不滿。我問他：「這個『大部份人』到底是多少？非洲智人是不是把世界各地的古老人種完全替代了？有沒有漏網之魚？對這幾個問題我想了很久，一直想不出解決辦法。」金力回憶道：「我除了喜歡喝咖啡之外，還有一個愛好就是吃烤肉。就是在一次吃烤肉時我突然想到，既然直立人曾經走到了亞洲，那麼只有大規模調查現代亞洲人的 Y 染色體，看看能否找到亞洲直立人的貢獻，才能回答這個問題。」

於是，大家關注的目光再一次轉到了亞洲，轉到了中國。

東亞男性大調查

1994 年冬天，正當金力在斯坦福大學嘗試用 DHPLC 技術尋找 Y 染色體標記物的時候，當年已是 86 歲高齡的談家楨專程去斯坦福拜訪了他，希望他學成之後回到復旦大學遺傳所工作。後來金力果然聽從了談先生的建議，於 1997 年回到復旦大學做了兼職教授。2005 年，他乾脆放棄美國居留權，回到復旦大學生命科學學院擔任了全職教授。

幾乎與此同時，由 IBM 公司提供技術支持、美國《國家地理》雜誌負責實施的「人類遷徙遺傳地理圖譜計劃」於 2005 年 4 月在世界各地同時啟動。該計劃打算在全球範圍內收集 10 萬份人類 DNA 標本，用五年時間描繪出史前人類的遷移路線。復旦大學生命科學院承擔了東亞和東南亞地區的 DNA 取樣和研究工作，金力是東亞和東南亞中心的總負責人。在他的領導下，中國科學家們分析了 2 萬多個 Y 染色體樣本，繪出了東亞男性成員的遷徙路線圖。

寫到這裏必須要提一下 Y 染色體上最著名的 SNP——M168，這是距今 8.9 萬—3.5 萬年時起源於非洲大陸的一個 SNP，最早是在金力參與的那篇 2000 年發表的論文裏被發現的。當時金力他們只測了 1,000 多個個體，發現所有非非洲大陸男性的 Y 染色體上都有這個 M168，為人類進化的「取代學說」提供了一個強有力的證據。

這一次，金力打算更進一步，分析一下 M168 旗下的三個子單倍型：YAP ＋、M89T 和 M130T。所謂「單倍型」指的就是一組相距很近的 SNP 的集合體。因為距離近，這些突變總是連在一起傳遞給下一代。用單倍型來作為遺傳標記物，操作起來要比用單個 SNP

更加方便，準確性也更高。

實驗結果顯示，來自亞洲及附近地區的 163 個人群當中的 12,127 個採樣個體均帶有上述這三個單倍型中的一個，無一例外。這個結果再次説明幾乎所有東亞人的父系祖先全部來自 M168 群體，也就是説他們均來自非洲，沒有任何一個古老型人種對當今東亞人的 Y 染色體做出過貢獻。

金力把研究結果寫成論文，刊登在 2001 年 5 月 11 日出版的《科學》雜誌上。「多地區進化」理論挨了第三記重拳，很難再爬起來了。

曾經在加州大學伯克利分校任教的美國人類學家文森特・薩里奇（Vincent Sarich）一直是「多地區進化」理論的堅定支持者，多年來一直不遺餘力地宣揚該理論。他看到這篇論文後，也不得不在公開場合承認自己錯了。「我好像經歷了一次信仰轉換，簡直就像是耶穌基督對我顯靈了一樣。」薩里奇寫道，「我終於確信當今人類中確實找不到任何一條古老的 Y 染色體，也找不到任何一個古老的線粒體，這是一次完全的替代。」

也許有讀者會問，既然是這樣，為甚麼現在生活在歐亞大陸上的各個民族會有如此大的不同呢？針對這個常見問題，群體遺傳學家有自己的解釋。他們通過對現代人基因多樣性的分析發現，現代智人在走出非洲後經歷過好幾次瓶頸效應，即人群數量因為自然環境惡化等原因而突然大量減少，就好像一群人一起通過一個狹窄的瓶口一樣。最終大部份人都被瓶口堵住了，只有極少數幸運兒擠了過去，其結果就是原有人群的遺傳多樣性大幅減少，在此基礎上重新擴增起來的人群就有可能和原來的很不一樣了。

從遺傳多樣性的角度講，能通過瓶頸的人純屬運氣好而已，這

就是前文提到的「遺傳漂變」。但是，對於一些和生存能力有關的基因來說，這是個優勝劣汰的過程，屬於自然選擇的範疇，人類膚色的差異就是如此。膚色是由兩個因素決定的，一個是維生素D的合成，一個是葉酸的破壞。人的皮膚會在陽光的催化作用下合成維生素D，陽光愈強烈，維生素D的合成就愈充份。但是，過於強烈的陽光會破壞葉酸，這同樣是一種非常重要的維生素，所以低緯度地區生活的人傾向於進化出深色皮膚，以此來保護葉酸不被陽光破壞。生活在高緯度的人則傾向於進化出淺色皮膚，以便更好地利用陽光補充飲食中缺乏的維生素D。

當然了，這是在人類褪掉毛髮後才出現的一種進化選擇。我們的祖先因為毛髮濃密，擋住了絕大部份陽光，皮膚幾乎可以肯定是淺色的。

有趣的是，真正到了最北端，也就是生活在北極圈內的人，情況又有所不同。比如，生活在阿拉斯加和加拿大北部的因紐特人皮膚反而非常黝黑。這是因為他們主要靠打獵為生，動物脂肪富含維生素D，所以他們並不需要從陽光中獲得維生素D，這時候防曬就是一件更重要的事情了。

另一個很常見的問題是，原本生活在歐亞大陸上的古老型人類都去了哪裏。化石證據顯示他們當中的一些人已經開始向現代智人的方向進化了，引言中提到的許昌人就是一例，難道他們不是我們的祖先嗎？對此問題金力給出了一個很好的解釋：「一個古人類學家找到一個古人化石，他只能希望牠是有後代的，但是牠究竟有沒有留下後代，古人類學家是沒有辦法知道的。DNA就不同了，現代人身體裏的DNA肯定都是有祖先的，我們可以通過對DNA多樣性的分析，推測出每一個DNA的祖先都是從哪裏來的。」

　　換句話説，在人類起源的問題上，群體遺傳學家和古人類學家探究的是兩個完全不同的問題。前者想要知道現代人的祖先究竟是誰，他們是從哪裏來的，後者研究的則是人類這個物種的進化過程，其中有些支系群體不一定留下過後代，屬於進化的死胡同，類似案例在其他生物中非常常見，人類一點也不特殊。

　　但是，這並不等於説這些支系就沒有研究的必要，因為他們很可能在某些方面影響了現代人的進化過程。這就好比説你出生在一個小村子，村裏有多戶人家，你的律師肯定只關心你的父母，只有他們才是你的直系祖先，其他人和你沒有法律關係。但你的傳記作家除了關心你的父母外，也會去關心村裏其他那些成年人，因為他們都或多或少地影響過你的人生。

　　在媒體的渲染下，很多旁觀者都誤以為人類進化的兩派之爭是遺傳學家和古人類學家在打嘴仗，但實際上很可能雙方研究的根本就不是同一個問題。不過，確實有少數科學家自己也沒有弄明白兩者的區別，分不清每一種研究方法的邊界在哪裏，一直熱衷於關公戰秦瓊。

　　金力對兩者的區別非常清楚。他在復旦大學創立了人類學與人類遺傳系，從名字就可以看出這個系分成了兩個不完全一樣的部門，分別研究人類的進化史和依靠 DNA 尋祖這兩件事。後者目前主要是由李輝教授在負責，他帶領一群研究生花費了大量時間和精力去全國各地收集 DNA 樣本，分析 Y 染色體和線粒體的遺傳多樣性，畫出了一張現代中國人的遷徙草圖。

中國人到底是從哪裏來的？

上一節提到，中國的人類考古學家大都屬於傳統的「化石派」，他們通過對化石的研究認定現代中國人是從原本生活在中國陸地上的原始人類單獨進化而來的。金力和李輝屬於這個領域的闖入者，他們拿到的 DNA 證據又得出了怎樣的結論呢？為了尋找答案，我專程去復旦大學採訪了李輝教授，發現他最愛説的一句口頭禪就是：「這是很清楚的一件事情。」

他之所以如此自信是有原因的，一來 DNA 分析本身就遠比化石分析來得更精確，二來他曾經找到了一個已經延續了 70 代的大家族，對 DNA 分析法做過驗證。前文説過，Y 染色體代表父系遺傳，而中國的大家族一般都是父系家族，兩者有很強的對應關係。李輝把 Y 染色體研究結果和這個大家族的家譜進行了對比，發現兩者是高度一致的，説明這套算法經得起考驗。

如果把研究對象從一個大家族擴展到更大範圍的人群，光是研究單倍型就不夠了，需要引入單倍群（haplogroup）這一概念。國際 Y 染色體命名委員會把全世界所有的 Y 染色體單倍型分為代號 A—T 的十幾個大的類群，稱之為單倍群。每個單倍群出現的時

復旦大學人類遺傳學系教授李輝博士

間都不一樣，這是可以估算出來的。如果再把每個單倍群出現的地點找到，就可以推斷出人類的遷徙路線和過程了。比如大洋洲原住民大都屬於 C 單倍群，出現的時間非常古老，暗示人類走出非洲之後很快就沿着海岸線到達了東南亞諸島。

每個單倍群內部還可以逐級分層，這個過程很像是一個大家族的兒子們離家出走另立門戶。如果再用金庸盜版書做比喻的話，這就相當於廣東省外所有的盜版書（以及一部份廣東省內的盜版書）都印錯了「甲」字（比如 M168），所有收自福建、浙江和江蘇的盜版書都印錯了「乙」字（比如 YAP ＋），所有收於廣西、雲南和西藏的盜版書都印錯了「丙」字（比如 M89T），所有收於湖南、湖北和陝西的盜版書都印錯了「丁」字（比如 M130T），於是緝私人員就可以得出結論説，「甲」這個錯別字來自廣東省境內，這是廣東省外所有盜版書的母版，然後盜版書沿着東線、西線和中線這三條線路在內地擴散，這三條線分別擁有乙、丙和丁這三個錯字。

這三條傳播路線中的每一條都可以按照新出現的錯字繼續分層，代表盜版書傳播路徑中的每一個細小分支。在人類遺傳學研究中，這種分層最多可以分出好幾十層，最終可以一直分到每個人自己的直系親屬為止。舉例來説，Y 染色體單倍型分層的最末端就是你和你兄弟，你們倆在所有其他層面上都是一樣的，只有最後一層才能看到差別。

按照這個方法，李輝推算出了早期人類從非洲遷往東亞地區的大致路線。在他看來，這次遷徙是分兩次完成的。第一次大約發生在 6 萬年前，這群人從中東地區出發，沿着海岸線一路向東進入了亞洲地區，這是比較符合常理的一條路線，因為沿着海邊走永遠不愁找不到吃的。李輝稱這些人為「早亞洲人」，他們的後代至今仍

然居住在澳大利亞、新幾內亞島和美拉尼西亞諸島上，在遺傳上屬於C單倍群，過去曾經被稱為「棕色人種」。進一步研究顯示，一部份「早亞洲人」曾經沿着海岸線一直走到了亞洲的東北部，然後其中的一部份人轉而向西進入西伯利亞大草原，成為蒙古人，另一部份人穿越白令海峽，成為美洲大陸的原住民。

「早亞洲人」當中還有一個神秘的D單倍群，他們大都是住在小島或者山林裏的「小黑人」，學名稱之為「尼格利陀人」（Negrito）。如今還能在安達曼群島、馬來西亞諸島、菲律賓呂宋島、日本本州島和北海道，以及俄羅斯薩哈林島（庫頁島）等地看到他們的蹤跡，說明這群人曾經一直沿着海岸線遷徙到了東亞和東北亞。事實上，李輝認為C型和D型「早亞洲人」都曾經到達過中國東部的沿海地區，他們多半靠打魚為生，中國東南沿海出土的貝丘遺址就是這些人留下來的。但這些人沒能長期在中國生存下來，今天的大多數中國人不是這群人的後代，只有青藏高原的羌族和藏族，以及四川和甘肅交界處的白馬氏人有一部份屬於D型單倍群，科學家們尚不清楚這個單倍群是如何傳過去的。

生活在馬來西亞吉蘭丹的「小黑人」，學名「尼格利陀人」。

　　這些「早亞洲人」的祖先很可能早在 10 萬年前就走出了非洲，進入了中東地區。他們之所以沒有迅速向歐亞大陸的腹地擴散，很有可能是受到了當時居住在歐亞大陸上的尼安德特人等古人類的阻擋。後來不知甚麼原因，雙方的實力對比發生逆轉，現代智人打敗了尼安德特人，這才得以向北擴散，進入了歐洲和中亞地區，這也是現代人直到 4 萬年前才到達歐洲的原因，比到達亞洲的時間晚了 2 萬年。

　　正是在打敗了尼安德特人等古人類之後，第二批亞洲移民才得以從陸路進入了東南亞。他們很可能是追逐着獵物一路向東，大約在距今 4 萬—3 萬年時到達了亞洲地區。李輝稱這些人為「晚亞洲人」，他們的 Y 染色體單倍群主要為 O 型，也有少量的 N、P、Q 和 R 型。這些人構成了現代東亞和太平洋地區人群的主體，而那些「早亞洲人」則很可能是上古傳說中被我們的祖先消滅掉的那些相貌古怪的「魔鬼」。

　　金力和他的學生宿兵等曾經分析過當今中國人的 Y 染色體多樣性，發現南方人比北方人要多，因此金力等人認為「晚亞洲人」最早是從南方進入中國陸地的，時間大概是在距今 3 萬—2 萬年。因為這批人是採集狩獵者，很可能是一路追逐着獵物前行，哪裏有路就往哪裏走。根據中國西南地區的地形地貌特點以及 DNA 證據，他們猜測最有可能的一條線路位於滇西，即從緬甸經瑞麗進入中國，然後途經大理到達昆明，這是最容易走的一條路線，而黃種人的皮膚很可能就是從緬甸到雲南的過程中突變出來的。

　　古人沒有交通工具，古代中國也沒有道路，所以沿江而走是最合理的選擇。李輝認為當年那批人進入滇西後兵分兩路，一群人沿着珠江走，最終進入了兩廣地區，時間大約是距今 1.8 萬—1.6 萬

年。另一群人沿着長江走，之後又分成兩路，一路進入四川，一路進入湖廣地區，時間也差不多。

　　大約在 1.1 萬年前，最近的一次冰期結束，全球氣候逐漸變暖，萬物復甦，全世界掀起了一股發明農業的浪潮。中國最早的農業應該出現在洞庭湖西岸的澧陽平原，湖南澧縣的彭頭山文化就是早期農業文明的代表，彭頭山出土的陶器內發現了稻穀和稻殼的痕跡，時間為距今 9,000—8,300 年，證明水稻很可能就是從這裏走向世界的。江南地區則馴化了菱角，但這種農作物產量低，不能做主糧，不是很成功的馴化，所以江南地區的文明發展一直落後於湖南，直到水稻傳過去後這塊地方才迅速發展起來。這些以水稻為主糧的民族構成了中國的南方人群，中國的北方人群則以小米為主糧，發源地很可能位於現在的河北和內蒙古一帶。

　　有了農業才會出現大的部落，才會有很多人聚在一起生活，語系的概念就是在這一階段出現的。語言學也是研究人類起源和遷徙的一個重要工具，比如漢藏同源這個概念就是先從語言學研究領域開始叫出來的，後來被基因學研究所證實。從某種意義上說，語言和基因很相似，都是遵循一定的規律一代代拷貝下去的，也都可以通過倒推的方法

大約 4.5 萬年前到達西歐，尼安德特人隨即滅絕

距今 7 萬 -5.5 萬年時現代智人走出非洲

▶
現代智人遷徙圖

126

追根溯源。但語言傳承的規律性和精確性均不如基因，只能作為輔助手段來使用。

有了大部落，才會出現等級制度，才有可能出現強人統治。金力的學生嚴實等通過對 Y 染色體的研究發現，當今中國男性當中有將近一半的人屬於三個超級男性的後代，他們很可能是三個古代部落的首領，各自代表着三個原始族群。但在人類遺傳學體系裏，這三個族群是用 Y 染色體上的三個標記物的名字命名的，李輝正在嘗

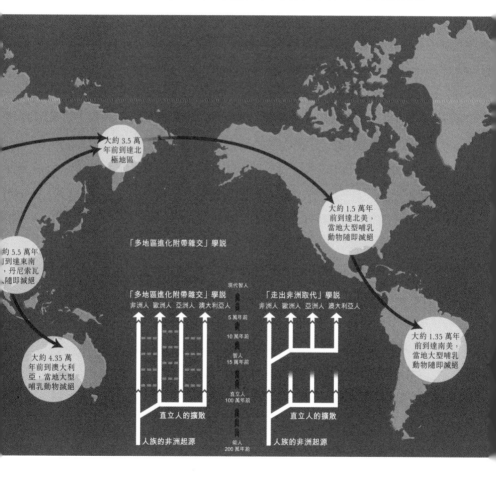

試把他們和具體的歷史事件聯繫起來。

按照李輝的說法，第一個超級男性出現在 6,800 年前，對應於 7,800 年前在湖南開始的高廟文化。這就是前文所說的水稻文明，彭頭山文化是其草創期，已經出現了很多大聚落，但那時只有護城河，沒有城牆。前者擋野獸足夠了，後者是高廟時期才出現的，主要是為了擋人，這說明從高廟時期開始，原本那些因為地理阻隔而單獨發展了數千年的不同部落開始了相互爭鬥，中國的民族大融合從此拉開了序幕。第二個超級男性出現在 6,500 年前，很可能和仰韶文化有關。這個文化大致位於黃河中游地區，從今天的甘肅省到河南省之間，傳說中的夏商周就位於這一區域，華夏民族的主體很可能就來自這裏。第三個超級男性出現在 5,300 年前，可能和紅山文化有關。該文化大致位於今天的燕山以北的大凌河與西遼河上游地區，以小米為主要農作物。位於內蒙古赤峰市的紅山後遺址挖掘出了大批造型生動的玉器，說明中國人用玉的傳統很可能來自這裏。

高廟文化、仰韶文化和紅山文化都是考古學家們喜歡使用的名詞，李輝認為這是一個很不好的習慣。「仰韶就是個小村子啊，怎麼就變成一個文化了？考古界的專家們當然明白這是怎麼一回事，但如果不借助歷史文本的框架來解釋的話，這些名詞對於民眾來說是沒有意義的。」李輝對我說，「如果我們用神農時代、黃帝時代或者炎帝時代來解釋的話，老百姓就能聽懂了。考古遺傳學也是如此，O1、O2 這些 Y 染色體標記物對於老百姓來說沒有任何意義，只有把它們和歷史事件嚴絲合縫地拼接起來才有意義，這就是人類學要做的事情。」

李輝非常討厭文理分科，他認為人類考古界不能各自為戰，應

該統一起來，所有材料不分文理都可以拿來用。理科生可以借助遺傳學為人類歷史整理出一個骨架，但是光有骨架太難看了，必須有考古學提供內臟，語言學和文化學提供肌肉，歷史學提供皮毛，只有這樣拼接起來才能構建出人類歷史這頭大象。

比如，李輝認為第一個超級男性對應的是苗瑤語系，很可能和蚩尤有關。第二和第三個超級男性則代表漢藏語系，很可能分別對應了炎帝和黃帝。他甚至認為傳說中的逐鹿之戰就發生在北京和張家口一帶，當時生活在中原地區的炎帝先是和蚩尤打了一仗，戰敗後跑到北方向黃帝求援，然後炎黃二帝合力將蚩尤擊敗，獲勝者就是華夏民族的祖先。今天的苗族人認為他們就是蚩尤的後代，戰敗後被逐出中原，流落他鄉。

上述說法聽上去很讓人興奮，李輝也堅信這是 DNA 給出的結果，是「很清楚的一件事情」。不過，李輝也明白他這個說法目前尚無考古學證據的支持，需要各方努力才能還原真相。

用 Y 染色體來追尋祖先的蹤跡，功能雖然很強大，但畢竟是用現代人的遺傳密碼倒推古人，中間有很多邏輯鏈條都是建立在假說之上的，難以服眾。由於人群不斷遷徙的緣故，現代人的居住地很可能和他們的祖先不一樣，這也是考古遺傳學的缺陷之一。如果能直接測出古人的 DNA，解讀出古人的生命之書，再來和現代人做比較，就能更準確地搞清真相了。

尾　聲

不知有多少人還記得老山漢墓的故事。這是位於北京市石景山區東部老山地區的一座西漢時期的王室貴族墓葬，北京市文物研究

所於 2000 年 8 月在墓中發現了一具屍骨。那次挖掘在中央電視台做了直播，是央視有史以來所做的第一個考古直播，引起了海內外歷史學愛好者的廣泛關注。

經中國著名人類學家潘其風研究員鑒定，這具骸骨屬於一個 30 歲左右的女性，其身份應該是西漢時期某諸侯王的王后。北京市文物研究所將頭骨送至公安部物證中心，後者依照法醫學原理做出了一個面部復原石膏像，看上去像是個西域人。於是那段時間媒體紛紛報道說這位王后是一名西域胡女，中國在西漢時期就經常和西域通婚，等等。但是，潘其風研究員通過體質人類學的方法對遺骨做了研究，認為她是中原人。

雙方在遺骨的身份認定上產生了分歧，誰也說服不了誰。北京市文物研究所決定向吉林大學邊疆考古研究中心求援，請該中心考古 DNA 實驗室主任周慧老師出山，設法提取出骸骨中的 DNA，還她一個清白。

從此，一扇緊閉了很久的大門被打開，中國考古進入了一個全新的時代。

古人的遺言

> 世界觀的進步很大程度上取決於技術水平的進步，人類
> 進化領域同樣如此。古人已經在自己的 DNA 裏為後人留下了
> 遺言，但只有等我們掌握了高超的技術才能讀懂它。

寫在骨頭裏的遺言

這個關於人類起源的故事已近尾聲，但真正的高潮才剛剛開始。

迄今為止，這個故事的主角大都是狂熱的人類起源探索愛好者，依靠私人或慈善機構的捐贈，獨自踏上尋祖之路，很少有國家機構參與其中。之所以如此，是因為大多數政府的研究經費來自納稅人，老百姓雖然嘴上説自己很想知道人類祖先的秘密，但真要讓他們掏錢恐怕就不那麼情願了。這事畢竟屬於個人興趣的範疇，似乎沒甚麼現實意義，既不會振興經濟，也解決不了就業問題。

德國是少見的例外，原因前文已經講過，這裏不再贅述。中國也可算是一個例外，因為中國人歷來就有祭祖的傳統，當代中國人對於中華民族在全世界的地位也非常在意。不過，近百年來中國國力羸弱，在這個領域一直沒有太大建樹，直到 1949 年之後，尤其是改革開放之後，中國政府這才終於有了足夠的經濟實力去資助這方面的研究。

吉林大學就是這類資助的受益者之一。這所全國重點大學位於吉林省長春市的市中心，一堵圍牆把學校和鬧市區完全隔開，為學生們營造了一個世外桃源般的學習環境。吉大附屬的邊疆考古研究

吉林大學邊疆考古研
究中心主任朱泓博士

中心位於校園內的一幢蘇式建築的二樓，老山漢墓女主人的身世之
謎就是在這裏被揭開的。

「我們是全國最先開始做古 DNA 的，早在 1998 年就成立了中
國第一個考古 DNA 實驗室。」邊疆考古研究中心主任朱泓教授對我
說，「這是個純粹燒錢的項目，多虧國家自然科學基金委員會的支
持，這才得以實施。」

朱泓教授本來是研究體質人類學的，DNA 並不是他的強項。據
他介紹，20 世紀 90 年代中期，改革開放的浪潮席捲全中國，大批
科研人才流失到了能和經濟掛鈎的應用科學領域，毫無「錢景」的
人類學研究青黃不接。1996 年，國家自然科學基金委員會的幾位老
科學家聯名提議中國政府加強基礎科研人才的培養，出資支持一批
純基礎領域的科學研究。專家們選出了六個研究方向，都屬於國際

上熱門，國內有發展潛力，但那時仍然是一片空白的全新領域。20世紀 90 年代中期，考古學界最熱門的就是古 DNA，於是朱教授說服了當時在吉林大學生物系研究生物製藥的周慧教授，兩人聯手從基金委員會申請到了一筆研究經費，開始了這方面的探索。

說到古 DNA，多數人首先想到的大概是歐洲阿爾卑斯山上發現的那個冰人奧茨，或者西伯利亞凍土帶中發現的猛獁象。確實，像這種死後一直被凍在零度以下的動物屍體的軟組織中是比較容易找到 DNA 分子的，但這種情況在自然界中極為罕見，可遇而不可求，絕大部份古 DNA 都是從脊椎動物的骸骨或者牙齒中找到的。

「國內把考古人類學分成了舊石器和新石器兩大塊，舊石器的研究中心在北京的古脊椎動物與古人類研究所，吉大的邊疆考古研究中心則是研究新石器時期人類學的核心機構。」朱泓教授對我說，「我們中心目前已經收集到了超過兩萬件年齡在 1 萬年以內的古人類骸骨，從這個年齡段的骸骨樣本中提取 DNA 要相對容易一些，再老的就很困難了。」

朱泓教授帶我參觀了該中心的骸骨儲藏室，這些珍貴的古人類骸骨全都被放置在一排排類似書架的儲藏櫃裏，整個儲藏室盡量保持相對恆定的環境條件，盡可能地延長樣本的保存時間。值得一提的是，這裏存放的大都是骸骨，不能算是化石。顧名思義，化石指的是在土壤中埋藏了很久的古生物遺體，骨頭中的有機物質大部份都被土壤中的無機分子替換掉了，提取 DNA 的難度更大。

雖然骨頭本身的成份也是以無機物為主，但骨頭內部有很多「骨小窩」（lacunae），裏面生活着很多成骨細胞，它們的任務就是及時補充磨損的骨頭，以及隨時準備接斷骨。動物死亡後，這些骨細胞很快就會破裂，釋放出的 DNA 分子會附着在骨骼中的礦物質

（主要成份為羥磷灰石）上。如果外部條件合適的話，這樣的 DNA 分子可以保存很久。

問題在於，DNA 分子光是保存下來還不行，保存的質量必須達到一定標準，否則一點用處也沒有。前文多次提到，DNA 是由腺嘌呤（A）、鳥嘌呤（G）、胞嘧啶（C）和胸腺嘧啶（T）這四種核苷酸首尾相連組成的長鏈分子，它唯一的作用就是攜帶信息，而信息就蘊藏在 ATCG 這四個字母的排列順序上。如果把 DNA 分子徹底打散，還原成 ATCG 這四種核苷酸的話，即使所有核苷酸都沒丟，也是沒有任何意義的。

如果這四種核苷酸以最恰當的方式組成雙螺旋，那麼這樣的結構是相當穩定的，這也是生命體選擇 DNA 作為信息載體的原因。但是，土壤中的細菌會分泌 DNA 酶，很容易將 DNA 分子降解掉，絕大部份死亡動植物（包括古人類）的 DNA 就是這樣丟失的。另外，自然界無處不在的背景輻射也會以一定的比率擊中 DNA 分子，將其從中折斷，一旦所有 DNA 分子都斷裂成只有幾個核苷酸長的小片段，其中蘊含的信息也就永遠地丟失了，神仙也不可能找得回來。

即使細菌污染和背景輻射都被控制住也不行，因為只要環境中有水分子存在，那麼核苷酸中的氨基就會以一定的速率丟失，尤其是胞嘧啶（C）丟得最快。丟掉了氨基的胞嘧啶就變成了尿嘧啶，用字母 U 來表示。一旦 C 變成了 U，DNA 雙螺旋結構就不穩定了，DNA 便會從這個地方斷開。據統計，人體內的每個細胞每天都有大約 1 萬個 C 會蛻變成 U，活細胞內的染色體之所以沒有斷裂成碎片，全都是因為細胞核內的 DNA 修復酶一刻不停地在工作，把每個 U 都及時還原成 C 的緣故。一旦人體死亡，這些 DNA 修復酶很

快就會失去活性，導致體內所有的 DNA 分子迅速而又永久地斷裂開來，再也找不到一條完整的 DNA 鏈了。

人死不能復生，但即使 DNA 分子裂成碎片，裏面儲存的信息仍然可以被精確地解讀出來，原因就是每一個人體細胞內都含有全套的 DNA 序列，它們的斷裂方式都是不同的，只要測出足夠多的 DNA 序列，就可以通過拼接的方式獲得全部信息。舉例來說，如果一個 DNA 分子只斷裂一次，那麼只要從另外一個 DNA 分子中再找到一小段 DNA，正好橫跨斷裂的部份，就能知道斷裂開的這兩個片段應該如何拼接了。同理，如果 DNA 分子斷裂了兩次，變成了三段，那麼就需要至少再找到兩小段 DNA，才能把斷裂的部份補上。也就是說，DNA 分子斷裂的程度愈高，拼接的難度也就愈大。當然了，實際情況遠比上面這個例子要複雜得多，古人類骸骨中的 DNA 大都會斷裂成極小的碎片，每個碎片只有幾十到幾百個核苷酸那麼長。要想把這些小碎片完整地拼接成長度以億計的 DNA 分子，難度可想而知。

幸運的是，如果你只是想通過測序來推斷人類的進化路線，那麼你並不需要測出全部的 DNA 序列，只需測出一小段特定位置的 DNA 順序就可以了。但即使這樣也是很困難的，因為古人類骨骼極為珍貴，可供研究的樣本量極小，科學家首先必須將其中蘊含的微量 DNA 進行擴增，才能用來測序。

最傳統的擴增方法是把 DNA 分解成一個個碎片，然後分別插入到細菌（通常是大腸桿菌）的基因組中，這個過程就是大名鼎鼎的克隆。之後，只要讓每一個克隆細菌分別單獨長大，就能獲得足夠多的 DNA 分子用於測序了。換句話說，這個方法就是利用細菌自帶的 DNA 複製酶將外源 DNA 無限複製，達到擴增的目的。

克隆法需要借助活細菌才能實現，不但步驟複雜煩瑣，而且效率很低。科學家們一直希望能跳過活細菌這一步，直接在試管裏擴增 DNA。最終這個願望在 1983 年的時候被一個名叫凱里‧穆里斯（Kary Mullis）的美國科學家實現了，他發明了大名鼎鼎的「多聚酶鏈式反應」（PCR），並因此獲得了 1993 年的諾貝爾化學獎。簡單來説，如果你已經知道你想擴增的 DNA 片段兩端的順序，那麼你就可以事先合成出針對兩端序列的 DNA 小片段，科學術語稱之為「引物」（primer），然後你把引物加入到 DNA 提取物當中，再加入一組特殊的酶，DNA 複製就自動開始了。你只要把這個試管放入 PCR 機器裏，讓這個複製過程不斷循環往復，幾個小時後你就會得到足夠多的 DNA 片段用於測序了。

就拿老山漢墓的例子來説，當時科學家們已經知道不同人群的線粒體都有哪些獨有的序列特徵。周慧教授通過 PCR 法提取到了老山漢墓女主人的線粒體片段，測序後證明她來自亞洲，屬於黃種人。

「我們這個方法最難的步驟就是提取古 DNA，因為古人的骨骼化石非常珍貴，不能因為取樣而破壞樣品，尤其是影響外貌，所以我們只能從顱骨的內部以及牙齒中取樣，可惜最後都失敗了。」周慧對我説，「後來我們是從顱腔內已經乾枯的一小塊大腦組織中提取到了高質量的 DNA，這才終於拿到了我們想要的線粒體序列。」

據周慧介紹，如今他們團隊的古 DNA 提取技術已經有了很大提高，保存狀況好的話只需 50 毫克骨粉末或者牙粉末就可以了。另外，雖然牙齒很硬，但最好的實驗材料還不是牙齒，而是耳朵裏面的一小塊骨頭，術語稱之為顳骨岩部，這小塊骨頭的骨壁最厚，裏面的 DNA 最有可能被保存下來。

老山漢墓的例子很好地説明了古 DNA 的優點。如果沒有這項技術的話，僅憑骸骨的樣貌或者身體特徵很難判斷出這位生活在漢代的婦女究竟是甚麼樣的人。自那之後，周慧實驗室已經測了很多例中國古人的 DNA，最早的已經可以測到 1.2 萬年前的樣本了，而且不但能測線粒體，就連核染色體也能測，其中當然包括已經研究得極為透徹的 Y 染色體。

如果把周慧教授的古 DNA 研究和朱泓教授的體質人類學研究結合起來，就可以知道古代中國人大致的分佈情況是怎樣的，以及東亞人特有的相貌、膚色究竟是如何形成的。再加上很多古墓都有墓誌銘或者碑文甚麼的，所以從古墓裏挖出來的古人大都可以很清楚地知道他們生前居住過的地域，這就為研究新石器時代中國人的遷徙路徑提供了重要依據。

據朱泓教授介紹，中國男性當中比例最高的 O 型單倍群最早出現在中原地區，他們很可能就是從黃河流域起家的華夏族，代表着中華民族的主體。O 型單倍群的出現時間非常早，大致在 3 萬年前，説明 O 型人對中華民族的延續性做出了最主要的貢獻。體質人類學研究結果表明，O 型人長得和現在的廣東人非常相似。也就是説，夏商周時代的中國人大都是短臉、寬鼻、膚色黝黑的熱帶人模樣。

C 型單倍群是來自北方草原的遊牧民族，他們祖先的長相和現在的蒙古人沒甚麼區別。不過，如今的中國北方人之所以長成現在這個樣子，和 C 型單倍群關係不大，主要是從北方遷移過來的匈奴和鮮卑等民族的貢獻，這些人帶來的基因使得北方人身材普遍較南方人高大，皮膚較白，臉形也變長了。

N 型單倍群曾經是中國東北地區的主流人群，從東三省出土的古人類骨骼大部份都是 N 型，其年代也相當古老，説明這些人很可

能是東北土著，北方的小米很可能就是他們首先馴化的。但如今中國人當中的 N 型非常少，就連東北地區也幾乎找不到了，這說明他們的文化相對落後，很可能被 O 型和 C 型人群排擠走了。體質人類學研究顯示，N 型人和今天的因紐特人非常相似，說明今天生活在東西伯利亞、白令海峽一帶、加拿大北部、阿拉斯加地區和格陵蘭島等地的原住民很可能就是從中國東北地區遷徙過去的那批人的後代。

Q 型單倍群來自中國的西北地區，有可能是從中東地區遷移過來的一群人帶來的。

如今有很多基因檢測公司都可以根據唾液檢測出你到底屬於哪個單倍群，以及很多其他遺傳特徵。根據一家名為 WeGene 的基因檢測公司提供的數據，在他們已經檢測過的 5,000 多名中國男性當中，OCNQ 這四種單倍群分別佔 78.03%、9.84%、6.41% 和 1.46%。

從這個例子可以看出，1 萬年前中國這塊土地上曾經生活着各式各樣的人群，他們有着完全不同的文化特徵，甚至連長相都不一樣。但隨着文明的擴張和兼併，以及人群的替代和混血，這裏最終變成了一個看上去似乎很單一的群體，這就是華夏民族的起源。這個民族的後代構成了今天中國人的主體部份，但我們身上保留的基因就像一本家譜，忠實地記錄着祖先們動盪的生活軌跡。

1 萬年前的世界已經是今天的中國人很難想像的了，在那之前的中國究竟是甚麼樣子的？那時候的中原地區生活着怎樣的一群人？他們是從哪裏來的？這些問題的答案要從更古老的遺骨中去尋找。這方面的技術德國最好，我決定去那裏走一趟。

從埃及法老到尼安德特人

　　萊比錫位於德國東部盆地的正中央，在距離市中心幾公里遠的郊區有一幢全玻璃外牆的七層建築，周圍全都是各類公司和機構的辦公樓，連個小餐館都找不到。這就是德國著名的馬克斯·普朗克學會下屬的進化人類學研究所（Max Planck Institute for Evolutionary Anthropology），我要找的人就是這個所的現任所長，瑞典科學家斯萬特·帕博（Svante Pääbo）博士。

　　「歡迎，請進，請坐，要不要先喝杯咖啡？」帕博用純正但略帶口音的英語招呼我，「我們可以先聊半個小時，然後我要去開一整天的會，但我已經安排我的同事帶你參觀並接受你的採訪，咱們明天再細聊。」

　　帕博身高足有一米九，人極瘦，走起路來弓腰駝背，兩條長胳膊甩來甩去，看上去很不協調，再加上鼻樑上架着的那副金絲邊眼鏡，活脱脱一副學究模樣。但他説起話來嗓音輕細，語速也不快，而且總是面帶笑容，讓人很容易產生親近感。

瑞典人類學家斯萬特·帕博
（右）在西班牙洞穴考古現場

我坐在沙發上一邊喝咖啡一邊打量這間辦公室，首先映入眼簾的是一個尼安德特人的骨架模型，這是人類學實驗室的標配，一點也不稀奇。但這間辦公室的牆壁上卻掛着好幾幅繪畫作品，顯示出主人的口味有點特別。其中一幅水彩畫畫的是一個戴眼鏡的中年男子頭像，看上去很像是帕博本人，不過這幅畫的畫技顯然不怎麼高明，而且風格很不統一，很像是幾個小孩的塗鴉作品。

「這是我的學生們送給我的生日禮物，他們事先約定每個人只負責畫其中的一部份，結果就變成現在這個樣子了。」帕博笑着解釋道，「我的實驗室是名副其實的國際團隊，學生們來自全世界好多個國家，其中就包括來自中國的付巧妹。」

付巧妹已經學成回國，現在在中科院古脊椎動物與古人類研究所下屬的分子古生物學實驗室工作。該所曾經在 2016 年舉辦過一次遺傳學、人類學和考古學交叉研討會，帕博受邀來北京參會，我就是在那次會議上第一次見到了這位古 DNA 研究界公認的大神。

那次研討會也是我第一次在現場見識了「走出非洲派」和「多地起源派」的正面交鋒，雖然大家表面上和和氣氣的，但其實火藥味非常濃，雙方誰也不讓步。那次會議間隙我曾經偷偷詢問過帕博對這場爭論的看法，他沒有過多評論，只是委婉地說，化石證據不太可靠，定性的成份居多，缺乏定量指標。這次在帕博的辦公室我再一次當面提出了這個問題，帕博斟酌了幾秒鐘，回答道：「我對化石證據最大的疑惑就是，如果沒有古 DNA 證據的幫助，我們無法知道某個人類化石是否留下了後代。」

復旦大學的金力教授也表達過類似的看法，看來這是全世界 DNA 學派壓箱底的絕招。不過這個質問非常有道理，「化石派」確實難以招架。

半個小時太短，還沒聊幾句就過去了。帕博臨走前從角落裏翻出一本藍色封皮的書遞給我：「你先讀讀這本書，關於尼安德特人基因測序的所有故事都在裏面了。」我接過來一看，原來是他剛剛出版不久的一本暢銷書，題目就叫《尼安德特人》(*Neanderthal Man*)。

其實這是一本半自傳性質的書，首先講述了他自己走上這條路的經過。帕博於 1955 年出生於瑞典首都斯德哥爾摩，父親是一位獲得過諾貝爾獎的瑞典生化學家，母親則是一位來自愛沙尼亞的化學家。不過他父母很早就離婚了，他幾乎沒怎麼見過生父，一直跟母親生活，就連姓也是隨的母姓。受到家庭薰陶，帕博從小就立志要當科學家，但他最迷的既不是生物學也不是化學，而是古埃及學。喜歡古埃及的歐美人特別多，畢竟埃及是人類文明的誕生之地。前文提到過的那位美國物理學家吉姆·阿諾德就是因為喜歡埃及才決定鑽研放射性同位素測年法的。帕博也是一樣，不過他感興趣的是當初建造金字塔的那些人後來去了哪裏，現在住在埃及的人是不是古埃及法老們的後代。

想來想去，帕博認為要想知道這個問題的答案，最好的辦法就是分析法老們的 DNA，看看和現代人有何區別。這個想法相當超前，因為當時還沒有人嘗試過從古代動物的身上提取 DNA，即使有人嘗試過也肯定失敗了，因為帕博仔細翻閱了圖書館裏的相關期刊，沒有找到一篇關於此事的論文。當時他已經是瑞典烏普薩拉大學生物系的學生了，研究方向是人類免疫學。但他對古埃及的興趣實在是太過強烈了，便利用假期登上了一列開往東德的火車，因為他聽説東德博物館裏收藏了不少古埃及木乃伊。這是他第一次和德國發生親密接觸，為此他還自學了德語，沒想到後來這裏真的成了

他的第二故鄉。

為了達到目的，帕博首先必須證明木乃伊裏有 DNA，而且質量還不能太差。最終他用化學的方法證明從木乃伊中能夠提取到幾千個核苷酸長的 DNA 分子，足以用來測序了。他把這個結果寫成論文發表在一本東德科學院出版的德語期刊上，可惜當年西方科學界沒人關注這本雜誌，這篇論文石沉大海，再也沒了音訊。

帕博不知道的是，其實當時國際上有不少人都在關注這個問題，加州大學伯克利分校的艾倫·威爾遜就是其中之一。1984 年，威爾遜實驗室的一名研究生從一種已經滅絕了 100 多年的南非斑驢（quagga）的皮膚中提取到了 DNA，並成功將其克隆到了大腸桿菌中。通過對線粒體 DNA 的分析，得出結論説南非斑驢是非洲斑馬的近親，和非洲野驢的關係反而較遠。這篇論文發表在 1984 年 11 月出版的《自然》雜誌上，帕博讀後心潮澎湃，立刻決定把自己的研究成果寫成英文投給《自然》雜誌，居然被後者接受了。

有趣的是，當時帕博尚未從烏普薩拉大學畢業，他的博士論文的主題是人體免疫系統研究，如果做好了很有可能在某個著名研究機構或者大製藥廠找到一份體面的工作。但他的興趣不在這裏，一心想改行。他的導師對古 DNA 一竅不通，但他非常理解帕博的想法，不但沒有指責帕博不務正業，還鼓勵他去實現自己的理想，這樣的事情只有在一個自由開放的社會才有可能發生。

論文發表後，帕博很快收到了威爾遜的來信，後者誤以為帕博是烏普薩拉大學的教授，希望自己能來他的實驗室學習！受寵若驚的帕博趕忙寫了封回信，澄清了事實，威爾遜也立刻改了主意，邀請帕博來伯克利自己的實驗室做博士後。就這樣，拿到博士學位後的帕博立刻登上了去美國的班機，他的人生軌跡從此被改寫了。

　　帕博的第一站不是舊金山，而是紐約。1986 年，全世界分子遺傳學領域的頂尖人物齊聚紐約長島冷泉港，參加一個重要的學術研討會。不但威爾遜去了，剛剛發明 PCR 技術的穆里斯也到了。會議的重點就是如何解讀遺傳密碼，DNA 測序問題成為大家關注的重點。就是在這次大會上，科學家們第一次公開討論了人類基因組全測序的可能性，並為這一宏偉計劃繪出了路線圖。15 年後這項計劃提前完成，其意義再怎麼強調都不過份。

　　帕博的興趣點雖然是古 DNA，但其核心同樣是 DNA 測序，在這一波 DNA 測序技術的大飛躍中獲益良多。在伯克利期間，帕博和同事們完善了從骨頭中提取 DNA 的技術，並在實踐中意識到用克隆法來對付古 DNA 是不現實的，最好用 PCR 擴增，然後直接測。

　　古 DNA 研究的巨大潛力很快就被非科學圈的人知道了。1990 年，美國著名小說家邁克爾・克萊頓（Michael Crichton）出版了長篇科幻小說《侏羅紀公園》，把公眾對古 DNA 的期望值抬高到了不可思議的程度。不少科學家也趁機火上澆油，紛紛發表文章稱他們提取到了各式各樣的古 DNA。有人甚至在《科學》雜誌上發表論文說他從琥珀中提取到了 3,000 萬年前的 DNA！不過這些論文後來全都被證明是假陽性，那些依靠 PCR 技術擴增出來的 DNA 片段無一例外都是污染。

　　這股風潮在當年曾經極為流行，就連中國著名學者陳章良也曾摻和過這件事，號稱從恐龍蛋化石裏提取出了恐龍 DNA。後來有位研究生把陳章良測出的 DNA 序列放到國際基因庫裏一搜，發現他提取出來的是細菌的 DNA 序列。

　　在這股風潮中，帕博自始至終一直保持着冷靜的心態，一方面

因為他在讀大學期間就研究過古 DNA 的保存問題，發現鹼性環境才是最好的，琥珀是酸性物質，恰好最不利於保存古 DNA，所以《侏羅紀公園》描寫的事情在現實世界中是不可能發生的。另一方面，他很早就知道 PCR 是一項非常敏感的技術，痕量的環境 DNA 污染都會被無限放大，導致假陽性結果。帕博自己曾經被污染問題折磨得痛不欲生，不得不為實驗員們制定出史上最嚴厲的規章制度。所有 PCR 實驗都必須有對照組，即不加古 DNA 提取物，其他一切照舊。如果對照組也擴增出了 DNA，那麼整批試劑必須全部扔掉，一滴也不留。

如果污染的是細菌 DNA 還好辦，只要分析一下 DNA 序列就能辨別出來（就像陳章良的鬧劇一樣）。如果是現代人帶來的污染，那就會給古人類 DNA 研究帶來致命打擊，因為兩者的差別非常小，極難分辨。這裏所說的現代人污染不光是來自實驗操作員的誤操作，更多的是來自挖掘化石的工人，以及所有曾經觸摸過這塊骨頭的人。以前的人類學家缺乏保護意識，經常不戴手套摸化石樣品。有經驗的人甚至養成了用舌頭舔骨骼化石的習慣，因為這麼做可以幫助他們辨別化石是否曾經被清漆處理過！不用說，這樣的化石裏含有大量的現代人 DNA 污染，極易混淆。

帕博非常清楚這樣的污染會給古 DNA 研究帶來致命傷害，於是他花了很多時間研究如何消除污染，最終他找到了減少污染的方法，這使得他做出來的結果比別的實驗室更可信。

隨着經驗的積累，帕博愈來愈意識到古 DNA 研究是有邊界的。即使所有條件都絕對完美，DNA 分子仍然是有壽命的，總有一天會斷裂成細小的碎片，再也無法復原了。據他估算，起碼從理論上講，古 DNA 中保留的信息最多只能保存幾十萬年，超過 100 萬年

的古 DNA 是不可能含有任何有用信息的，因此也就毫無價值。

這件事非常值得我們認真思考。一提到科學研究，很多人都會覺得想像力才是最重要的，只要想得到，沒有做不到。但帕博用最科學的方式證明，想像力固然重要，但對細節的關注才是一個科學家獲得成功的關鍵因素。另外，科學是有邊界的，有些想像無論怎樣努力都是無法實現的，如果認不清這一點，就會鑽進死胡同，永遠也出不來。

正是在看清了這一點之後，帕博決定把工作重點放到尼安德特人上來。一來這是歐洲最重要的古老型人類，對於揭開歐洲人起源之謎有着極為關鍵的作用。二來尼安德特人直到 3 萬年前才滅絕，有可能找到年代不太久遠的古 DNA。像露西這樣的非洲南猿雖然更重要，但年代太過久遠，不大可能提取出有效的古 DNA。

於是，帕博在做完博士後研究之後立即回到歐洲，在德國的慕尼黑大學找到一份工作，專心投入到提取尼安德特人的線粒體 DNA 的工作中來。在克服了諸多常人想像不到的困難之後，他和同事們終於在 1996 年成功地提取到了一小段尼安德特人的線粒體 DNA，並測出了其中一段含有 379 個核苷酸的 DNA 序列，發現尼安德特人的線粒體和所有現代人的線粒體之間的遺傳距離都是一樣的，都是 28 個核苷酸的差別，尼安德特人和歐洲人之間的距離並不比和非洲人之間的距離更近。這個結果證明尼安德特人既不是歐洲人的直系祖先，也沒有對現代人的線粒體做出過任何貢獻，他們就是人類進化過程中的死胡同，雖然一直活到距今 3 萬年左右，最終還是不幸滅絕了。

經過一番考慮，帕博決定把這篇論文投給在科學家圈子裏口碑更好的《細胞》（Cell）雜誌。1997 年 7 月 11 日，這篇他認為是自

己寫得最好的論文終於發表了，這是人類測出的第一個已滅絕古人類的 DNA 序列，對於人類起源的研究具有劃時代的意義。此前關於 DNA 的研究用的都是現代人 DNA，需要事先做出很多理論上的假設才能得出結論。帕博直接測到了幾萬年前的古人 DNA，用它來和現代人的加以對比，不需要太多假設就可以得出令人信服的結論了。

那年帕博只有 42 歲，卻已經成為全世界家喻戶曉的科學明星了。但他並沒有停下腳步，而是抓住了一個千載難逢的機遇，實現了自己畢生的夢想。

尼安德特人的遺言

就在這篇關於尼安德特人線粒體基因測序的論文發表後沒多久，一個陌生人拜訪了帕博的實驗室。原來他是代表馬克斯·普朗克學會前來游說的，想把帕博從慕尼黑大學挖走，幫助該學會創辦一所全新的人類學研究機構。

馬克斯·普朗克學會的前身是創辦於 1911 年的威廉皇帝學會（Kaiser Wilhelm Society），這家非政府機構一直致力於資助國際一流的科學家進行高水平的科學研究，愛因斯坦就是受益者之一。希特拉上台後該學會搖身一變，成為納粹的幫兇，不但幫法西斯軍隊研製出很多先進武器，還投入大量人力物力研究所謂的「優生學」，試圖為納粹德國的種族歧視政策找到科學根據。「二戰」結束後該學會決定東山再起，恢復資助科學研究。為了紀念前任會長、優秀的德國理論物理學家馬克斯·普朗克，大家一致決定更名為馬克斯·普朗克科學促進會（中國人習慣簡稱其為馬普）。

　　馬克斯・普朗克科學促進會的主要資金來源是德國政府，很多德國大企業和財團也很願意捐錢給他們，但因為有納粹前科，德國人一直不太敢碰人類學領域。這次找到帕博，一方面因為他是人類學領域的明星級科學家，很有號召力；另一方面也是因為帕博是個瑞典人，可以少些顧忌。帕博接受了馬克斯・普朗克科學促進會的邀請，並建議把研究所建在萊比錫，這樣可以幫助這個東德城市振興經濟，我眼前的這座嶄新的建築物就是這麼來的。

　　這座建築外表並不起眼，但內部設施相當豪華。進門後首先看到的是一個直通房頂的大廳，大廳一角安裝了一個高達 15 米的攀岩牆，誰都可以來玩一把。大廳內的一塊空地被佈置成科普園地，展出了一些關於人類進化的物品和科普文章。大廳後面是一個露天池塘，岸邊放着一排桌椅，方便科學家們在這裏一邊喝咖啡一邊聊天，希望他們能在聊天的過程中碰出靈感的火花。

　　帕博被任命為所長，在他的建議下，該所設立了遺傳學、進化學、行為學、心理學和文化人類學五個學科，所有人全都在這幢大樓裏辦公，方便不同學科的人相互討論，取長補短。帕博還親自出馬，從全世界招來了各個學科最優秀的學者，比如最早提出「線粒體夏娃」理論的斯通金博士目前就在這裏工作。這事説來很有意思，帕博和斯通金曾經一同在威爾遜的實驗室做博士後，當時帕博喜歡上了實驗室的另一位女博士後，但他本人是個雙性戀，當時還不敢肯定自己的性取向，結果這位女博士後和斯通金結了婚，兩人還生下了兩個孩子。後來這三人再次聚首，帕博發現自己仍然很喜歡她，最終她和斯通金離婚，嫁給了帕博。

　　那天早上帕博安排一位名叫薇薇安・斯隆（Vivian Slon）的博士研究生領着我參觀實驗室。我最感興趣的當然是專門用於古 DNA

操作的超淨實驗室，該所居然有兩個，全部建在地下一層。每間實驗室都分內外兩間屋子，我作為參觀者只能進入外間屋，透過厚重的玻璃門看一看內屋的構造。內外屋之間安裝了一套超強的空氣過濾裝置，99.995% 的直徑超過 0.2 微米的顆粒物都被過濾掉了，其乾淨程度堪稱世界之最。

　　這兩間超淨室當初是專門為提取古 DNA 而建的，盡一切可能杜絕外源污染。如今這兩間超淨室主要用於為提取出來的古 DNA 建文庫，也就是在古 DNA 分子的兩端各安裝一個引物，這個做法相當於為圖書館裏的每一本藏書都貼上一個標籤，然後就可以把所有古 DNA 納入同一個體系，對其進行各種常規操作了。這麼做的一大好處就是可以把提取物中的古 DNA 分子一股腦兒全部擴增出來，不像老式的 PCR 那樣只能擴增出特定的 DNA 片段。另一個好處就是可以測出很短的 DNA 分子的序列，這一點對於尼安德特人基因組的測序工作是極為關鍵的，因為從骨頭中提取出來的尼安德特人的 DNA 分子都很短，平均只有 40—60 個核苷酸長度，PCR 是沒辦法擴增這麼短的 DNA 片段的。

◀
進化人類學研究所的研究人員在鑽取骨粉，試圖從中提取古人類 DNA 樣本。

從骨頭中提取古 DNA 首先需要鑽孔，通常這一步是在超淨室裏完成的。斯隆特意拿來一塊動物骨頭，在外屋為我演示了一遍如何鑽骨取粉末。只見她先穿好厚厚的實驗服，戴上 PM2.5 口罩，再戴上一個玻璃頭盔，前面的擋風玻璃一直伸展到下巴處，盡一切可能不讓自己呼出的氣污染樣本。然後她坐在生物實驗專用的無菌操作台前，用戴了兩層乳膠手套的雙手打開一個錫紙包，從裏面取出一小塊骨頭。我注意到她的手指始終都不去碰骨頭，而是通過錫紙捏住骨頭的一端，然後用一把牙醫專用的鑽頭在骨頭上打眼。每鑽幾秒鐘後她就停一會，避免鑽頭溫度過高損壞 DNA。鑽下來的粉末被收集到一個小試管裏，再倒入特殊的溶液，粉末裏面含有的 DNA 就可以被萃取出來了。

那天是星期四，那間超淨實驗室裏卻沒有人在工作，就連外屋也看不到一個人。「如今大部份工作都是在電腦上完成的，就連測序工作也交給機器了。」斯隆指着桌上放着的幾台機器對我説，「它們才是真正的明星，大部份 DNA 數據都是由它們生產出來的。」

原來，這就是大名鼎鼎的 DNA 測序儀，一共有兩種型號，一種是 Miseq，一種是 Hiseq，都是由一家名為 Illumina 的公司生產的。

「Miseq 一次可以測出 2,000 萬個核苷酸順序，Hiseq 一次可以測出 2 億個核苷酸順序，這就大大降低了測序成本。」斯隆解釋説，「不過，後者雖然通量大，但錯誤率通常也比較高。」

我在 20 世紀 90 年代中期曾經在一家生物實驗室工作過，主要任務就是 DNA 測序。那個時候測序用的是電泳技術，俗稱跑膠，每跑一次要花一整天時間，一次最多只能測幾十個樣本，每個樣本最多只能讀出幾百個核苷酸序列。在這 20 年的時間裏，DNA 測序

技術有了長足的進步，大概只有電腦芯片的進步速度可以和 DNA 測序技術相媲美。

事實上，如果沒有技術的進步，帕博的「野心」是不可能實現的。在測出尼安德特人的線粒體序列之後，帕博立即着手研究如何才能測出古人的核染色體的 DNA 序列。尼安德特人的基因組和人類一樣，都有大約 30 億個核苷酸，如果 46 條染色體全算上，那就是 60 億個字母，對於跑膠時代的 DNA 測序技術來說這是個天文數字。這就是為甚麼當年冷泉港會議提出要測人類全基因組序列時很多人都覺得那是個笑話。

事實上，這就是當初科學家們提出人類基因組計劃的原因之一，他們相信這項計劃會促成 DNA 測序技術的革新。最終結果證明科學家們的預言是正確的，兩位瑞典科學家於 1996 年發明了焦磷酸測序技術（Pyrosequencing），不用再跑膠了，也不必使用放射性元素標記 DNA 了，而是利用光化學原理把單個核苷酸信號變成光信號，然後通過一台高靈敏度的儀器檢測這個光信號，就能測出 DNA 順序了。

這項技術有兩大好處，一個就是它完全不需要通過 PCR 來擴增特定的 DNA 片段，只要事先建好 DNA 文庫，其中所有的 DNA 片段都可以一次性地測出來。另一個好處就是成本低，這一點對於古 DNA 來說非常重要，甚至可以說是最關鍵的優點。但這項技術也有兩個缺點，一個是每次只能測幾十個核苷酸序列，長的片段測不了，另一個就是錯誤率較高，比跑膠差一些。但對於古 DNA 來說這兩個缺點根本不算問題，因為古 DNA 片段本來就很短，測長的沒用，第二個問題則可以通過大量測序來解決。

經過近 20 年的發展，焦磷酸測序技術已經相當成熟了，人類

全基因組測序的價格甚至有望在不遠的將來降到幾百美元的水平。但活人的 DNA 非常完整，測起來要容易得多。尼安德特人的基因組不但極為破碎，而且純度很低，帕博當年能把尼安德特人的線粒體的一個小片段測出來就已經是一件轟動全世界的壯舉了，要想測出全部基因組順序其難度好比登天。

我們可以用前文舉過的一個例子說明這件事難在哪裏。如果把人類基因組序列印成一本書的話，按照每頁 3,000 個字母來計算，這將是一本 200 萬頁的巨著。現在想像一下，如果我們手頭有 1,000 本書，把它們全部撕個粉碎，任何一片碎紙都只含有 50 個字母，然後讓你依靠這些碎紙片把全書拼出來，你能做到嗎？

帕博所要面對的就是類似這樣的難題。隨着歲月的流逝，尼安德特人的基因全都碎成了小片段，平均長度只有 50 個核苷酸左右。不但如此，從尼安德特人遺骨裏提取出來的 DNA 含有大量外源污染，真正屬於尼安德特人的 DNA 片段最多只有 3%，大部份樣本甚至連 1% 都不到。換句話說，我們手中的碎紙片除了來自那 1,000 本正版書外，還混有 1 萬本錯誤連篇的盜版書！

怎麼樣？你覺得這件事有可能成功嗎？事實上，即使是目前最強大的電腦也很難完成這個任務。但帕博手裏有一件秘密武器，這就是人類基因組序列。2001 年，人類基因組計劃宣告完成。帕博相信尼安德特人的基因組和現代人差不太多，他可以用現代人基因組作為參照系，把測出來的尼安德特人基因片段一一對應地貼上去。換句話說，這就相當於一個人找到了一本完整的書，然後他只要把每一個碎紙片的內容從書裏找出來就能知道這個碎紙片所處的大概位置了，難度大大降低。為了避免可能出現的偏向性誤差，帕博後來又決定採用黑猩猩的基因組作為參照系，不過原理是一樣的。

當然了，這麼做的前提是首先必須剔除基因污染。細菌 DNA 污染還好辦，只要和人類基因組一比較就能看出來了。最難辦的就是現代人的基因污染，很難分辨。經過多次試驗，帕博找到了辨別古 DNA 和現代人 DNA 的方法，只不過這個方法並不完全可靠，需要分析大量數據才能得出較為肯定的結論，這就對 DNA 測序的速度提出了很高的要求。如果還是只能靠跑膠來測序的話，帕博的理想是不可能實現的。

這個例子再次說明，世界觀的進步有賴於科學技術的進步，如果沒有後者的支持，那麼前者就很難實現。

有了新技術的支持，帕博決定來一次世紀豪賭。2006 年 7 月他在萊比錫召開記者會，宣佈將用兩年的時間測出尼安德特人的全基因組序列。這件事當年曾經遭到了很多人的白眼，因為科學圈從來不喜歡這種還沒做出成績就先吹牛的作風。不過這就是馬普的風格，像這樣的獨立研究機構都希望培養出自己的科學明星，以此來擴大知名度，帕博就是馬普的明星，只能配合宣傳。

在此後的兩年多時間裏，帕博和他的團隊所經歷的艱辛可想而知，這裏只說一件小事。測序儀產出了海量的數據，即使馬普調用了所有能找到的電腦供帕博使用，但運算能力還是不夠，於是帕博只能請求位於波士頓的博德研究所（Broad Institute）提供支援。因為數據量大到無法通過網絡傳輸，雙方只能通過快遞大容量硬盤的方式交換數據。就在截止日期到來的前 6 天，來自波士頓的 18 個大容量硬盤終於寄到了，發佈會這才終於按期舉行。

好在整個過程有驚無險，帕博在 2009 年初對外宣佈測序成功。之後他花了很長時間將結果寫成論文，發表在 2010 年 5 月 7 日出版的《科學》雜誌上。文章本身並不長，但附件卻有 174 頁之多，

完全就是一本書的容量。因為尼安德特人的全基因組序列非常難測，迄今為止也只有他一家實驗室成功地測了出來，因此他在附件中詳細描述了整個過程，並把所有的原始數據都公開了，任何人都可以隨時查驗。

這個實驗之所以至今一直沒人能夠重複出來，一個原因是技術複雜，門檻太高，全世界大概只有四五家實驗室具備這樣的能力。不過另一個更加重要的原因就是尼安德特人的遺骨太難找了，高質量的骨頭更是稀缺。帕博試驗了超過 70 個樣本，最終只有一個樣本質量合格，其餘的都含有太多的細菌污染，這就大大增加了 DNA 測序的工作量。

那塊高質量的骸骨來自克羅地亞的溫迪佳山洞（Vindija Cave）。那是個石灰岩山洞，因此洞內環境呈弱鹼性，比較適合 DNA 的保存。1980 年有人在洞內發現了 3.8 萬年前的尼安德特人骸骨，大部份骨頭都被仔細地切成了小碎塊，説明這些尼安德特人都是被另一群人吃掉的。帕博認為，這個不幸的事件很有可能是這些骨頭被污染得極少的重要原因，因為吃他們的人很可能把骨頭上的肉全都仔細地吃光了，連骨髓都沒有放過。如此「乾淨」的骨頭不容易滋生細菌，所以這批骨頭內的尼安德特人的 DNA 含量超過了 3%，從古DNA 的角度來説屬於極為罕見的優質樣品。

換句話説，最終是這個被同伴吃掉的可憐的尼安德特人為後人留下了寶貴的遺書，幫助我們解開了尼安德特人的身世之謎，同時也揭開了隱藏在人類基因組裏的一個大秘密。

走出非洲路上的小插曲

　　讀到這裏也許有人會問，從如此古老的遺骨裏測出的尼安德特人基因組順序可靠嗎？答案是肯定的。目前已經測過的尼安德特人全基因組序列的最高精度級別為 50 層，即平均每個片段都至少測了 50 次。前文說過，新的 DNA 測序技術雖然速度快，但錯誤率較高，必須多測幾次才能肯定哪個是對的。50 層是相當高的倍數，其準確性已經和現代人的基因組測序沒甚麼差別了。

　　初步分析顯示，尼安德特人和現代人的基因組差別是 1.2‰，也就是說每 1,000 個核苷酸有 1.2 個不同之處。已知任意兩個現代人之間的 DNA 序列差別是 1‰，所以說尼安德特人和現代人之間的差別非常小，兩者是近親。相比之下，現代人和黑猩猩之間的差別是 1%，平均每 100 個核苷酸就有一處差異，說明我們和猩猩之間的差距有點大，最多只能算遠親。

　　接下來一個很自然的問題是，尼安德特人和現代人有過基因交流嗎？化石界曾經有不少人研究過這個問題，但得出了相互矛盾的結論。人類基因組計劃完成之後，又有人試圖根據現代人的 DNA 序列倒推回去，看看有沒有雜交過的跡象，結果同樣相互矛盾。兩派學者爭來爭去，雙方誰也說服不了誰，最終還得依靠古 DNA 證據。這就是帕博測尼安德特人基因組全序列的原因之一。

　　當尼安德特人的線粒體 DNA 測序結果出來後，帕博立刻做了分析，結果沒有發現基因交流的證據。後來，他的實驗室又測出了尼安德特人的 Y 染色體基因序列，分析後得出了同樣的結論。不過線粒體和 Y 染色體都屬於單線遺傳，並不能說明全部問題，直到尼安德特人全基因組順序出來後，真相終於大白。分析結果顯示，所

有生活在非洲之外的現代人體內都有 1%—4% 的尼安德特人基因，非洲人則幾乎沒有。針對這一結果，最好的解釋就是現代人的祖先走出非洲之後曾經和遇到的尼安德特人有過基因交流，而且其中的一部份尼安德特人基因一直保留到了現在。

也許有人會問，既然雙方雜交過，為甚麼現代人的線粒體和 Y 染色體都沒有尼安德特人的貢獻呢？箇中原因很簡單：攜帶有尼安德特人線粒體和 Y 染色體的人都死光了，沒有留下後代。常染色體因為可以發生基因重組，所以比較容易混入現代人的基因組中，如果混入的部份對現代人的生存能力沒有影響，甚至是有利的話，這部份外來基因便會保留下來，並一直遺傳下去。

根據這一結果，帕博提出了「取代人群」（replacement crowd）這個新概念。他認為人類祖先走出非洲後並沒有立即擴散開來，而是先在某個地方（很可能是中東地區）生活了一段時間，他們和尼安德特人的基因交流就是在這段時間裏發生的。這次雜交產下的後代不但活了下來，而且成功地繁殖出了下一代，逐漸把尼安德特人的基因擴散到了整個人群之中。後來時機成熟了，這群身上攜帶有尼安德特人基因的現代智人終於離開了居住地，擴散至整個歐亞和美洲大陸，他們就是除了非洲之外的所有現代人的共同祖先。因為這群人在擴散過程中取代了原先居住在各地的古老型人類，因此稱他們為「取代人群」。

可以想像，這篇論文發表後在全世界引起了多大的轟動。就在大家對人類祖先的所謂「濫交」行為議論紛紛的時候，帕博實驗室又扔出了一枚重磅炸彈。2010 年 12 月出版的《自然》雜誌刊登了帕博小組提交的一篇新論文，他們通過對古人類 DNA 的測序，發現了一個全新的人類亞種，取名為「丹尼索瓦人」（Denisovan）。

▲
一小塊 5 萬年前留下來的小指骨，科
學家們正是從這塊小骨頭裏提取出了
丹尼索瓦人的全套 DNA。

帕博的另一位學生，約翰尼斯·克勞
斯博士，目前擔任位於德國耶拿的人
類歷史研究所所長。
▶

　　丹尼索瓦原本是一個石灰岩山洞的名字，這個山洞位於俄羅斯
境內的阿爾泰山區，距離中國新疆和蒙古西部都不遠。2008 年，俄
羅斯人類學家在山洞裏發現了一個女性的小指骨，其年代至少在
4.1 萬年以上。阿爾泰地區氣候乾冷，非常適合古 DNA 的保存，所
以帕博對這一地區的考古發現很感興趣。來自帕博實驗室的德國科
學家約翰尼斯·克勞斯（Johannes Krause）博士主要負責這個項

目，但真正負責提取 DNA 並測序的是來自中國的博士研究生付巧妹。

初步試驗表明帕博的預感是正確的，這塊小指骨裏含有高質量的古 DNA，非常適合用來測序。當時他們以為這是尼安德特人的遺骨，想通過測序來研究一下尼安德特人的遺傳多樣性。沒想到付巧妹測出線粒體 DNA 序列後，發現和尼安德特人的線粒體不太一樣，很可能屬於一個以前不知道的全新人種。

當時尼安德特人全基因組剛剛測完，帕博實驗室立即開足馬力將這個小指骨裏含有的丹尼索瓦人 DNA 全序列測了出來，結果發現這是一種和尼安德特人非常相似的全新的古人類，很可能和尼安德特人分別佔據了歐亞大陸的東西兩側。後來考古學家又在丹尼索瓦山洞裏挖出過兩顆牙齒，從中提取出來的線粒體 DNA 證明同屬丹尼索瓦人。這是人類歷史上第一個僅憑 DNA 證據就命名的人類新亞種，迄今為止關於這個神秘人種的化石證據就只有這兩顆牙和一小塊指骨，我們對他們的身材、長相等人類學特徵一無所知。

但是，DNA 順序可以告訴我們很多更有用的信息。分析顯示，丹尼索瓦人也和現代智人的祖先有過基因交流。奇怪的是，同樣分佈在東邊的東亞人體內卻只含有 0.2% 的丹尼索瓦人 DNA，居住在南亞諸島上的美拉尼西亞人（主要包括新幾內亞島和澳大利亞）卻含有 4%—6% 的丹尼索瓦人 DNA，這是怎麼回事呢？

為了尋求答案，我專程前往另一座德國城市耶拿（Jena），拜訪了在那裏工作的克勞斯博士。耶拿比萊比錫還冷清，一到晚上就安靜得像座鬼城，連吃個晚飯都要走出很遠。馬普大概是看中了耶拿的安靜氣質，在這裏成立了一家新的人類歷史研究所，克勞斯被任命為該所的第一任所長，主要負責用基因手段研究人

類的進化史。

「現代人不止有 20 萬年歷史，那只是線粒體的歷史。」克勞斯對我說，「我覺得現代人的歷史應該從和尼安德特人分家開始算起，時間大概在距今 70 萬—50 萬年。分家之後，一部份尼安德特人的祖先離開非洲進入歐亞大陸，然後兵分兩路，向西走的最終進化成了尼安德特人，向東走的最終進化成了丹尼索瓦人。也就是説，丹尼索瓦人其實就是尼安德特人的近親，甚至有可能比尼安德特人更古老，因為我們從丹尼索瓦人的基因組裏發現了一個更古老的支系，很可能來自 100 萬年前的直立人。」

據克勞斯介紹，最近這 200 萬年裏有過大約 20 次冰河期，每次冰期結束後的間冰期氣溫比現在還高，那時的歐洲就像現在的非洲一樣炎熱，所以他認為每一次間冰期都可能有一批人走出非洲，進入歐亞大陸生活，這兩個大陸的人員交流是非常頻繁的。

不過，現代人的祖先卻一直留在非洲，最終在那裏進化成為現代智人。大概在距今 8 萬—7 萬年，這群現代智人中的一部份走出非洲，和尼安德特人發生了基因交流，成為「取代人群」。與此同時，留在非洲的那部份現代智人也開始擴散，最終佔領了整個非洲大陸。他們在這個過程中也很有可能和當時住在非洲的古老型人類有過基因交流，但因為非洲氣候不利於古 DNA 的保存，我們至今沒有確鑿的證據證明這一點。

大約 5 萬年前，這個「取代人群」也終於開始從居住地（很可能是中東）向四面八方擴散，最終佔領了整個歐亞和美洲大陸。第一批出走的「取代人群」很可能是沿着海岸線向東走的，最終佔領了東南亞諸島。這群人沿途遇到了丹尼索瓦人，和他們發生了基因交流，這就是今天的美拉尼西亞人體內含有如此高比例的丹尼索瓦

人基因的原因。

今天的東亞人的祖先很可能來自第二批向西擴散的「取代人群」，但當時丹尼索瓦人很可能已經滅絕或者接近滅絕了，所以這群人沿途沒有和丹尼索瓦人發生基因交流，這就是在今天的東亞人基因組內幾乎找不到丹尼索瓦人 DNA 的原因。

克勞斯畢竟是德國人，他的興趣點不在亞洲而在歐洲，他想知道現代歐洲人都是從哪裏來的，於是他花了大量時間研究這個問題。「現代歐洲人的來源已經大致弄清楚了，只剩下一些細節有待進一步核實。」克勞斯自信地對我説，「最早移民到歐洲的那批人幾乎都死光了，沒有留下後代，第二批移民後來成為歐洲大陸上的採集狩獵者，他們只留下了 10%—20% 的基因。現代歐洲人基因組當中貢獻最大的是第三批移民，這些人主要是來自中東地區的農民，他們帶着農作物種子遷徙到了歐洲。也就是説，歐洲農業的興起不是源於文化的交流，而是人口的遷徙、取代和交融。」

克勞斯愈説愈興奮，又告訴了我一個從來沒有聽説過的驚人事實：「今天博物館裏展出的那些尼安德特人模型全都是按照歐洲人的樣子重建的，但其實尼安德特人很可能都是深色皮膚、黑眼睛的人。事實上，現代歐洲人的樣貌只有 5,000 多年的歷史，1 萬年前的歐洲居民很可能都是深色皮膚、藍眼睛的人，淺色皮膚的出現只有不到 1 萬年的時間，然後又用了 5,000 年才擴散至整個歐洲。這些樣貌特徵從化石裏是看不出來的，只能從 DNA 順序裏找到答案。」

克勞斯甚至認為真正典型的現代智人長得就像現在的非洲人，今天的歐亞人因為混入了尼安德特人基因，變得不純了，這才會出現各式各樣的奇怪相貌。「現代歐洲人當中可以找到很多眉脊特別

凸出的人，或者身上毛特別多的人，這些特徵很可能都是向尼安德特人方向發生的返祖現象。」克勞斯一邊說一邊用手比畫自己凸出的眉骨，顯然他並不在乎自己是否是基因返祖的產物。他認為今天生活在地球上的所有現代人全都來自非洲的一個部落，只不過偶爾和其他部落有過基因交流而已。這個結論證據確鑿，已經很難動搖了。相比之下，中國考古人類學界至今還在糾結於中國人到底是本地起源還是外來取代，這場曠世之爭因為古 DNA 證據的出現反而愈演愈烈。

有趣的是，爭論的雙方都認為古 DNA 證據對自己有利。「多地起源派」認為現代人和尼安德特人有過基因交流這件事正好說明「取代派」的觀點是錯誤的，古老型人類確實對現代人做出了基因貢獻，當時生活在歐亞大陸的古老型人類並沒有被一群來自非洲的現代智人完全替代掉，所以「多地區進化附帶雜交」的理論才是正確的。

「取代派」則會拿尼安德特人基因組做例子，認為古 DNA 已經證明他們不是現代歐洲人的祖先，而是進化的死胡同，所以中國也

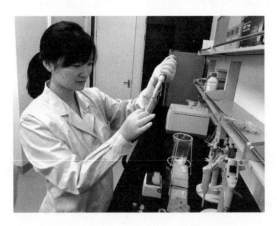

中國科學院古脊椎動物與古人類研究所研究員付巧妹博士在做實驗，她是帕博的學生，目前是國內古 DNA 研究領域的領軍人物。

不應該有例外。

　　平心而論，尼安德特人基因組序列確實證明「完全取代」理論是不完全正確的，走出非洲的現代智人祖先並沒有把沿途遇到的所有土著全部殺光，而是和他們發生過基因交流，並繼承了當地土著的一部份基因。從這個角度講，「多地區進化附帶雜交」理論也不能說完全就是錯的，雙方爭論的焦點變成了基因交流的程度到底有多大。

　　話雖這麼說，「多地起源派」有兩個坎兒是繞不過去的。第一就是目前已經發現的基因交流的雙方是現代智人和尼安德特人，似乎沒東亞直立人甚麼事兒。第二就是像尼安德特人這樣的古老型人類對於現代智人所做的基因貢獻是非常小的，這說明雙方的基因交流屬於偶然現象，現代人的主流部份還是來自非洲的。因此走出非洲派將「替代模型」的名稱修改了一下，稱其為「不完全替代」（leaky replacement）模型。這麼做相當於為「走出非洲」理論打了一塊補丁，彌補了原理論的不足之處。

　　「多地起源派」要想繞過這兩個坎兒，最好的辦法就是測出中國古人類的 DNA，這就是近年來中國再一次變成國際考古學界的熱點地區的原因。比如引言中提到的湖南道縣牙齒化石和許昌人頭蓋骨化石，雖然看似都對「走出非洲」理論提出了挑戰，但因為沒有 DNA 證據，很難服眾。

　　帕博的學生付巧妹博士學成歸國後在中科院古脊椎動物與古人類研究所創立了分子進化實驗室，試圖從中國本地出土的人類骨骼中提取出 DNA。可惜的是，因為古人類化石非常珍貴，很多化石研究人員並不十分願意把標本貢獻出來測 DNA。DNA 測序只需要 50 毫克骨碎片就行了，比碳-14 測年所需要的骨量少多了。另一方

面，中國大部份地方的氣候條件也不利於古 DNA 的保存。截至目前，付巧妹只在周口店附近的田園洞出土的 4 萬年古人類遺骨中提取出了足夠多的 DNA，並測了線粒體和部份核染色體的基因序列。分析結果顯示這是現代東亞人的祖先之一，為當代中國人貢獻了一部份基因。不過沒有證據顯示田園洞人基因組裏有來自某個古老型人類的 DNA 的成份。另外，田園洞人已經和歐洲人的祖先徹底分家了，這說明歐亞大陸的現代智人至少在 4 萬年前就已經分成了歐亞兩支，這個時間是相當長的。

總之，因為尼安德特人和丹尼索瓦人基因組測序的成功，古 DNA 成為人類學研究最熱門的新領域。最近這 5 年裏，來自世界各地的人類學實驗室發表了無數篇論文，運用古 DNA 技術研究人類進化史。但這些論文大都是對人類進化過程中的一些細節所做的補充，尚未出現值得一提的重大突破。

那麼，這段時間帕博教授在做甚麼呢？第二天我準時出現在他的辦公室，對他進行了第二次專訪。

人之為人

「我現在的興趣點已經不在人類進化上了，這個問題已經基本上搞清楚了，不再吸引我了。當然未來仍然有可能發現新的證據，得出新的結論，對此我持開放態度，只要證據確鑿的我都可以接受。」帕博開門見山地對我說，「我打算把未來的工作重點放在研究人類的獨特性上，我想知道為甚麼地球上曾經有過那麼多種不同的人，最終只有現代智人發展出了全新的技術和文化，使得我們這個群體能夠迅速擴張到全世界，並改變了整個地球的生態。」

斯萬特‧帕博在位於德國萊比錫的進化人類學研究所辦公室內接受採訪

　　帕博從小就對這個問題感興趣，當初他之所以和馬普一拍即合，就是因為他看到了實現自己夢想的機會。於是他建議馬普換個方向，不再專注於傳統意義上的人類學研究，而是把重點放到「人之所以為人」這個問題上來。德國人因為歷史原因一直對重啟人類學研究感到底氣不足，這個建議正中下懷。

　　如果只想研究人類進化，那麼只需測出基因組中的一段 DNA 順序就可以了，而且最好測那些沒有功能的 DNA 段落，否則結論會不準。但是，帕博心裏想的是「尋因」而不是「尋祖」，所以他才如此堅定地要把尼安德特人全基因組序列都測出來。尼安德特人是和我們關係最近的人種，從尼安德特人到現代智人的進化是人類進化史上的最後一步，也是「人之為人」的最關鍵的一步。

　　研究結果顯示，現代人和尼安德特人、丹尼索瓦人等古老型人類有大約 3 萬個基因差異，主要是 SNP 不同，也有一些差異屬於核苷酸插入或缺失。這些差異當中有 3,000 多個位於基因調控片段內，但真正負責編碼蛋白質的基因序列的差別很小，一共只有 87 個氨基酸發生了變化。也就是說，如果把現代人基因組中的這 87 個基因位點修改成尼安德特人的版本，理論上就能製造出一個尼安

德特人。

　　事實上，這就是帕博實驗室正在做的事情。說到差異，大家肯定最關心現代人和尼安德特人在心智上的差別，這就必須研究雙方的神經發育狀況。帕博手下的一個研究小組找到了和神經發育有關的三個氨基酸差異，通過基因編輯的方式把人類神經細胞中的這三個位點換成了尼安德特人版本，然後將其培養成神經細胞團，稱其為「迷你腦」（mini brain）。接下來，他們將研究這個尼安德特人的「迷你腦」和現代人的大腦到底有何不同，希望能通過這個實驗揭示出雙方在智力上的巨大差異究竟來自何處。

　　這個實驗說起來簡單，但操作起來困難重重。目前實驗室只是做了初步的嘗試，尚未看出明顯差異。不過這也是可以預料到的事情，因為現代人和尼安德特人之間的差異應該是非常小的，在大腦發育的初期很可能看不出來，所以科學家們試圖讓這個「迷你腦」在培養皿裏一直長下去，看看後來會不會有變化。

　　考慮到尼安德特人的腦量甚至比現代人的還要大，也許雙方的差異是在其他一些很微妙的地方。比如，美國科學家曾經研究過尼安德特人的喉嚨骨骼結構，發現不如現代智人那麼精細，這說明尼安德特人無法像現代智人那樣發出複雜的音調，在語言表達方面存在缺陷。我們都知道語言對於人類的智力進化來說有多麼重要，大家普遍相信，正是因為人類進化出了語言，才使得現代人的智力發生了飛躍，最終統治了世界。

　　還有一個問題無法避免，那就是尼安德特人的基因貢獻是否導致了現代歐亞人和非洲人之間的不同。要知道，歐亞人身體內有1%—4%的基因來自尼安德特人，非洲人幾乎沒有，難免有人因此而相信非洲人就是不行，並將這件事看成種族歧視的證據。

　　針對這個疑問，帕博做出了自己的解釋。首先，雖然平均每個現代人體內只有 1%—4% 的尼安德特人基因，但因為每個人繼承的尼安德特人基因都不一樣，加起來已經有 30% 的尼安德特人基因在現代人體內被找到了，未來這個數字甚至有可能接近 50%。也就是説，已經滅絕的尼安德特人至少有一半的基因被保留了下來。這些基因之所以沒有被淘汰掉，很可能説明它們確實對人類有某種好處。其次，目前已經發現的所有尼安德特人基因都是和皮膚、體毛、免疫系統和消化系統等直接和環境接觸的部位有關的，沒有發現任何基因是和神經發育有關聯的。這件事其實是很好理解的，尼安德特人畢竟已經在歐亞大陸生活了幾十萬年，適應了那裏的環境和病菌。現代智人剛剛走出非洲，進入一個完全陌生的地方，肯定會對新環境不那麼適應，從尼安德特人那裏繼承下來的這些基因正好派上了用場。

　　另一個比較著名的案例就是中國西藏地區人的抗高原基因。研究顯示這個基因繼承自丹尼索瓦人，西藏人的祖先正是通過和丹尼索瓦人的基因交流獲得了在高海拔地區生活的技能。

　　不過，所有這些研究都是間接的，因為人類畢竟不是小白鼠，不能隨隨便便把人的基因換成尼安德特人的版本，然後相互比較。但是，既然尼安德特人的基因已經進入了人類基因組，帕博認為我們可以通過大規模人口基因普查的方式發現那些天生帶有某個尼安德特人基因的個體，然後通過研究這些個體，找到現代人和尼安德特人之間的不同之處，從而鑒別出到底是何原因導致了尼安德特人的滅絕以及現代智人的興起。

　　無獨有偶，復旦大學的金力教授也不再對傳統人類學感興趣了。「人類起源的問題雖然重要，但從目前的情況來看，要想讓科

學界達成共識是很難的。」金力在接受採訪時對我說,「現在我更關注亞洲人對東亞環境的適應問題。我想知道東亞人為甚麼進化出了黃皮膚,一曬太陽就會變黑,休息幾天又會恢復原樣。這種皮膚是東亞人獨有的,我想知道這是如何進化出來的,這樣的皮膚對於我們的祖先適應東亞環境做出了甚麼樣的貢獻。」

金力原本就不是學人類學的,他的專業是生物醫學,因此他一直想把人類進化研究和疾病聯繫起來。「我認為人類進化史上有兩個節點非常重要,一個是走出非洲,一個是發明農業。前者意味着人類去了不該去的地方,後者意味着人類做了不該做的事情。」金力對我說,「我認為正是這兩個節點導致了現代人類的很多困境,因為這兩件事對於任何一個物種來說都是不該做的。比如,農業提供了穩定的食物來源,而人是不應該有穩定的食物來源的,只有這樣我們才能在生理和心理上保持健康。」

緊接着,金力又把矛頭對準了現代文明。「更重要的是,農業衍生出來的是文明,但是文明對我們是有害的,文明讓人類走上了一條不歸路。」金力對我說,「因為文明強調生存的權利,以及人人都有好生活的權利,其結果就是讓不該活的人活下來,讓不該出生的人生下來。」

我想,金力教授的意思是說,文明違反了進化論的前提條件,導致了不良基因的積累和某些性狀的退化。確實,現代人無論是禦寒能力還是抗病能力都很可能比不過尼安德特人,我們的野外生存能力更是比不上幾乎所有的野生哺乳動物。但是,為甚麼最終反而是尼安德特人滅絕了,而我們卻活了下來呢?為甚麼看似手無縛雞之力的人類最終登上了食物鏈的最頂端呢?原因恰恰就是文明。文明的基礎是高級智慧,高級智慧的最大特徵就是知識的主動傳承,

這兩件事讓人類成為自然界最善於分工合作的物種。正是這種分工合作，使得人類能夠團結起來，克服諸多困難，成為地球上最成功的物種。

尾　聲

2017 年 3 月 2 日出版的《自然》雜誌刊登了一篇論文，幾個加拿大學者發現了迄今為止最古老的生物化石，距今已有 42.8 億—37.7 億年了。考慮到地球的年齡只有 45 億年，能夠形成化石的生物肯定都已經進化了很多年，所以這個新發現說明生命早在地球形成後不久就出現了。

這個新發現意味着甚麼？它意味着生命的出現在地球環境中是一個大概率事件。

但是，人屬動物直到 300 萬年前才出現，解剖學意義上的現代人直到 20 萬年前才被進化出來，具備抽象思維能力的高級智慧生物甚至直到 5 萬年前才剛剛誕生。5 萬年聽起來似乎很漫長，但對於 45 億年的地球歷史來説，它甚至連彈指一揮間都算不上。

這件事意味着甚麼？它意味着高級智慧生物的出現是一個極小概率事件，我們是宇宙中的幸運兒。

地球上之所以會進化出智人這個物種，有人認為是因為氣候變化導致的生存壓力，有人認為是因為吃肉促進了大腦發育，也有人認為是因為用火改變了食物的消化方式，甚至還有人認為是因為語言的出現大大提高了信息傳遞的效率。所有這些理論的背後都有一批支持者為其背書，但真正的原因很可能不止一個，甚至還可能有很多我們不知道的理由。

還有一點可以肯定，那就是我們並不是唯一獲得這些進化優勢的物種。30 萬年前的舊大陸上至少生活着五個不同的人種，我們的祖先和羅得西亞人、海德堡人、尼安德特人、丹尼索瓦人和弗洛里斯人共享這個世界。不久前，南非考古學家又在一個非洲深洞中發現了一個全新的人種，取名「人屬納樂迪種」（*Homo naledi*），他們生活在距今 30 萬—20 萬年的非洲，腦顱容量比智人要小，卻表現出了很高級的智慧，甚至已經知道埋葬同類了。

按照經典的「走出非洲」理論，我們的祖先因為某種原因獲得了比其他人種更大的進化優勢，並在走出非洲的過程中將沿途遇到的其他人種盡數滅絕。但古 DNA 證據清楚地表明，我們的祖先起碼和其中的兩個人種發生過基因交流，並從中獲益。一些學者認為，這個結果說明我們的祖先原本並不比其他人種強多少，我們很可能只是因為善於學習，是在和其他人種的交流過程中逐漸變強的。

最近又有一些新的證據顯示，我們的祖先也並不像傳統理論預言的那樣來自某個 20 萬年前的東非部落，而是曾經遍佈整個非洲大陸。因為交通不便，各個部落之間很可能長達數百年甚至上千年都沒有交往，各自在不同的生態圈內獨立進化，但每隔一段時間就會因為各種原因相互接觸，彼此交換基因和信息，祖先們正是在這種相互交流和學習中飛速進步，最終脫穎而出，進化成今天的智人。

按照生物學關於物種的定義，我們的祖先和尼安德特人、丹尼索瓦人等其他人種屬於同一個物種下面的亞種，大家原則上都是一家人。但是，因為各種未知的原因，其他亞種在大約 4 萬年前全部滅絕，地球上只剩下了現代智人這一個亞種。此後智人亞種不斷地

四處遷徙，並按照地理位置的不同重新隔離成了新的人群，分別被稱為非洲人、歐洲人、東亞人、美洲人和美拉尼西亞人等不同的名字，但究其歷史，我們都是一家人。

又過了一段時間，地理隔絕被打破，我們再次相遇，卻因為爭奪資源而爆發了無數場戰爭。不過，這一次和以往的部落戰爭有所不同，我們進化出了高級智慧，發明出了人類學這門新學科。通過人類學家的研究，我們第一次了解了自身的歷史。在這種情況下，歷史還會重演嗎？

中國人相信同姓之人 500 年前是一家，我希望大家在讀完這個故事後，知道不同姓之人 20 萬年前也是一家，我們都是同一群非洲人的後代。

參考資料：

Chris Stringer: *The Origin of Our Species*, Penguin Books, 2012.

Svante Pääbo: *Neanderthal Man: In Search of Lost Genomes*, Basic Books, 2015.

Spencer Wells: *The Journey of Man: A Genetic Odyssey*, Princeton University Press, 2017.

Doug Macdougall: *Nature's Clocks*, University of California Press, 2009.

Brian Regal: *Human Evolution: A Guide to the Debates*, ABC-CLIO, 2004.

Dr. Alice Roberts: *Evolution: The Human Story*, DK, 2011.

Bernard Wood: *Human Evolution: A Very Short Introduction*, Oxford University Press, 2006.

Brian M. Fagan, Nadia Durrani: *World Prehistory: A Brief Introduction*, Routledge, 2016.

Bryan Sykes: *The Seven Daughters of Eve: The Science That Reveals Our Genetic Ancestry*, W. W. Norton & Company, 2002.

Roger Lewin, *Human Evolution: An Illustrated Introduction*, Blackwell Publishing Ltd., 2005.

史蒂夫 · 奧爾森：《人類基因的歷史地圖》，生活 · 讀書 · 新知三聯書店，2008 年。

尼古拉斯 · 韋德：《黎明之前：基因技術顛覆人類進化史》，電子工業出版社，2015 年。

第 二 章

人類到底能活多久？

只有了解了死亡，

才能弄清生命的意義。

引言：人人都想長命百歲

> 如果大腦無法永生的話，身體的長壽是沒有意義的，所以真正的永生應該是多做有益的事情，讓世界記住你的貢獻。

長壽之夢

每個人都想長壽，這個願望古已有之，但古人對長壽僅存奢望，比如古希臘人認為只有神才可以永葆青春，古代中國人則相信只有像秦始皇這樣的大人物才有能力追求長壽，很可能是因為古代的人均預期壽命和絕對壽命之間相差太遠了，長壽變成了一件可望而不可即的事情。

人均預期壽命指的是一個族群中的每一個出生的人平均能活多久，這個值受嬰兒死亡率和戰爭死亡率的影響非常大，因為兩者都是年紀輕輕就死了，因此全世界的人均預期壽命直到 100 年前還只有 40 歲。

絕對壽命指的是一個人理論上最多可以活多久。即使在人均預期壽命只有 20 歲的遠古時代，活到 90 歲的人也是偶爾可以見到的，兩者之間巨大的差距使得古人把長壽者敬若神明。

工業革命給人類社會帶來了翻天覆地的變化，其中最顯著的就是人均預期壽命的增加。如今全球人均預期壽命已經達到了 71 歲，相當於在一百多年的時間裏幾乎翻了一番。這個速度是歷史罕見的，因此人類社會的很多生活習俗和運行模式都來不及做出相應的改變，比如退休年齡定得太早就是一例。

　　但是，人均預期壽命的提升大部份源於嬰幼兒死亡率的快速下降以及傳染病防治和外科手術技術的飛速提高，人類的絕對壽命並沒有增加多少。事實上，即使在遙遠的古代，如果一個人能夠健康地活到 30 歲，那麼他的平均預期壽命就已經接近 60 歲了。古今的不同之處在於，在古代至少有一半人活不到 30 歲，但如今絕大部份人都可以活到 60 歲，這些人對於長壽的渴望，催生出了一個市場規模巨大的老年健康產業。

　　翻開任何一本健康雜誌或者大眾報紙的健康版，上面都充斥着長壽秘訣。看多了就會知道，這些秘訣無外乎就是生活規律、節制飲食、堅持運動、戒煙少酒等這些誰都明白的大道理，但它們都屬於生活方式的建議。真正有毅力照着去做的人少之又少。真實情況是，雖然每個人都希望自己長壽，但誰也不願意為此犧牲自己的生活樂趣。尤其是年輕人，很少有人會為了長壽而改變自己的生活方式。可等到大家年紀大了，再想彌補卻已經來不及了。因此，所有人都把希望寄託在科學家身上，幻想着等到自己老的時候藥店裏會出現一種神奇的藥丸，只要買一粒吃下去就能多活幾年。

　　奇怪的是，雖然大家都想吃到長壽藥，但嚴肅的長壽研究卻一直受到各方冷落。一來，負責撥款的政府部門相信長壽研究短期內不可能有任何成果，花納稅人的錢去研究這個純屬浪費；二來，有能力資助科學研究的私人基金會則認為這個世界上還有很多遠比長壽更值得研究的事情，還是先把好鋼用在刀刃上吧；三來，多數百姓也覺得這些研究都是為少數富人服務的，普通人享受不到他們的成果。

　　不過，長壽研究之所以發展緩慢，真正的原因還是研究難度太大了！

長壽之理

　　科學意義上的長壽研究只有不到 100 年的歷史，因為此前的生物學家相信永生是不可能的，人的身體就像一輛小汽車，只要天天上路，早晚會拋錨，這是個物理問題。

　　有趣的是，最早意識到這個想法有問題的反而是物理學家薛定諤。他把熵的概念引入生命科學，指出生命和非生命的最大區別就是如何應對熵增定律。像小汽車這樣的非生命物體無法依靠自己的力量對抗熵的增加，最終一定會化為一堆鐵鏽。但生命會主動從環境中獲取能量來抵抗熵的增加，只要能量供應不斷，理論上是有可能做到長生不老的。

　　薛定諤開創了物理學家跨行研究生物學的先河。長壽領域更是吸引了很多物理學家投身其中。直到 20 世紀 50 年代 DNA 的秘密被發現後，生物學家才從物理學家手中接過火炬，開始從基因的角度探索生命的奧秘。

　　在此之後，長壽研究領域誕生了 300 多個理論，彼此爭論不休。它們大致可以分成兩派。一派認為，一個人一生中肯定要面對各種生存壓力，比如飢餓、病菌和放射性等，這些壓力會給身體造成傷害，如果無法按時修復，傷害大到一定程度人就死了，所以一個人的壽命最終是由他的身體修復能力決定的。另一派則相信，死亡是生命用來調節種群數量的一種方式，或者是生命為後代留出生存空間的一種手段。換句話説，他們認為死亡本質上是一種自殺行為。

　　這兩派的差別看似屬於學術範疇，但其實它們的實際意義很大。如果前者是對的，那就意味着我們的身體本來是不想死的，但

最終堅持不住了，所以如果我們想長壽的話，就得想辦法幫助身體對抗外敵。如果後者是對的，那就意味着死亡是身體早已安排好的結局，是一種被特定基因編碼的生理過程。在這種情況下，如果我們想長壽，就得反其道而行之，和自己的身體對着幹。

目前的情況是前一種理論佔了上風，因為科學家們想不出生命有任何理由選擇自殺，起碼從進化論的角度很難解釋自殺行為。於是主流的長壽研究一直是按照前一種理論在進行的，科學家們一直在努力尋找提高抗壓能力的方法，或者想辦法減輕外部壓力對身體造成的傷害，大家熟悉的「抗氧化」風潮就是在這種情況下興起的。

這麼多年過去了，科學家們在這一領域仍然沒有達成共識，因為人類長壽研究有個致命的難點，那就是研究者必須等到研究對象去世才能下結論，沒人有這個耐心。因此，不少人把目光轉向了實驗動物，開始研究酵母、線蟲、果蠅、小鼠和猩猩的壽命問題，希望能從牠們身上發現長壽的秘密。

20 世紀 90 年代，第一個長壽基因在線蟲身上被發現了。一個看似很簡單的基因突變就能把線蟲的絕對壽命提高 60%，這一點讓科學家們大吃一驚，大家紛紛放下手中的工作，轉而尋找新的長壽基因。目前科學家們已經在線蟲身上找到了好幾個長壽基因，效果最好的能把線蟲的絕對壽命提高到原來的 10 倍。如果換算成人的話，豈不是說人類也可以通過簡單的基因操作活到 1,000 歲了？

可惜的是，後續研究表明，動物愈是高等，單個長壽基因所能起到的作用就愈是有限，到了小鼠這個級別，最高紀錄只提高了不到 50%，遠不如線蟲那麼驚世駭俗。但是，長壽基因的存在本身意義重大，這說明起碼理論上有可能通過調節基因的活性而延長壽

命，於是長壽研究驟然升溫，吸引了愈來愈多的科學家加入到這個行列。

但是，這些人不得不面臨前文提到的各種障礙，如果無法改變政府和公眾的態度，研究經費就拿不到了。

長壽之道

於是，長壽研究換了個名稱，改成了衰老研究。研究目的也隨之改變，從提高絕對壽命改成了延長健康壽命。

所謂健康壽命，指的是一個人能夠健康地活多久。數據顯示，全球人均預期壽命雖然一直在提高，但有愈來愈多的老人是躺在床上度過餘生的。如果你去問問這些人還想不想長壽，很可能會得到不一樣的回答。

這裏所説的健康不是説老人也要像大姑娘、小夥子那樣活蹦亂跳，而是説老年人生活能夠自理，頭腦基本清晰，而且沒有大病。但實際情況是，目前絕大部份老年人都有一身的毛病，大家都處於藥不離口的狀態，生活質量大受影響。

説到治病，這大概是現代科學最引以為豪的地方。科學家們發明了抗生素和疫苗，有效地控制住了各類傳染病。科學家們還發明了一整套外科手術技術，外傷不再像古代那樣致命了。正是因為這三項技術革命，人均預期壽命才有了大幅度提高。但是，癌症、心血管疾病和阿爾茲海默症卻仍然難以對付，它們是當前人類最致命的三大殺手，發達國家的絕大部份老年人最終都是死於它們之手。

如果我們仔細考察一下兩者的區別，不難發現傳染病和外傷都和年齡關係不大，任何年齡的人都有可能中招。但癌症、心血管疾

病和阿爾茲海默症都是典型的老年病，也就是説，它們的發病率都隨着年齡的增加而呈現出爆發式的增長。

事實上，如果我們計算一下每一種疾病的致病因素的話，那麼上述這三大殺手的最大致病因素就是年齡。也就是説，一個20歲的煙鬼得癌症的可能性遠比一個80歲的不吸煙者要小。只是因為年齡（衰老）似乎是一件無法控制的事情，衛生部門這才把注意力全都集中到了控煙上，而不是想辦法減緩衰老。但是，如果我們不想辦法解決衰老這個最大的致病因素，怎麼可能徹底治好這三大病呢？反之，如果我們能想出辦法延緩衰老，就能夠同時降低這三大病的發病率，可謂一舉三得。舉個例子來説，這就好比是一條即將遠航的帆船，船艙有很多裂縫。為了行駛得更遠，最好的辦法當然是出發前先把所有裂縫全都補好，而不是在航行途中漏一個補一個。

於是，各國政府改變了態度，愈來愈重視衰老研究了，因為老年人消耗掉了太多的公共資源。研究顯示，目前全世界每天大約死亡15萬人，其中約有10萬人死於各種老年病，約佔死亡總人數的三分之二。發達國家這個比例更高，已經接近90%了。根據美國一家諮詢機構的預測，到2030年時，預計將有一半的公共醫療開支被用於65歲以上的老年人。如果不想辦法解決老年病的問題，醫保體系將入不敷出。

當大批科研經費進入衰老領域後，吸引了愈來愈多的世界頂尖大學和科研機構轉而研究衰老問題。其中，美國加州無疑是衰老領域最重要的研究基地。我這次專程去了趟加州，走訪了位於舊金山、洛杉磯和聖地亞哥的幾所著名的長壽研究所，採訪了多位頂尖專家，了解了這一領域的最新動態。

從目前的情況來看，雖然衰老領域近幾年取得了一系列重大突破，但真正可以稱得上是革命性的新發現還不多，大家仍處於探索階段。面對這一困境，「自殺」派又重新站了出來，再次提出衰老是一種主動的自殺行為。這一派認為，傳染病和外傷之所以容易對付，是因為它們都是外來敵人的攻擊，我們的身體顯然是在拼死抵抗，因此科學家們只要從後面推上一把，問題就很容易解決了。但三大老年病都是身體主動選擇的自殺，如果科學家們仍然抱着「幫忙」的想法，不去從根本上解決自殺的問題，是不可能治好這三大病的。目前關於這三大病的研究之所以困難重重，不是技術不精，而是方法論上出了偏差，走錯了方向。

目前這兩派仍在爭論，在可預見的未來不大會有明確的結果。但有一點可以肯定，那就是人腦是不可能長生不老的，因為神經細胞不會分裂，而不會分裂的細胞壽命肯定是有限的，只能通過替換的方式讓其永生。但是，人腦神經元的連接方式決定了我們每個人的個性所在，如果替換了它們，「我」就不存在了。換句話說，即使未來發明出了長壽藥，最多也只能讓我們的身體活得更長，我們的精神是沒辦法延續的，這就是另一派開始研究腦機接口的問題的原因。他們試圖通過這個辦法把我們的精神傳入電腦，間接地獲得永生。不過這是一個全新的話題，這裏就不再討論了。

但是，這個思路提醒我們，如果大腦無法永生的話，身體的長壽是沒有意義的，所以真正的永生應該是多做有益的事情，讓世界記住你的貢獻。就像熱門電影《玩轉極樂園》(Coco)[*] 所說的那樣：真正的死亡是世界上再也沒有一個人記得你了。

---

[*] Coco 是一部 2017 年的美國 3D 電腦動畫，故事講述一個男孩意外穿越到亡靈的世界，要尋求已故的祖父幫助，把他送回現實世界。

長壽之謎

關於長壽，歷史上誕生過很多理論，彼此間爭論不休。

美國的「長壽之鄉」

從舊金山市中心出發，穿過狹窄的街道和擁擠的人流一路向北，跨越著名的金門大橋，就進入了馬林郡（Marin County）的地界。這個郡是美國的「長壽之鄉」，男性預期壽命為 81 歲，女性預期壽命為 84 歲，綜合排名全美第一。

我的「人類長壽探秘之旅」就從這裏開始，並不是因為這裏壽星多，而是因為全球第一家專門研究長壽問題的獨立科研機構「巴克研究所」（Buck Institute）就坐落在馬林郡內的一座小山之巔。研究所由一組乳白色的建築組成，由著名華裔建築師貝聿銘親自設計，外表看起來極為樸素，但內部卻充滿了各種現代元素，相當精巧。

巴克研究所之所以選擇建在馬林郡，並不是因為這裏是所謂「長壽之鄉」，而是因為舊金山灣區出眾的科研實力和投資環境。距此地一小時車程以內就有三所世界排名前十的大學，分別是加州大學舊金山分校、加州大學伯克利分校和斯坦福大學。從這裏開車去矽谷也用不了一個半小時，後者絕不僅僅是全球 IT 行業的中心，同時也是很多生物技術公司的搖籃。

長壽正是目前矽谷最熱門的話題之一，該領域的一位狂人奧布雷・德格雷（Aubrey de Grey）創立的長壽研究基金會（SENS Research Foundation）就坐落在矽谷的中心——山景城（Mountain

View）。德格雷宣稱「能夠活到 1,000 歲的人已經出生了」，這句極富誘惑力的口號被美國媒體放大後感染了很多人，也感動了不少投資者。相比之下，暢銷書《奇點臨近》（The Singularity Is Near）的作者雷·庫茲韋爾（Ray Kurzweil）則認為真正意義上的長壽是即將成為現實的腦機接口技術，人類將能夠通過這種方式獲得精神上的永生。庫茲韋爾目前受僱於谷歌公司，正是在他的影響下，谷歌出資成立了一家專門研究長壽問題的高科技公司 Calico，可惜這家公司以剛剛成立缺乏成果為由拒絕了我的採訪申請。

為甚麼矽谷會如此熱衷長壽研究呢？ 2017 年 4 月出版的《紐約客》（The New Yorker）雜誌刊登了一篇長文，解釋了其中的奧秘。該文援引一位資深人士的話說，矽谷的風險投資家和程序員們雖然不懂生物技術，但他們懂編程，也知道大數據應用的厲害。這些人普遍相信生命就是一個數據量比較大的程序而已，因此可以通過尋找程序中的缺陷而將其修復，從而達到治療疾病甚至延年益壽的目的。

另一個原因是，遍佈矽谷的那些精力旺盛的暴發戶們相信，他們如此有錢，如此無所不能，居然還和周圍那些庸碌之輩一樣只能活一輩子，這件事實在是太不酷了。HBO 電視劇《矽谷》中就有這樣的情節，一位躊躇滿志的矽谷投資人豢養了一個身體健康的小夥子，每日為他提供年輕的血液，因為他相信輸年輕人的血能延緩衰老，讓他永葆青春。

這個情節並不是誇張的諷刺，而是確有其事。就在 2017 年初，一家名為「不朽」（Ambrosia）的生物技術公司剛剛在舊金山灣區成立了。這家公司試圖通過輸血來讓那些渴望長生不老的百萬富翁們恢復青春。第一批顧客全都來自矽谷，每人收費 8,000 美元。有

意思的是，矽谷所在的舊金山灣區實際上已經是全美最長壽的地區之一了。美國人均預期壽命排名前十的郡有三個都在灣區，其中就包括矽谷所在的聖塔克拉拉郡。其他幾個長壽郡也都在富人雲集的地方，包括洛杉磯和華盛頓特區周邊的郊縣。這些地方自然環境優美清潔，醫療條件優越，居民的健康意識也很強，這三條恰好都是成為「長壽之鄉」的必要條件。

在此必須指出，美國並沒有「長壽之鄉」的說法，這是個很有中國特色的名詞，暗示長壽之地一定是在鄉下。其實根據最新統計，全球最長壽的地區是中國香港，男性預期壽命為 81.2 歲，女性為 87.3 歲，平均值首次超過了長年排名第一的日本。即使只看中國內地，北京和上海的人均預期壽命也都超過了 81 歲，遠高於被譽為「長壽之鄉」的廣西壯族自治區巴馬瑤族自治縣。該縣的人均預期壽命僅為 76 歲，和全國平均數字持平。

巴馬瑤族自治縣之所以敢自稱「長壽之鄉」，是因為該縣超過 100 歲的人瑞數量據說很多。但因為 100 年前大多數鄉村的戶籍登記制度很不健全，導致這個數字非常不可靠。事實上，不少人懷疑日本之所以出了那麼多長壽老人，就是因為戰爭年代很多日本人為了逃避兵役或者多領一份救濟糧而冒名頂替死去的年長親屬。

還有一個重要原因就是故意造假，目的各異。有的是出於經濟目的，比如巴馬瑤族自治縣就以「長壽之鄉」的名義高價販賣一系列土特產品，像甚麼巴馬可滋泉、巴馬白泥和巴馬火麻油等，但目前都沒有科學證據證明這些東西有效。還有的是為了宣傳某種思想，比如古代各大宗教門派都喜歡宣稱自己的教主萬壽無疆。更多的則是出於「為尊者諱」的善意，把耄耋老人的年齡再多說幾歲又有何妨？結果肯定是皆大歡喜。

但科學不能造假，必須認真。目前學術界公認的年齡最大的人瑞是法國人珍妮・卡爾蒙（Jeanne Calment），她出生於 1875 年 2 月 21 日，死於 1997 年 8 月 4 日，享年 122 歲零 164 天。她家是開顏料舖子的，她在 20 世紀 90 年代接受記者採訪時說，她清楚地記得小時候家裏曾經接待過一位脾氣暴躁、一身酒氣的醜鬼顧客，後來才知此人名叫梵・高。

卡爾蒙是迄今為止唯一活過 120 歲的人。在她去世之後很長一段時間內，意大利人艾瑪・莫拉諾（Emma Morano）接替了她的位置，成為地球上活着的人當中年紀最大的人瑞。莫拉諾出生於 1899 年 11 月 29 日，死於 2017 年 4 月 15 日。在她去世之後，世界上便再也沒有一個出生於 19 世紀的人了。從某種意義上說，直到這一天為止，人類才終於正式向那個偉大的世紀告別。

◀ 美國巴克研究所所長埃里克・威爾丁博士

「去年發表的兩篇論文稱，人類的壽命極限是 120 歲，不可能再多了。」巴克研究所現任所長埃里克·威爾丁（Eric Verdin）博士對我說，「一個主要原因就是地球上已經有過幾十億人，卻再也沒有一個人能活過 120 歲，這個樣本數量足夠大，很有說服力。」

威爾丁博士在他那間明亮的所長辦公室裏接受了我的採訪，進入正題之前他還透露了一個關於卡爾蒙女士的小八卦：「她直到去世前兩年才終於戒了煙！當然了，這可不等於說吸煙有助長壽，而是說如果她不吸煙的話有可能活得更長。」

卡爾蒙是在 1997 年去世的，而巴克研究所兩年後即宣告成立，我本以為兩者之間有甚麼聯繫，但威爾丁博士告訴我不是這樣的：「從 20 世紀 80 年代末期開始，幾家研究所相繼發現了幾個長壽基因，能夠把實驗動物的壽命提高好幾倍。這件事震驚了整個生物學界，真正意義上的長壽研究正是從那個時候開始的，我們只不過順應了這個潮流而已。」

為甚麼幾個長壽基因的發現會讓生物學家們如此震驚呢？故事必須從長壽研究的起源開始講起。

長壽研究的物理學時代

每個人都想長壽，每個民族都有自己的長壽傳說，這個自不必多說。但在古代，長生不老被認為是只有少數帝王將相或者異能人士才有的專利，比如中國有秦始皇派遣三千童男童女去海外採集長壽仙丹的傳說，西方人則乾脆把長壽歸到了神話的範疇裏，普通人是無福享受的。

科學意識萌芽之後，終於有人開始試圖理解長壽的原因，或者

更準確地說，試圖解釋死亡的真相。比如有人相信生命體內有一種神秘的「活力」，所有生命活動都需要消耗「活力」，一旦用完了生命就終結了。還有人提出過一個聽上去似乎很有道理的假說，認為一個人的心跳次數是有上限的，甚至還算出了這個上限是 10 億次，跳滿 10 億次人就活不成了。這個假說還有個變種，那就是所謂的「能量守恆」理論。該理論認為生命一輩子所能消耗的能量是有限的，所以新陳代謝速率愈快的生物死得愈早。

「曾經有個理論認為動物的體型大小和壽命有關，體型愈大的動物愈長壽，原因就是體型和新陳代謝的速率有關聯。」威爾丁博士對我解釋說，「學過數學的人都知道，一個物體的體積愈小，其表面積和體積之比就愈大，這就相當於擴大了單位體積的散熱面積，身體就必須加快新陳代謝的速率以抵禦寒冷。」

威爾丁博士還舉了個實際的例子：普通小鼠的心跳次數是每分鐘 600 次，呼吸頻率是每分鐘 100 次，兩項重要指標幾乎都是人類的兩倍，而小鼠壽命也只有兩三年。相比之下，大象的心率和人類差不多，平均壽命也和人類差不多。

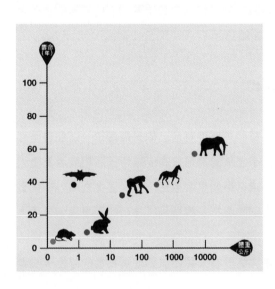

有人曾經把幾十種常見動物的體重和壽命做成了一張圖，發現其變化趨勢非常明顯，幾

乎是一條直線，數學家們完全可以根據這條直線推導出一個體重和壽命之間的換算公式，只要把某種動物的體重代入這個公式，就能計算出它的大致壽命。

如果事實真是如此的話，那就意味着一個人要想長壽的話，最好的策略就是盡量減少自己的新陳代謝速率，變成一個懶蟲。所幸隨着科學家研究的動物種類愈來愈多，那條直線也愈來愈不規則了。比如鴿子和小鼠的體重差不多，新陳代謝速率也相近，但鴿子的壽命卻是小鼠的 10 倍以上。

另外，如果只在某個物種內部比較的話，上述規律同樣是不成立的，甚至有可能正相反。比如大狗通常會比小狗死得早，人類中的人瑞往往也是身材瘦小的居多。最關鍵的是，有愈來愈多的證據表明鍛煉身體有助於長壽，這一點和新陳代謝理論的預測正好相反。

還有一點非常有趣，那就是人類絕對是哺乳動物中的異數。如果我們把人類的平均體重代入前文所說的那個公式的話，計算出來的結果是人類應該活不到 20 歲！換句話說，如果那個公式是正確的，那就意味着人類壽命已經遠遠超過了自然界所能允許的上限，恐怕很難再增長了。

還好這個理論現在已經被徹底否定了，因為該理論的基本假設是不正確的。從某種意義上說，這個理論假設生命體和一輛車一樣，都必須遵從熱力學第二定律（熵增定律），用得愈多磨損就愈多，壞得也就愈快。但是，生命是活的，和一輛車有着本質區別，這一點最早是被一位物理學家首先揭示出來的。1943 年，著名奧地利量子物理學家薛定諤在都柏林三一學院發表了一個題為「生命是甚麼？」的演講。在那次演講中，薛定諤首次提出生命最本質的特

徵就是能夠不斷地從外界獲得能量，以此來維持自己的負熵狀態。這個過程並不違反熱力學第二定律，因為生命本身不是封閉系統，它能夠把正熵作為廢物排出體外。

同樣拿車做個比喻。如果我們願意不計成本地修車，哪個部件壞了就換個新的上去，一輛車完全有可能永遠地開下去。生命就是這樣一輛車，只不過修車過程是靠自身的力量來完成的，無須借助外力，這就是生命和非生命最大的區別。

既然如此，為甚麼這個過程不能永久地持續下去呢？最早給出答案的同樣是兩位來自非生物界的科學家。一位是波蘭裔美籍核物理學家里奧．西拉德（Leo Szilard），他從原子核裂變的過程中得到啟發，認為關鍵就在於 DNA 的每一次複製都會產生少量誤差，這些誤差會隨着細胞分裂而被逐漸放大，整個過程和核裂變一樣都是指數增長的，總有一天會讓大部份基因失去功能，從而導致大量細胞死亡，生命系統就崩塌了。

這個理論本質上就是磨損理論的一個變種，只不過西拉德試圖用數學的方法證明這種磨損是無法修復的，因此也是無法避免的。可惜的是，西拉德低估了進化的力量。1978 年幹細胞被發現，生物學家們意識到組成人體的體細胞並不是按照一分為二、二分為四這樣的節奏分裂而來的，而是全都來自少數幹細胞。這些幹細胞平時被嚴密地保護了起來，其 DNA 很難發生磨損。一旦身體某處有需求，這些幹細胞就會發生分裂，產生出的後代被運送到指定地點，分化成特定功能的體細胞，去完成特定的任務。換句話說，西拉德理論本身是沒錯的，但生命進化出了幹細胞這樣一個巧妙的細胞擴增模式，有效地防止了西拉德理論所預言的系統崩塌。

另一位是美國化學家登海姆．哈曼（Denham Harman）。他本

來是研究放射化學的，在一次實驗中意外發現接觸過輻射的小鼠會未老先衰。他在研究這一現象的過程中逐漸意識到細胞內的線粒體同樣會產生大量具有氧化作用的自由基，其破壞力和放射性物質產生的高能粒子是類似的，兩者都會攻擊細胞中的有機大分子，包括蛋白質、核酸和脂肪等，最終導致細胞功能的喪失。1956 年，哈曼把這個自由基理論寫成一篇論文，發表後引起了轟動。這個理論和西拉德提出的那個理論一樣，聽起來都是毫無破綻的，很快就在學術界找到了很多擁躉，其中最著名的支持者當屬諾貝爾獎獲得者，美國化學家萊納斯·鮑林（Linus Pauling）。他對自由基理論深信不疑，每天都要吃下好幾勺維生素 C 藥片，希望這種具備一定抗氧化功能的維生素能夠幫助他健康長壽。最終他活了 93 歲，雖然可以說是相當長壽了，但也還算不上一個奇蹟。

如今這個自由基理論同樣遭到了質疑，無數實驗證明無論是食用大量具備抗氧化功能的蔬菜，還是服用抗氧化藥物都不能增壽，甚至反而會加速死亡。可惜這些實驗結果並沒有得到廣泛的傳播，市面上還能見到很多以「抗氧化」為賣點的保健食品在賣高價。

事實上，西拉德的那個理論同樣具有頑強的生命力，直到今天醫生們還會用「磨損」來解釋各種組織和器官的衰老。之所以會出現這種情況，其背後是有深刻原因的，後文將會做出解釋。

讀到這裏也許有些讀者會問，為甚麼提出長壽理論的都是物理學家或者化學家呢？長壽難道不應該首先是個生物學問題嗎？沒錯，長壽當然是個生物學問題，但這件事本身卻和生物學領域最不可撼動的進化論發生了衝突，導致生物學家們在很長一段時間裏都把長壽研究視為禁區，沒人敢碰。

諾貝爾獎獲得者、美國化學家萊納斯‧鮑林。

長壽研究與進化論

達爾文於 1859 年出版了《物種起源》，生物學從此進入了一個嶄新的時代。達爾文在這本書中幾乎沒有提及長壽的問題，一方面他老人家有更重要的問題需要解答，另一方面長壽這件事似乎和進化論有衝突。按照《物種起源》裏的説法，如果一個種群中有一個個體進化出了超長的壽命，那它豈不是會生下更多的長壽的後代？如此這般一代一代地傳下去，地球上肯定會充斥着長命百歲的生物，為甚麼這樣的事情沒有發生呢？

這個問題肯定有人提出來過，但當時的生物學家並沒有想出太好的解釋，只有一位名叫奧古斯特‧魏斯曼（August Weismann）的德國生物學家做過一次並不成功的嘗試。他在 19 世紀末提出過一個理論，認為地球上的所有生物都生活在一個激烈競爭的環境中，只要時間足夠長，每個生命個體都會因為各種艱難險阻而遍體鱗傷。於是大自然進化出了死亡，把這些羸弱的個體清除出去，好給新來的健康個體騰出位置。

仔細一想不難發現，這不是個很好的解釋，不但缺乏細節，而

且有一種循環論證的味道。因為他首先假設存在羸弱的個體，然而這個假設本身正是需要解釋的問題。魏斯曼本人顯然也意識到了自己的錯誤，他並沒有在這個問題上浪費太多的時間，提出這個理論後便轉身去做別的事情了。但大家千萬別因此而小瞧了這位魏斯曼先生，他被很多人認為是整個 19 世紀第二重要的生物學家，僅次於達爾文。正是他第一個意識到多細胞生物體內的所有細胞可以分成體細胞（somatic cell）和生殖細胞（germ cell）這兩大類，後者才是不朽的存在，前者只是為了促成後者的不朽而被進化出來的工具而已。從這個角度出發再來審視魏斯曼提出的這個長壽理論，就不難看出其真正的價值。這個理論雖然邏輯上存在漏洞，卻正確地指出了進化的實質，那就是生殖細胞的延續。相比之下，生命個體本身是不重要的，是可以被拋棄的。

自從魏斯曼提出這個理論後，時間又過去了半個世紀，在此期間生物學家們發現了基因，搞清了遺傳的基本規律，卻仍然沒人敢去研究一下長壽的奧秘。直到 1951 年，英國著名的免疫學家、諾貝爾獎獲得者彼得·梅達瓦（Peter Medawar）在倫敦大學學院所做的一次演講中才又一次觸及這個禁區。他指出，我們之所以會死，是因為當我們完成了繁殖後代的任務後，自然選擇就不再搭理我們了，任由我們老去。

具體來說，梅達瓦假設我們體內有兩組基因，一組在我們年輕時起作用，另一組只在我們年紀大時才起作用。如果前者出了問題，我們就留不下後代，因此大自然對於第一組基因所施加的選擇壓力是非常大的，其結果就是這些「年輕基因」的質量會愈來愈好，這就是我們年輕時身體都那麼好的原因。但當我們完成了繁殖後代的任務之後，再出甚麼毛病就無所謂了，也就是說在我們中年

之後，大自然給予我們的選擇壓力驟然減小，於是後一組「老年基因」的質量便每況愈下，最終導致我們衰老並死亡。

現在想來，梅達瓦提出的這套理論仍然問題多多，因為他事先假設我們有兩組基因，而且假定這兩組基因分別在年輕和年老時起作用，這是典型的循環論證。不過，這套理論首次把長壽和基因聯繫了起來，梅達瓦大膽地假設壽命很可能是由基因決定的，這一點和物理學家們提出的基於「磨損」的那兩個理論有着本質的區別。

由於梅達瓦是生物學領域的泰斗級人物，説話很有份量，因此在他發表那次演講之後的 30 多年裏，來自世界各地的生物學家們又陸續提出了很多假説，從細節上豐富了梅達瓦的基因理論，彌補了其中的不足之處。其中有三個假説得到的支持者最多，下面按照時間順序對這三個假説做一個簡要介紹。

第一個假説名叫「突變累積」（mutation accumulation），大意是説，在進化的過程中會出現很多基因突變，大部份突變都是不好的，注定會被自然選擇所淘汰，只不過淘汰的速率有所不同。那些特別壞的突變肯定很快就被淘汰掉了，但那些不那麼糟糕的基因突變淘汰起來就要慢得多，會在群體中保留一段時間，這就是生物進化必須付出的代價。在這些不那麼壞的基因當中，凡是影響生物發育早期性狀的壞基因肯定會最先被淘汰掉，因為它們影響了繁殖。但那些只影響中後期性狀的壞基因遇到的選擇壓力就會小一些，生命體來不及將其清除出去，就是它們導致了衰老和死亡。

第二個假説名叫「拮抗基因多效性」（antagonistic pleiotropy），這個假説的關鍵詞是「基因多效性」，意思是説有一類基因具備多種功能，年輕時能提高生育能力，年老時則會導致衰老和死亡。因為自然選擇只關心繁殖的效率，因此這樣的基因在進化上具備優

勢，很容易被選中。但當個體進入中老年之後，這些基因便顯示出不好的一面，最終導致個體死亡。

第三個假說名叫「可拋棄體細胞」（disposable soma），該假說的核心思想就是生物的可支配能量是有限的，繁殖需求肯定是排第一位的，這是自然選擇理論所導致的必然結果，於是其他需求就被犧牲掉了，比如保持身體永遠健康。顯然，這個假說的思想鼻祖就是魏斯曼，當初正是他提出為了保證生殖細胞的健康，體細胞是可以被犧牲掉的。

上述三個假說都有一定的道理，但也都存在一些無法解釋的問題，生物學家們為此爭論不休，誰也說服不了誰，畢竟這些假說尚處於紙上談兵的階段，誰也沒有拿出過硬的證據。最終大家一致認為，要想解決這個問題，必須找到能夠控制衰老和死亡的基因；但大家同時也相信，像衰老和死亡這樣的大事件肯定是由很多個基因所控制的，不可能找到一個能夠影響生物的壽命的單獨的基因。

但是，大自然很快就用事實告訴生物學家們：你們猜錯了。

長壽基因

「1988 年，加州大學爾灣分校的托馬斯·約翰遜（Thomas Johnson）博士發現了 Age-1 基因，能夠把線蟲的壽命增加 60%。」威爾丁博士對我說，「當時很多人都以為這是個孤立事件。沒想到 10 年後，也就是 1998 年，加州大學舊金山分校的辛西婭·肯揚（Cynthia Kenyon）博士又發現了 Def-2 基因，能夠把線蟲壽命增加一倍。後來她又在此基礎上做了進一步的突變篩選，竟然把線蟲的壽命提高了 10 倍！這個消息震驚了整個科學界，此前誰也沒有料

到單個基因突變竟然能有如此大的效力。」

於是，就在這個消息出來後的第二年，巴克研究所宣告成立。事實上，從 20 世紀末到 21 世紀初的那幾年時間裏，全世界湧現出了一大批專門研究長壽問題的研究所和高科技公司，大家從那個小小的線蟲身上看到了徹底改變人類命運的希望。

「20 世紀 80 年代之前沒人相信長壽基因的存在，全世界的生物學家們都認為不可能有任何基因能夠大幅度地延長壽命。Age-1、Def-2 和 Tor 等基因的發現徹底改變了大家對於這個問題的認識。」巴克研究所的研究員潘卡基·卡帕西（Pankaj Kapahi）博士對我說，「記得當時也有不少人認為這些長壽基因有可能只在線蟲身上有效，不適合高等生物，沒想到類似的同源基因很快就在果蠅和小鼠身上找到了，只是壽命增加的幅度不如線蟲那麼顯著而已。」

◤
巴克研究所的研究員潘卡基·卡帕西，他的主攻方向是果蠅的長壽基因。

卡帕西博士是英國著名生物學家托馬斯·柯克伍德（Thomas Kirkwood）的學生，後者正是「可拋棄體細胞」理論的奠基人。這個理論在很長一段時間裏都得不到大家的支持，原因就是找不到基因證據。事實上，前文提到的那三個長壽理論一直乏人問津，也是

因為沒有基因證據的支持。

「我研究長壽已經有 20 年了，記得 20 年前我剛入行的時候參加過一次長壽研討會，只來了不到 30 人。」卡帕西博士對我說，「可是，前兩天剛剛結束的灣區長壽大會居然有 350 人參加，創了紀錄。」

為甚麼會這樣呢？熟悉生物學研究現狀的人都知道，最近這半個世紀以來，生物領域幾乎被基因研究壟斷了，任何看起來很複雜的問題，只要發現了相應的基因，似乎立刻就能迎刃而解。反過來，任何一個缺乏基因證據的課題都很難獲得研究經費，因為大家都會覺得這樣的課題很難深入下去。長壽就是這樣一個課題，雖然它一直被認為是生物學皇冠上的那顆明珠，卻一直缺乏吸引力。就拿「可拋棄體細胞」理論來說，這一派的科學家們很早就猜測長壽很可能和能量的分配有關，卻始終找不到確鑿的基因證據，研究進行不下去。長壽基因的發現完美地提供了這樣的證據，因為目前研究過的大部份長壽基因都與新陳代謝的調控有關。

▲ 最常用的生物研究模式生物：果蠅。

於是，長壽研究終於熱鬧了起來。按照威爾丁博士的說法，目前整個長壽研究領域都是圍繞着這幾個長壽基因在做文章，大家都在試圖搞清這些基因的工作原理，然後想辦法轉移到人類身上。但

是，20 多年過去了，科學家們沮喪地發現，情況遠比他們想像的要複雜得多。

「目前長壽研究領域公認的世界紀錄是由線蟲保持的，科學家已將線蟲的壽命提高了 10 倍。」巴克研究所的另一位元老級研究員茱蒂絲・坎皮西（Judith Campisi）博士對我說，「但果蠅的最高紀錄只提高了兩倍，小鼠的最高紀錄更是只提高了大約 30%。換句話說，愈是高等的動物，能夠控制壽命的長壽基因數量就愈多，單個基因的作用就愈小。」

巴克研究所研究員茱蒂絲・坎皮西博士，她的主攻方向是衰老細胞。

最常用的生物研究模式生物：
秀麗隱桿線蟲

這裏所說的線蟲全名叫作「秀麗隱桿線蟲」（Caenorhabditis elegans），這是一種非常原始的模型動物，身體結構極為簡單，不但沒有肌肉和骨骼系統，也沒有免疫系統和幹細胞。事實上，成年

線蟲全身只有 959 個細胞，每個細胞的來龍去脈都已經被研究清楚了。正常情況下線蟲活不過三週，非常適合用來研究長壽問題，但很多超級長壽的線蟲都處於一種介於「活着」和「冬眠」之間的亞健康狀態，不少研究者認為這樣一種半死不活的狀態對於人類而言沒有參考價值。

但是，即使我們只比較那些活性和生殖能力均不受影響的線蟲，目前的長壽世界紀錄也已達到了正常壽命的 5 倍左右，也就是說科學家們只需引入幾個基因突變就能讓線蟲健康地生活 15 週以上，換算成人類的話就相當於活到 500 歲。如果這個目標真能在人身上實現的話，哪怕只有線蟲增壽效果的十分之一，那也是相當震撼了。可惜的是，這個領域至今也沒有拿出任何像樣的成果可以應用到人類身上。

在坎皮西博士看來，類似線蟲那樣的結果之所以很難在人類身上重複出來，原因就在於人是高等動物，而動物愈是高等，控制其生命過程的基因數量就愈多，每個基因的貢獻值也就愈少。「『拮抗基因多效性』理論的發明者麥克・羅斯（Michael Rose）博士曾經做過一個有趣的實驗，他採用人工方式篩選長壽果蠅，也就是每一代都只讓活得最長的果蠅交配產卵，如此簡單的過程只重複了 10 代就已經篩選出壽命延長一倍的長壽品種了。」坎皮西博士對我說，「當然我們不可能在人類身上做這種實驗，但我猜即使真的這麼做的話，至少也得花好幾萬年才能見效。我不相信人類基因組當中存在那種能夠大幅度增加壽命的所謂『主控基因』（master gene），如果真有的話，以我們現在的研究力度，應該早就發現它了。」

雖然暫時沒辦法讓人長壽，但威爾丁博士仍然野心勃勃。「我是去年 11 月走馬上任的，當上所長後我立刻制定了一個目標，那

就是加快臨床試驗的速度，盡快把我們從動物實驗中獲得的知識運用到人類身上。」威爾丁對我説，「只不過我們的目標不是讓少數人活得更長，而是讓多數人活得更健康。」

這句話值得仔細琢磨，它暗示長壽研究的重點已經從提高「絕對壽命」（life span）轉移到了提高「健康壽命」（health span）上來了。這個轉變並不都是科學家們主動為之，而是現實逼迫他們不得不這麼做，否則就拿不到科研經費了。

從長壽到健康

長壽研究在 20 世紀的絕大部份時間裏都不見起色，一個很大的原因就是這個領域的名聲被一些心懷鬼胎的人毀掉了。

各位讀者肯定都聽説過「民科」這個詞。由於一些歷史原因，中國的民間科學家多半集中在數學和理論物理領域，這些人的訴求以出名為主，想靠它發財的人不多。但西方國家的「民科」則以長壽領域最為多見，因為這個領域需求量很大，但真實效果卻又很難衡量，符合這兩個特徵的領域歷來就是騙子的最愛，長壽首當其衝。

歐洲很早就出現過號稱能讓人長命百歲的「老西醫」，現代醫學誕生後這類人仍然沒有消失，只是換了種方式，打着「科學」的旗號繼續行騙。他們普遍口才極佳，不少人還有正規大學的博士頭銜，所以説服了很多人為其捐款，其中不乏百萬富翁，於是追求長壽漸漸成了富人和異想天開者的代名詞。真正的科學家自然瞧不起這些人，把他們視為騙子，這導致很多國家級科研基金都拒絕為長壽研究撥款。

「對長壽的追求一直遭人歧視，被認為是富人的奢望，其實長壽應該是人類的共同願望，誰不想多活幾年啊？」卡帕西博士對我說，「100 年前一個人活到 70 歲就全村慶祝了，如今這樣的人滿大街都是，他們可不願意回到過去。」

威爾丁博士則從另一個角度解釋了社會上針對長壽研究的歧視態度到底是怎麼形成的：「很多人一想起長壽研究，腦子裏首先想到的就是一個富有的老頭子躺在病床上，一大堆醫生、護士運用各種高科技手段維持其生命。還有很多人聽説我是研究長壽的，立刻質問我説，地球上已經有太多人了，為甚麼還要去增加更多人口呢？在我看來，所有這些反對者都犯了同一個錯誤，那就是想當然地把老年人視為生活不能自理的病人，是全社會的累贅，其實這樣的景象同樣也不是我們的目標，我們關心的不是提高絕對壽命，而是如何延緩衰老，提高人類的健康壽命。」

據威爾丁博士介紹，近代生物學研究的一個主要成果就是大幅度提高了人類的壽命，其結果就是人類的平均壽命以每十年提高兩歲的速度在提升。也就是説，在過去的這一個世紀裏，人類的平均預期壽命從 40 多歲增加到了 60 多歲，大約增加了 20 年。但由於各種原因，人類的健康壽命卻只增加了 15 年。

「老年人的各項身體機能肯定不如年輕人，因此對於他們來説，健康的定義就是沒有任何能夠影響其正常生活的嚴重疾病，健康壽命的意思就是一個人能夠維持這樣的狀態多久。」威爾丁博士對我説，「目前美國超過 65 歲的人當中有一半患有至少一種嚴重的疾病，這是一種很不健康的狀態。」

在威爾丁博士看來，長壽研究的進步加上抗衰老研究的滯後，為人類社會創造了一個以前從來沒有過的全新的階層。這個階層的

人年齡在 65—85 歲，身體一直處於慢性病的折磨當中，活得相當痛苦。「我周圍經常見到這樣的人，65 歲得了第一次心臟病，開始服用他汀類藥物；兩年後又得了糖尿病，開始吃降糖藥；五年之後又得了阿爾茲海默症，生活逐漸不能自理，只能住進養老院，在痛苦中勉強活到了 85 歲。」威爾丁博士對我說，「目前全球超過 85 歲的人當中至少有一半患有阿爾茲海默症，他們全都需要有人照顧才能活下去。如果這種情況沒有改善，而人口平均預期壽命仍然以每十年增兩歲的速度在增加，那麼我們的醫療保健系統遲早會崩潰。」

這種局面顯然是誰也不願見到的，科學家們的目標就是想辦法扭轉局勢，不讓這種局面成為現實。要想做到這一點，首先就要減少老年病的發生。這裏所說的老年病不是指那種只有老年人才會得的病，而是指那些發病率隨着年齡的增長而大幅度增加的疾病，全稱應該叫作「與年齡有關的疾病」（age-related diseases）。最常見的老年病包括骨質疏鬆、白內障、老花眼、癌症、心血管疾病和阿爾茲海默症等，理論上年輕人也能得這些病，但發病率明顯要比老年人低得多。

巧的是，這份名單中的後三種病也是目前發達國家當中最難治癒、殺人最多的三大疾病。目前全世界絕大部份醫療科研經費全都花在這三大疾病身上了，科學家們雖然取得了一些局部的勝利，但距離成功還遠着呢。

為甚麼這三大疾病那麼難治？最根本的原因就是科學家目前還沒有找到任何辦法來解決這三大疾病的最大的致病因子。我們都知道抽煙、酗酒和過度暴曬會導致癌症，肥胖、高膽固醇和缺乏運動會導致心臟病，這些都是最為常見的致病因子，每一種因子都會增加癌症和心血管疾病的發病率。但是，目前公認的這三大疾病最大

的致病因子並不是以上這些，而是衰老。隨着一個人年齡的增加，這些病的發病率會成倍增長。比如，很多人認為高膽固醇是導致心臟病的罪魁禍首，但實際上年齡因素對於心臟病的「貢獻」是高膽固醇的 7 倍。

換個簡單的說法，如果你想知道一個人得心臟病、癌症或者阿爾茲海默症的概率有多大，那麼首先應該問一下這人的年齡，因為其他所有因素相對來說都是次要的。

問題在於，其他因素都是比較容易控制的，唯獨年齡沒有辦法。「現代醫學研究往往只關注單一疾病的防治，很少有人研究衰老問題，因為後者貌似是無法解決的。我們這個研究所的最大特點就是把衰老單獨拎出來作為一個課題來研究，爭取早日找到解決辦法，一次性降低所有老年病的發病率。」威爾丁博士對我說，「我不認為這個目標是不可能實現的，要知道，古代的新生兒死亡率那麼高，大家也是習以為常了，認為理應如此。當時的醫生也想不出解決辦法，因為每個嬰兒的死亡原因似乎都不一樣。最終法國微生物學家路易·巴斯德（Louis Pasteur）發現了病菌，一勞永逸地解決了這個問題。衰老問題與此類似，一旦有人找到了衰老的生理基礎，解決了這個問題，那麼人類的健康長壽就將成為新的常態。」

巴克研究所的幾位專家為我描繪了這樣一幅場景：在不遠的將來，每一個 90 歲的人身體都基本健康，不但生活完全能夠自理，還能為社會做貢獻。如果一個人仍然選擇 65 歲退休的話，他完全可以再去大學讀個學位，學習一門新的手藝，然後 70 歲時再找個新工作，快快樂樂地幹上 20 年。

「我們不是在談論衰老，而是在談論生活。」坎皮西總結道，「所以我想對所有那些熱愛生活的人說，你們一定要有信心，請繼

續保持良好的生活習慣，也許再過 20 年我們就把衰老這個難題攻克了。」

尾　聲

出生於 1908 年的瑟古德‧馬歇爾（Thurgood Marshall）是美國歷史上第一個黑人大法官，這個職位是終身制的，因此有人問他這輩子打算活多久，他回答説：「我希望自己能活到 110 歲，然後死於一個嫉妒心太盛的丈夫的槍下。」

可惜他於 1993 年因病去世，沒能實現自己的願望。長壽領域的研究者的目標不是幫助三五個億萬富翁活到 150 歲，而是幫助無數個像馬歇爾這樣的人健康地活到 100 歲。

抗擊衰老

長生不老是一個可望而不可即的目標，延緩衰老才是大多數人的希望所在。抗擊衰老是當前科學界的熱點領域，有一大批新的研究成果值得詳細介紹。

餓治百病

洛杉磯是美國西部最大的城市，著名的南加州大學（USC）就建在洛杉磯市中心。這所大學早在 1975 年就成立了倫納德·戴維斯老年學院（Leonard Davis School of Gerontology），專門研究和老年人有關的課題。這是全球所有大學當中開設的第一個老年學院，在老年學領域享有很高的威望，我的「人類長壽探秘之旅」的第二站就從這裏開始。

這所學院匯集了老年學研究領域的好幾位國際知名學者，可惜我最想採訪的沃爾特·朗格（Valter Longo）教授正好去國外講學，沒有碰上。不過我採訪到了在他實驗室工作的來自中國的助理教授衛敏博士，間接地了解了他近期的工作方向。

朗格教授的研究課題很簡單，那就是如何通過控制飲食來延緩衰老。這個課題始於 20 世紀 30 年代初期，那時美國剛剛經歷了大蕭條時代，很多人吃不飽肚子。一家美國私人基金會委託康奈爾大學的克萊夫·麥基（Clive McKay）博士研究一下飢餓會不會影響青少年發育，麥基博士當然不敢直接拿人來做實驗，所以他選擇了同為哺乳動物的小鼠。

南加州大學倫納德·戴維斯老年學院的沃爾特·朗格教授，他的主攻方向是營養與衰老。

因為掌握不好節食的力度，研究初期很多小鼠被活活餓死了。經過一番試驗，麥基發現在保證基本的蛋白質和維生素供應的前提下，如果將卡路里減少到正常水平的 50%—70%，小鼠是不會餓死的，其發育過程也不會停止，只是速度略緩而已。

但是，接下來的事情讓麥基大吃一驚。挨餓的小鼠居然活得比對照組還要長，平均壽命延長了將近 30%。不但如此，挨餓小鼠看上去活力十足，各項生理指標普遍都比對照組好很多，糖尿病、心臟病和癌症的發病率也都下降了不少。總之一句話，適當的飢餓似乎延緩了小鼠的衰老速度，吃得少反而活得更好了。

這個看似違反常識的結論遭到了不少人的指責，反對者認為麥基博士肯定是搞錯了數據，把實驗組和對照組弄反了。麥基教授自己也有些疑惑，沒有繼續深究下去，於是這件事便逐漸被人遺忘了。

在此期間長壽研究仍在繼續，來自世界各地的「民科」們提出過各式各樣的長壽建議，最終都被證明是錯誤的。事實上，如果只統計治療方案的數量的話，衰老很可能是天底下最容易治的病。我們每個人肯定都知道好幾個長壽秘方，它們聽上去全都很有道理，報紙雜誌上的健康專欄每隔幾天就會發佈一條抗衰老小貼士，每一

條聽起來似乎都無懈可擊，但實際上沒有一條建議經得起科學實驗的檢驗，它們全都失敗了。

20世紀80年代，又有人想起了半個世紀前的那個小鼠實驗，決定再試試這個飢餓療法。這一次研究人員嘗試了酵母、線蟲和果蠅，發現效果很好，適當的飢餓不但能夠延長壽命，還能延緩衰老。之後研究人員又用更高級的猴子做實驗，因為猴子的平均壽命較長，這項實驗並沒有完成，飢餓是否能延壽還不好說，但起碼已有的實驗數據表明適當的飢餓確實能讓年老的猴子身體更健康，抗衰老的功效似乎是坐實了。

雖然猴子和人在進化上已經十分接近了，但科學家們仍然表現得十分謹慎，畢竟動物的生活環境和人類相差太遠，動物實驗極為成功而人類實驗卻慘遭失敗的案例發生過太多次了。

「我們圈子裏有個笑話，大意是說癌症、糖尿病和阿爾茲海默症這些疑難雜症其實很容易對付，我們每天都能治好很多次，只不過是在實驗動物身上。」專攻衰老研究的巴克研究所資深研究員戈登·李斯高（Gordon Lithgow）博士在採訪中對我說，「抗衰老研究也是如此，比如我們實驗室就找到了很多能夠延長線蟲壽命的方法，但至今沒有一樣能夠應用到人類身上，因為關於人類的研究太難做了，成本過高，風險又太大，這方面的投資嚴重不足。」

李斯高和他的妻子朱莉·安德森（Julie Anderson）博士目前都在巴克研究所工作，兩人試圖通過研究線蟲的長壽機理，找到延緩衰老的小分子化合物，然後將其製成藥。目前兩人已經發現了好幾個這樣的化合物，卻苦於找不到投資，沒法進行人體試驗。

事實上，即使找到投資也很困難，畢竟科學家不能像對待實驗動物那樣對待人類受試者，因此關於人類的研究只能間接地進行，

▲ 巴克研究所研究員戈登‧李斯高和妻子朱莉‧安德森，
兩人的主攻方向是線蟲的長壽基因。

不但難度要大得多，而且實驗設計也更加困難，不容易出高質量的
結果。比如這個飢餓療法就很難找到甘願充當小白鼠的人類志願
者，只能去尋找間接證據。有人曾經指出，日本沖繩地區的人均壽
命比日本本土高好幾歲，原因很可能是沖繩人的食量要比日本本土
少 30%。但是這個差別也可能是因為沖繩地區空氣清新，生活壓力
小，或者因為沖繩人飲食當中包含大量魚類，等等。總之這類研究
如果沒有設置嚴格的對照組，是很難得出可信的結論的。

　　1991 年，一次意外事故讓事情有了轉機。那一年美國航空航天
局（NASA）在亞利桑那州的沙漠中建了一座「生物圈 2 號」，8 名
「宇航員」將在其中生活兩年，嘗試過一種完全自給自足的生活。
其中一位隨隊醫生名叫羅伊‧沃爾福德（Roy Walford），他當時的
另一個身份是加州大學洛杉磯分校（UCLA）的一名老年學研究者，
而且正好對飢餓療法很感興趣，已經在自己身上試驗了 10 多年，
自我感覺良好。不幸的是，或者說幸運的是，「生物圈 2 號」的氣
候控制系統出了問題，導致糧食產量遠遠達不到預期，8 名成員每
天只能攝入 1,500 大卡的熱量，比正常值低 30%。這 8 人沒有其他
選擇，只能堅持下去。沃爾福德就這樣獲得了一個老天賜予的絕佳

機會，對這 8 個人（包括他自己）跟蹤觀察了兩年，結果再次表明飢餓療法相當有效，這 8 人不但身體健康，而且各項指標全都向好的方向轉變，大家似乎都變年輕了。

嚴格來說，這也不是一個高質量的研究，但這件自帶光環的意外事件引發了媒體的廣泛關注，並再一次把飢餓療法推到了前台。這個療法的科學名稱叫作「卡路里限制飲食法」（Calorie Restriction Diet），顧名思義，此法只是把飲食中的總熱量限制在正常值的 60%—80% 左右，大致相當於一個成年人每日攝入 1,500 大卡左右的熱量，而不是標準的 2,100 大卡。但是此法對營養成份的搭配要求比較高，蛋白質、脂肪、維生素和其他微量元素都不能缺，否則是無效的。

既然各種營養成份都不能缺，因此飢餓療法只能在減少能量的主要提供者——碳水化合物上面做文章。有人將飢餓療法等同於限制碳水化合物的「阿特金斯飲食法」（Atkins Diet），雖然不完全準確，但大致不差。兩者的不同之處在於阿特金斯飲食法只對碳水化合物有所限制，但飢餓療法還對總熱量有嚴格的限定，實行起來比阿特金斯飲食法更加困難。

我採訪過的所有長壽專家都告訴我，飢餓療法是目前唯一確信能夠延緩衰老的辦法，其他所有方法都不確定，有待進一步研究。「我參加過很多次抗衰老學術研討會，發現了一個有趣的現象。」巴克研究所所長埃里克·威爾丁博士對我說，「參加會議的很多學者在吃午餐的時候如果點的是漢堡包，一定會把麵包扔在一邊，只吃夾在裏面的肉餅、奶酪和蔬菜。」威爾丁博士向我承認，他自己也是這麼做的，因為他本人就是飢餓療法的擁躉。

不過，這個方法對於常人而言是很難堅持下去的，因為它太違

反人性了。「據我所知，有一個針對飢餓療法的人體試驗已經連續進行了 15 年，據說受試者的各項生理指標都要比正常人好很多，唯一的壞處就是這些人全都在吃抗抑鬱藥。」南加州大學老年學院的助理教授貝蕾妮絲・貝納永（Berenice Benayoun）博士對我說，「吃飯是生命的基礎。食物就是天底下最厲害的毒品，我們的大腦被進化成永遠需要吃飽才能高興的狀態，如果一個人每天都只能吃六成飽，肯定不會開心。」

顯然，如果減緩衰老的代價只能是抑鬱症的話，這個方法效果再好也肯定是行不通的。朗格教授當然明白這一點，於是他試圖發明一個折衷方案，既能享受到飢餓療法帶來的好處，又不用太辛苦。經過一番嘗試，他找到了，這就是輕斷食。

顧名思義，所謂輕斷食就是不必堅持長時間節食，而是階段性地減少飲食中包含的卡路里。朗格認為階段性飢餓產生的好處會被身體記住，同樣能夠帶來長壽的效果。

為了驗證自己的想法，朗格教授先在酵母中做了一系列實驗，證明輕斷食確實有效。然後他又拿小鼠做實驗，專門為小鼠設計了一套特殊的進食程序，平時隨便吃，但每兩個月抽出 4 天時間嘗試輕斷食，即每日攝入的卡路里總量只相當於平均值的三分之一到一半。食物的成份也經過了嚴格細緻的搭配，保證碳水化合物、蛋白質、脂肪和微量元素一樣不缺。結果表明，即使從中年開始輕斷食，小鼠的平均壽命仍然會有所增加，同時健康狀況也會有明顯的改善，腹部脂肪減少了，癌症的發病率降低了，免疫系統強健了，骨密度也提高了，甚至連皮膚都變好了。

這篇論文發表在 2015 年 6 月 18 日出版的《細胞》雜誌的子刊《新陳代謝》（Cell Metabolism）上，一經發表立刻在全世界引起了

強烈反響。之後，朗格教授又招募了一批志願者，開始在人身上試驗飢餓療法。試驗進行了 3 個月，志願者每個月 5 天輕斷食，只吃他專門配製的營養配方，3 個月後測量他們的血壓、血糖和膽固醇等健康指標，結果都有明顯好轉。於是他趁熱打鐵，創立了一家名為 ProLon 的保健品公司，在網上銷售這種營養配方。據說購買者只需每年進行 6—12 次輕斷食，每次持續 5 天，每天只吃 ProLon 配方，就能在不那麼飢餓的情況下享受飢餓療法帶來的各種好處。

必須指出，這個營養配方並沒有經過嚴格的臨床試驗的檢驗，因為這不是藥，只是若干常見食品的一種特殊搭配而已，不需要 FDA 批准就可以上市。如果各位讀者去搜一下「健康食品」，你會發現市面上有好多這樣的產品在銷售，價格遠高於食品本身的生產成本，你是否願意購買就要看你對於產品背後的理念是否認同了。

模擬大自然

朗格發明的這個 ProLon 營養配方還有很多競爭者，它們有個統一的名稱，叫作「禁食模擬飲食法」（Fast-mimicking Diet）。意思是說，既然飢餓療法是唯一被證明可以減緩衰老的方法，此法本身難度又太大，普通人不易掌握，那就想辦法模擬禁食的效果，同時降低執行難度，好讓消費者更容易接受。

要想達到這個目的，就必須首先找到飢餓療法的作用原理，然後才能做到揚長避短。比如朗格發明的這種飲食法，一年算下來使用者攝取的卡路里總數並不比普通人少，但朗格認為飢餓療法的成功關鍵並不是總的卡路里攝入量，而是飢餓感，他相信飢餓感能夠導致使用者體內發生一系列有益的化學變化，這才是延緩衰老的原

因所在。

如果你相信這個説法，那麼曾經流行過一陣子的「少食多餐」飲食法就不對了。這個方法的提倡者相信飢餓療法的關鍵在於卡路里的總攝入量，因此要想達到少吃而又不那麼餓的效果，此法建議大家餓了就吃，但每次都只吃一點點，只要能幫助自己熬過最難受的階段就行了。

威爾丁博士非常反對這個「少食多餐」飲食法，因為他自己也相信飢餓感才是關鍵所在。他向我介紹了一個動物實驗，是由著名的索克研究所（Salk Institute）做的。研究人員把同樣的垃圾食品按照不同的方式餵給小鼠，結果發現有一種方式效果最好，那就是每天只有 8 個小時的時間吃飯，其餘 16 小時不提供任何食品，讓小鼠餓肚子。對應於人的話，此法就相當於每天只吃兩頓飯，正餐之間不吃任何零食。

不但飢餓感很重要，威爾丁博士認為飲食中的營養成份比例也非常重要，比如朗格的 ProLon 營養配方就很符合威爾丁的口味，這裏面除了各種維生素之外，只有極小量的碳水化合物，蛋白質也是剛好夠用，其餘熱量大都來自植物油。熟悉營養學的人都知道，這就是最近非常流行的生酮飲食法（Ketogenic Diet）。

顧名思義，生酮飲食法就是能夠生成酮體（Ketone Body）的飲食方式。正常情況下，人體所消耗的能量主要來自食物中的碳水化合物，後者經過簡單消化後就會轉變為葡萄糖，這是效率最高的能量來源，多數情況下都會被優先使用。一旦葡萄糖被用光了，人就會感到飢餓，此時身體就會開始消化脂肪，酮體就是脂肪在肝臟中被氧化分解的中間產物，包括乙醯乙酸（IUPAC）、β-羥基丁酸和丙酮這三種小分子化合物。也就是說，當一個人開始飢餓療法

時，他的血液中一定會有較高濃度的酮體，威爾丁博士認為，這就是飢餓療法之所以有效的重要原因。

為了模擬這種狀態，飲食中就不能含有碳水化合物，蛋白質也不能太多，剩下的唯一選擇就是脂肪了，這就是 ProLon 營養配方背後的科學根據。愈來愈多的證據支持這個思路。2017 年 9 月 5 日出版的《新陳代謝》雜誌上又刊登了三篇論文，證明生酮飲食法起碼在小鼠身上是有效果的，不但能夠延長小鼠的平均壽命、延緩衰老的速度，甚至還能抑制癌細胞的生長。

後者值得多說一句。前文提到，朗格教授曾經做過 3 個月的人體試驗，證明輕斷食很有效。但是，根據美國的法律，拿健康人來做試驗費用太昂貴了，於是朗格改用癌症病人來做試驗，結果卻意外地發現飢餓療法可以讓癌細胞對化療藥物更敏感。於是朗格教授改變了研究方向，目前正在和南加州大學附屬醫學院合作，看看能否將飢餓療法用在癌症病人身上。目前該項研究仍在進行當中，讓我們拭目以待。

除此以外，飢餓療法還對治療糖尿病有幫助。2017 年 12 月 5 日出版的《柳葉刀》雜誌刊登了一篇論文，作者發現飢餓療法能夠治癒高達九成的 II 型糖尿病，甚至那些已經患病 6 年的糖尿病人都能治好了。根據最新統計，中國目前有超過一億糖尿病人，其中絕大部份都是 II 型糖尿病。要知道，20 世紀 80 年代時中國的糖尿病患者人數僅佔總人口的 0.7%，經濟發展導致的營養過剩絕對是糖尿病高發的主要原因。

南加州大學倫納德・戴維斯老年學院院長平查斯・科恩博士

　　需要提醒大家的是，飢餓療法的功效在科學界尚有一定的爭議，並不是所有人都認同這個理念。另外需要注意的是，也不是所有人都適合飢餓療法，尤其是生酮飲食法，對於某些特殊體質的人會產生嚴重的副作用，所以威爾丁博士建議那些對飢餓療法感興趣的人先去諮詢一下醫生再做決定。

　　事實上，隨着研究範圍的擴大，就連針對實驗動物的飢餓療法都不一定管用了。比如目前已經完成的兩個用猴子做的實驗就得出了矛盾的結果，一個有效，一個無效。

　　「我們系的一位研究人員曾經用 40 個不同品系的小鼠試過飢餓療法，發現這個方法對於某些品系的小鼠來說沒有效果，甚至還有一些品系的小鼠死得更早了。這個結果說明飢餓療法並不是萬能的，因為每個人都有自己的特殊情況，不能一概而論。」南加州大學老年學院院長平查斯・科恩（Pinchas Cohen）博士對我說，「只有一點我能肯定，那就是目前發達國家有 90% 的人都超重了，所以少吃一點在大多數情況下應該都是好的。但有些人本來就不胖，如果節食太過份的話不一定是好事。」

威爾丁博士從另一個角度證實了這個說法：「我們研究所曾經試驗過 180 個不同品系的果蠅，發現飢餓療法不一定都有效，所以我決定從機理入手，嘗試將人工合成的酮體製成藥物，直接模擬飢餓療法在體內的效果。我們正在做人體試驗，如果成功的話大家就不必都餓肚子了，只要吃一片藥就可以享受到飢餓療法帶來的好處。」

威爾丁博士的做法代表了長壽研究領域的未來趨勢，那就是通過研究飢餓療法的作用機理，找到能夠直接起作用的小分子化合物，然後將其製成長壽藥。這麼做有兩個好處：一來，只有賣藥才能掙大錢，光靠賣營養配方是發不了大財的，因此這個領域吸引了大筆投資，研究經費應該不成問題；二來，人類是一種意志力極為薄弱的高等動物，大家都知道鍛煉、節食和戒煙能夠延緩衰老，但很多人卻連這三條最基本的要求都做不到。人類需要的不是那種需要極強自制力的生活方式建議，而是一種神奇藥片，只要按時服用就能延年益壽。

流行一時的抗氧化

飢餓療法為甚麼能延年益壽呢？關於這個問題曾經出現過兩套理論，早些年提出的一套理論認為，飢餓療法降低了新陳代謝的速率，減少了細胞內的自由基，後者正是導致衰老的罪魁禍首。這個自由基理論最早是由物理學家提出來的衰老假說，與生命的新陳代謝機制有很大關係。新陳代謝是生命的核心，氧氣則是這一過程的主角。這是一種化學性質極為活躍的氣體，它最擅長做的事情就是從其他分子那裏奪取電子，這個過程被稱為「氧化」（oxidation）。

我們吃進去的食物當中含有很多富含能量的有機化合物，主要成份就是碳和氫，氧氣會從這些有機大分子中奪走電子，並在這一過程中釋放能量供人體使用。失去了電子的碳原子和氫原子則會分別和氧原子結合，變成二氧化碳和水，這在化學術語中被稱作「還原」（reduction）。氧化和還原一定是成對出現的，屬於一枚硬幣的正反兩面，所以經常被合起來說，稱之為「氧化還原反應」（英文簡寫為 redox）。

自然界中最直觀的氧化還原反應就是鐵器的生鏽。這是個緩慢而又堅定的過程，只要是暴露在空氣中的鐵器，早晚會因生鏽而腐朽。自由基理論的擁躉最喜歡用生鏽來比喻衰老的過程，暗示生命和生鐵一樣，無論如何小心保養，總有生鏽的那一天。

這件事還被賦予了某種哲學意義，因為氧氣絕對是人類最好的朋友，我們一刻也離不開它，但最終害死我們的卻正是這位好友，這個想法很有一種宿命論的味道。這件事還有一個科學術語，叫作「氧氣悖論」（oxygen paradox），大意是說，氧化還原反應是生命的能量之源，但生命最終卻會毀於氧化還原反應之手。

氧氣究竟是如何害人的呢？這就要從氧化還原反應的機理說起。在所有真核生物中，這個氧化還原反應主要發生在線粒體內，所以說線粒體是真核細胞的能量來源，其重要性一點也不亞於細胞核裏的 DNA。氧化還原反應的過程非常複雜，很多步驟都像是在走鋼絲，稍有不慎就會出岔子。線粒體是專門進化出來幹這個的，其效率已經高到科學家至今都無法在試管裏模仿出來的程度了，但即便如此仍然會發生誤差，導致氧化還原反應的效率降低，食物分子中的電子沒有被氧氣抓牢，從線粒體中跑了出來，這就是自由基（free radical）。

　　自由基是一種破壞力極強的負離子，對 DNA、蛋白質和細胞膜的傷害非常大，所以線粒體一定會盡全力不讓自由基跑出來。但是，線粒體本身也是有 DNA 的，線粒體 DNA 的複製精度不如核 DNA 那麼高，隨着年齡的增長，線粒體累積的有害突變會愈來愈多，導致其工作效率逐年下降，於是自由基早晚會被洩漏出來，對細胞產生傷害，衰老就是這麼發生的。

　　面對自由基的攻擊，細胞當然也不會束手就擒，大自然早就進化出了一整套防禦機制，就等我們去發現了。1969 年，科學家們找到了第一個具有抗氧化功能的酶，能夠幫助細胞抵抗自由基的攻擊，這就是大名鼎鼎的超氧化物歧化酶（SOD）。後續研究顯示，這種酶的活性和衰老程度密切相關，如果人為地提高 SOD 的活性，就能延長線蟲和果蠅的壽命。

　　這一發現讓自由基學派更加堅信自己是對的，投入了更多的精力去尋找抗氧化物質。很快他們就又發現了好幾種具備抗氧化功能的蛋白酶，比如過氧化氫酶和谷胱甘肽過氧化物酶等，以及一些同樣具有抗氧化功效的小分子化合物，包括胡蘿蔔素、維生素 C 和維生素 E 等。但是，在小鼠身上進行的實驗卻讓人大失所望，所有這些抗氧化劑沒有一樣能夠延緩小鼠的衰老速度，甚至有相當一部份實驗證明過量服用抗氧化劑反而對小鼠有害。

　　值得深思的是，這一系列失敗的科學實驗並沒有改變大眾對於抗氧化劑的熱情。由於前期鋪天蓋地的宣傳，自由基有害論已經深入人心了，這樣一種從道理上講簡直無懈可擊的理論怎麼可能是錯誤的呢？於是前文提到過的那些抗氧化劑仍然被製藥廠製成了藥片，貼上延緩衰老的標籤，繼續陳列在保健品櫃檯上的顯要位置。為了幫助那些不喜歡吃藥的人，各國媒體又都盡職盡責地列出了抗

氧化物含量較高的食物名單，像藍莓、草莓、橘子、西蘭花和洋葱等水果和蔬菜都被包裝成能夠延緩衰老的保健食品，獲得了不俗的銷量。

　　其實稍微懂點生物化學基礎知識的人都知道，酶是蛋白質，一旦進入消化系統後就會立刻被降解，根本無法進入血液循環，因此酶製劑是不能做成口服藥的，市面上賣的 SOD 藥片都是騙人的玩意兒。維生素之類的小分子化合物倒是可以被消化系統所吸收，但其抗衰老功效卻從來沒有被證明過，商家不能以此為賣點欺騙消費者。當然了，水果和蔬菜中含有很多對人體有益的化合物，多吃點倒也無妨，所以科學界普遍採取睜一隻眼閉一隻眼的態度，使得這股風潮持續流行了很多年。好在隨着研究的深入以及新一代科普作家們的宣傳，這股抗氧化風潮在國外漸漸平息了下去。但由於信息的閉塞，至今仍然有不少國內媒體和廠家還在拿自由基説事，欺騙那些接觸不到最新科技信息的中國老百姓繼續購買抗氧化產品。

　　這個故事充份説明，任何一種科學理論，哪怕聽上去多麼有道理，如果沒有經過嚴格的科學實驗的檢驗，仍然有可能是錯誤的。

　　後續研究表明，抗氧化理論本身其實也是有漏洞的。曾經有人測量過線蟲和酵母菌在飢餓狀態下的新陳代謝速率，發現和正常狀態沒有區別，甚至還要更快一些。另外，還有人測量了不同年齡的細胞內的自由基數量，發現也沒有太大差異，這兩個實驗證明自由基理論是無法解釋衰老的原因的。又有人對比過不同年齡的人體細胞在體外培養皿裏對抗自由基的能力，發現那些從年輕人身上取下來的細胞比從老年人身上取下來的細胞要健康得多，説明兩者之間的差別不是環境自由基數量的多寡，而是對自由基的耐受能力。

　　換句話説，自由基很可能不是衰老的原因，而是衰老的結果。

幻想用抗氧化劑來對抗衰老，充其量也只是一種治標不治本的方法而已，很難奏效。更何況研究發現自由基還有其他重要用途，限制自由基的正常釋放反而相當於加速了衰老，這個問題留待後文詳細解釋。

壓力之下的應對

關於飢餓療法還有第二個理論，這就是前文提到過的「可拋棄體細胞」理論。該理論假定新陳代謝的速率是有上限的，生命所能利用的能量同樣也是有上限的，而生命最需要能量的地方有兩個，一個是細胞的日常維護和更新，另一個就是繁殖下一代。根據進化論，繁殖後代是所有生命的第一要務，所以如果一切條件都很完美的話，生物肯定會把主要精力放在繁殖上。但是，如果環境條件不好，比如過熱、過冷、缺水、少糧，那麼最合理的對策就是暫時放棄繁殖的打算，把能量全部用於自身的維護，盡力先讓自己活下來，待情況有好轉了再考慮繁殖不遲。

上述過程應該是由基因來控制的，前文提到過的那些能夠影響線蟲壽命的基因基本上都是這一類。哈佛大學的大衛‧辛克萊爾（David Sinclair）教授一直致力於尋找這樣的基因，他相信自然條件下最常見的環境壓力應該就是食物短缺，因此他把目光放在了新陳代謝的通路上。最終他找到了去乙醯化酶（sirtuin），這是一個在進化上非常保守的酶，從酵母到人類身上都有，這一點說明它很重要。研究發現這種酶很像是生物應對環境壓力的總開關，一旦發現情況不對，生物會立即啟動這個酶，宣佈進入緊急狀態。此時的細胞會大幅度提高新陳代謝效率，減少浪費，並停止細胞分裂，把工

作重心轉移到延年益壽上來。

辛克萊爾認為，飢餓療法之所以有效，就是因為飢餓模擬了環境壓力，誘使細胞啟動了去乙醯化酶通路。如果想在細胞層面模擬這個過程，就必須從大自然中尋找到能夠激活去乙醯化酶的小分子化合物。2006 年，辛克萊爾宣佈找到了一個候選者，這就是大名鼎鼎的白藜蘆醇（resveratrol）。這是植物在遭遇環境壓力時自發分泌的一種化合物，初步研究顯示它確實能激活去乙醯化酶，而且也能幫助酵母、線蟲和果蠅抗衰老。

這個消息一經公佈立刻引起了媒體的關注，因為白藜蘆醇是紅葡萄酒中的一種主要成份。葡萄酒商如獲至寶，馬上在廣告文案中把這個故事寫了進去。很多來自歐洲的人瑞們也聲稱，自己之所以長壽就是因為平時愛喝紅酒。

但是，和上一個故事一樣，當有人試圖在小鼠中重複這個實驗時，卻失敗了。白藜蘆醇並不能增加小鼠的壽命，也不能幫助小鼠抵抗衰老。後來又有人發現，白藜蘆醇本身並不能激活去乙醯化酶，這很可能是一個實驗誤差。最終給白藜蘆醇致命一擊的是美國康涅狄格大學的印度裔教授迪帕克·達斯（Dipak Das）。此人專門研究白藜蘆醇，一共發表了 150 篇關於這種神奇物質的論文，但後人發現其中大部份論文都存在偽造數據的嫌疑，最終全被撤稿了。

和上一個故事一樣，如今國內仍然有不少人宣稱白藜蘆醇是長壽藥。這些人要麼是紅酒經銷商，要麼是保健品生產廠家，存在嚴重的利益衝突，但他們搬出來為自己站台的名人都是像辛克萊爾和達斯這樣的名牌大學教授，所以仍然有很多人信以為真。

白藜蘆醇的神話雖然破滅了，但「可拋棄體細胞」理論並沒有被拋棄。2009 年，又有一個據説能夠調節新陳代謝效率的小分子化

合物被發現了，其發現過程甚至比白藜蘆醇還要神奇。

這個故事要從 1964 年開始講起。那一年有一群加拿大科學家乘船來到位於南太平洋正中間的復活節島，採集了一大批土壤樣本帶回去研究，從中發現了一種能夠抑制真菌生長的全新抗生素。復活節島土語將其稱為 Rapa Nui，因此科學家們將這種新型抗生素命名為 rapamycin，中文譯名雷帕黴素。這種新型抗生素不但能殺真菌，還能抑制免疫系統的活性，因此一直被用於剛剛接受了器官移植的病人，以減少他們體內的免疫排斥反應。

1993 年，雷帕黴素的靶點被找到了。這是一種蛋白激酶，具體功能不詳，因此被簡單地命名為「雷帕黴素的靶子」（Target of Rapamycin，簡稱 TOR）。當 TOR 蛋白遇到雷帕黴素後，其活性便被抑制住了。

2001 年，朗格教授在做酵母實驗時忘記添加營養品了，度假歸來後他發現飢餓的酵母菌反而活得更長了，這個意外事件促使他開始研究飢餓療法的生化機制，最終他驚訝地發現關鍵之處就是這個 TOR 蛋白，它的作用相當於營養探測器，負責感知周圍環境裏的營養物質是否豐富，然後根據探得的信息指導酵母細胞做出相應的反應。

具體來說，當環境營養豐富時，酵母菌的 TOR 基因便被打開，隨即觸發了一系列生化反應，讓酵母菌準備進行細胞分裂，繁殖後代。當環境營養不足時，TOR 基因便被關閉，促使酵母菌進入「長壽」狀態，即停止分裂，韜光養晦，靜待環境好轉。

朗格用雷帕黴素處理酵母菌，果然發現酵母菌即使在營養豐富的情況下也會進入長壽狀態。這個結果讓朗格興奮不已，他相信自己找到了一種小分子化合物，能夠特異性地抑制 TOR 基因，模擬

飢餓療法所產生的效果。此後進行的小鼠實驗更加讓人激動，雷帕黴素真的延長了小鼠的壽命，而且讓小鼠變得更健康了。這是人類發現的第一種能夠延長哺乳動物壽命的小分子化合物。相關論文在2009年出版的《自然》雜誌上發表後立刻引發了媒體的狂歡，大家相信長壽藥就快要被發明出來了。

不過，一些清醒人士指出，雷帕黴素的副作用會嚴重妨礙它的普及，比如它能降低免疫系統的活性，還能讓某些雄性小鼠睾丸縮小，這兩種副作用對於器官移植病人或者癌症患者來說不算甚麼大問題，但對於一個只是想要長壽的健康人來說恐怕就沒那麼容易接受了。

於是，很多實驗室又開始尋找更好的飢餓療法替代品，希望能減少甚至避免雷帕黴素帶來的副作用。比如科恩院長自己的實驗室就找到了兩個潛在的化合物，一個可以模擬飢餓療法的功效，另一個可以模擬體育鍛煉的好處。這些化合物的作用機理全都是類似的，都是希望通過模擬身體中已有的小分子化合物，「欺騙」身體相信自己是在挨餓或者正在鍛煉，以此來達到抗衰老的目的。

這個「模擬大自然」的思路甚至還擴展到了其他領域。比如，有幾家實驗室正在尋找模擬女性激素的化合物，因為他們相信女人之所以比男人活得長，是因為女性體內的某種性激素導致了這一結果，只要設法找到真正起作用的那個性激素，再想辦法消除它的副作用，就有可能變成一種專門為男性顧客服務的抗衰老藥。

上述實驗室的思路都離不開「模擬」二字，他們希望通過模擬已經被證明有效的長壽法（比如飢餓療法或者女性性別）來達到抗衰老的目的。與此同時，也有人另闢蹊徑，試圖尋找全新的抗衰老機理。

衰老細胞理論

2011 年出版的《自然》雜誌刊登了一篇重磅論文，主要作者是美國著名的私立醫院梅奧診所（Mayo Clinic）的伊安·范德森（Jan van Deursen）教授，他在文章中提出了一個全新的理論，認為「衰老細胞」（senescent cells）是導致多細胞生物衰老的罪魁禍首。

這裏所説的「衰老細胞」指的是一種失去了分裂能力，卻沒有死的細胞。人體內幾乎所有的組織都有這樣的細胞，科學家也早就知道了它們的存在，卻一直不明白它們到底有何危害。范德森教授通過基因工程的方法培育出了一種轉基因小鼠，其體內的細胞被轉入了一種自殺基因。一旦健康細胞變為衰老細胞，這個基因就會被打開，但這個自殺過程並不會立刻開始，必須接觸某種藥物後才會啟動。這個巧妙的設計相當於為衰老實驗找到了一個對照組，研究人員可以輕鬆地控制衰老細胞的數量，通過對比發現它們的危害。

研究結果顯示，凡是吃了這種藥物（因此殺死了所有的衰老細胞）的轉基因小鼠，其衰老過程全都被顯著地延緩了，這些小鼠不再患有白內障，伴隨着老齡化而出現的肌肉萎縮現象也得到了很大的緩解。更有趣的是，這些小鼠的皮下脂肪層也不會因為上了年紀而變薄，這就減少了皺紋，使得牠們看起來更加年輕了。

這篇論文發表後引起了轟動，因為這是一個不屬於新陳代謝範疇的衰老新理論。全世界很多研究機構立即跟進，其中就包括巴克研究所的茱蒂絲·坎皮西博士。「我們實驗室把研究重點放在癌症上，因為我們發現衰老細胞和癌症有着非常密切的關係。」坎皮西博士在接受我的專訪時説，「這種衰老細胞本身是大自然進化出來

防止癌症的，但它的存在反過來又能增加癌變的風險。」

　　這個看似矛盾的結論和衰老細胞的產生機理有關，坎皮西博士為我詳細解釋了其中的原因。眾所周知，細胞內的 DNA 每時每刻都在發生基因突變，大部份突變都是中性的，不好不壞。但如果發生了壞的突變，導致這個細胞無法完成本職工作，它就會停止分裂，變成「衰老細胞」，防止這個壞突變進一步擴散開來。這些壞突變當中有很多都是致癌突變，所以「衰老細胞」機制最初被進化出來的一個主要目的就是防癌。

　　正常情況下，進入「衰老」狀態的細胞都會被執行「安樂死」，即通過一種名為「細胞凋亡」（apoptosis，也有人翻譯成「細胞自殺」）的程序自動分解，轉化為其他健康細胞的養料。但是，隨着年齡的增長，愈來愈多的細胞由於各種原因沒有自殺成，而是繼續活了下去，導致體內衰老細胞的數量愈來愈多，問題就來了。

　　衰老細胞如果只是待在那裏甚麼事都不幹，頂多浪費點糧食，危害倒也不大。但是，衰老細胞有一個本能，那就是它會不斷向周圍環境釋放化學信號，告訴大家自己出了問題，馬上就要啟動自殺程序了，請求組織上趕緊派人來接它的班。周圍的健康細胞收到這個信號後立刻就會加速分裂，生產出新的細胞去接班。正常情況下，衰老細胞很快就會自殺，新的細胞順利地來接班，不會有問題，但如果衰老細胞沒有自殺，而是愈積愈多，它們釋放的求救信號就會愈來愈強烈，導致周圍健康細胞加速分裂，直至失去控制，變成癌細胞，這就是老年人更容易得癌症的原因之一。

　　除此之外，這些求救信號還會把免疫細胞召集過來進行清理，這個過程導致了炎症反應。科學家們很早就發現衰老的一個重要特徵就是體內的炎症反應增多，這個現象被稱為「炎症衰老」

（inflamm-aging）。此前大家一直不知道這是怎麼回事，這下終於明白這個現象是怎麼來的了。

從以上這段簡介可以看出，簡單地阻止細胞衰老的形成是不行的，因為這個過程是有機體為了防止癌細胞擴散而進化出來的，非常有用，所以唯一有效的辦法就是等到健康細胞轉化成衰老細胞後再將其清除掉。

那麼，有沒有辦法減少衰老細胞的累積呢？坎皮西實驗室在這方面做了很多工作，得出了一個有意思的結論。「我們實驗室培養了一群遺傳背景完全相同的克隆小鼠，牠們的生活環境也完全一樣，然後我們統計了這些小鼠體內的衰老細胞數量，發現個體之間差異極大，而且毫無規律可言，似乎完全是隨機的。」坎皮西博士對我說，「這個結果說明衰老細胞的產生和累積很可能是隨機發生的，就像很多癌症一樣，純屬運氣不好，因此也就很難預防。」

既然沒有辦法防止衰老細胞的累積，那就只能想辦法將它們清除掉，英文稱之為「滅衰」（senolytic，來自衰老 senescence 和殺滅 -lytic 這兩個英文單詞的組合詞）。前文所述的范德森教授的那個清除實驗是用轉基因小鼠來完成的，人類做不到，只能另想辦法。目前這個領域相當火爆，有多家實驗室在激烈競爭，看誰先找到能夠殺死衰老細胞的小分子化合物。坎皮西博士的實驗室已經找到了幾個候選者，她和一家名為「統一生科」（Unity Biotechnology）的抗衰老公司合作進行臨床試驗，預計幾年內就會有結果了。

「對於消費者來說，滅衰藥有個很大的優點，那就是一個人只要從中年開始每隔幾年吃一次，把體內積累起來的衰老細胞殺死就行了，不必經常吃。」坎皮西博士對我說，「但是這一點對於製藥公司來說可不是甚麼好消息，因為這種藥的銷量肯定會大受影響。」

不過，這還不是滅衰藥所面臨的最大困難。目前這種藥只能以抗癌藥的名義去 FDA 申請，不能以抗衰老藥物為賣點進入藥品市場，因為美國 FDA 並不認為衰老是一種需要治療的疾病，因此根本就沒有這個選項。

衰老到底是不是一種病？

那麼，衰老到底是不是一種病呢？我此次採訪了十幾位該領域的專家學者，沒有一個人認為衰老是一種病。大家普遍相信衰老是生命的自然過程，每個人都得經歷，沒人逃得掉，不像疾病，有「生病」和「健康」這兩個選項。

雖然衰老不是病，卻不等於衰老就不應該治療。巴克研究所所長威爾丁博士用一個比喻解釋了這個問題：「我不認為衰老是一種疾病，就好像我也不認為高膽固醇本身是一種疾病一樣。但是高膽固醇會極大地增加患心臟病的風險，所以我們必須找到減少膽固醇的辦法。同理，我們也應該去尋找抗擊衰老的辦法，因為衰老是所有老年病的最大致病因素。」

威爾丁博士認為抗擊衰老有兩種不同的思路：一種是減緩衰老的速度，延長健康壽命；另一種是逆轉衰老的過程，讓一部份衰老得過快的器官或者組織返老還童。他認為一個人的衰老過程從 20 歲以後就開始了，20—30 歲的人之所以很難看出衰老的跡象，是因為這一階段的身體修復機能仍然維持在很高的水平上，衰老的速度特別緩慢。如果一個人的衰老速度始終維持在 20—30 歲的水平，那麼這個人可以很輕鬆地活到 1,000 歲，所以只要想辦法提高身體的修復機能，就能延緩衰老的速度，增加健康壽命。可惜的是，衰

老的速度似乎很難延緩，這一思路在執行的過程中遇到了很多困難，至今也沒有獲得任何實質性的進展。

至於第二種思路，我們已經有了解決辦法，這就是器官移植。但是，因為健康器官的來源問題始終難以解決，所以這個方法顯然不適用於所有人。還有一個解決辦法就是人造器官，但截至目前，除了人造髖關節和假牙之外，還沒有哪個器官可以被大批量地製造出來。未來有可能造出人工心臟，因為這是個純機械問題，但人體器官絕大部份都是化學問題，很難在工廠裏製造出可靠的替代品。

近幾年極為火爆的幹細胞技術給人造器官領域注入了一針強心劑。其實用幹細胞來製造替代器官的想法很早就有了，但幹細胞卻不是那麼容易得到的。此前科學家們認為真正的全能幹細胞只能從胚胎中獲取，這就是為甚麼有一陣子流行保存新生兒的胎盤。但自從日本科學家山中伸彌發明了人工誘導幹細胞的方法後，任何體細胞理論上都可以用這個方法誘導成全能幹細胞了，這就為幹細胞的應用掃清了最大的障礙。目前這項技術還未發揮出最大的潛力，原因是從幹細胞到特定器官的發育過程尚未完全搞清楚。如果這項技術成熟的話，一般性的衰老將不再是個問題，人類的壽命將會大幅度提高。

但是，有一個困難很難克服，這就是神經系統的衰老。根據目前的研究結果，大腦神經細胞從生下來開始就基本固定了，不大會再更新。任何不會分裂的細胞壽命都不可能是無限的，所以一個人只要活得足夠長，就一定會得阿爾茲海默症。這個病本質上就是神經細胞數量減少造成的，但人工補充神經細胞的做法卻不可行，因為一個人一輩子積累下來的所有記憶，學習到的所有知識，以及培養成的獨特人格，全都保存在這些神經細胞以及它們獨特的連接方

式當中，很難被替代。

也就是説，一個人的身體有可能長生不老，但精神世界很難永生。未來也許可以借助電腦技術把一個人的精神世界拷貝下來，並以這種方式實現永生，不過這就是另外一個話題了，不在本文的討論範圍之內。

結　語

2015 年，美國 FDA 批准了阿爾伯特‧愛因斯坦醫學院（Albert Einstein College of Medicine）的尼爾‧巴齊萊（Nir Barzilai）教授提出的臨床試驗申請，這個試驗的英文名稱叫作 TAME（Targeting Aging with Metformin），即二甲雙胍的抗衰老功能。這是世界上第一個被批准的抗衰老藥物臨床試驗，只不過正式文件上並沒有寫得這麼直白，而是繞了一個圈子，相當於曲線救國。

正如前文所述，FDA 不認為衰老是一種病，因此也就沒有治療的必要。但巴齊萊教授耍了個心眼，他爭辯説，既然衰老的定義就是患病概率的增加，那麼他只要看一看二甲雙胍能否降低老年病的發病率就可以了。於是他找來一群已經患上其中一種老年病的病人，比如糖尿病或者高血壓患者，讓他們服用二甲雙胍，5—7 年後再來檢查，看看他們在此期間患上第二種老年病的概率到底有多大，是否會比對照組有所減少。也就是説，這項試驗的最終目的不是長壽，而是延長健康壽命。

巴齊萊教授為甚麼選擇二甲雙胍呢？這裏面有兩個原因。首先，這是一種治療 II 型糖尿病的藥物，能夠提高患者對胰島素的敏感度。巴齊萊教授以前的研究課題是猶太人為甚麼長壽，他發現猶

太人瑞的一個共同特點就是很少得糖尿病，因為他們對胰島素更加敏感，身體利用葡萄糖的效率比普通人高很多。二甲雙胍的作用和人瑞們的新陳代謝特徵非常相似，也可以看作是飢餓療法的一種藥物模擬。

其次，二甲雙胍是一種已經上市很久的藥物，無須再做臨床試驗就可以用於人體了。如果這是一種全新的小分子化合物的話，光是前期的藥理實驗和安全性實驗就要花費大筆經費，巴齊萊是出不起的。事實上，因為二甲雙胍的應用範圍非常廣泛，世界衛生組織（WHO）很早就將其列入了基本藥物名錄，任何人都可以用極低的價格買到它。

和二甲雙胍類似的還有阿司匹林、布洛芬（ibuprofen）和阿卡波糖（acarbose）等，它們都被認為有減緩衰老的功效。也就是說，你很可能早就在吃長壽藥了。

測量衰老

　　任何一種自然現象，如果你無法測量它，那你就無法去研究它，衰老自然也不例外。事實上，測量衰老本身就是最好的研究方式，只有先搞清楚如何測量衰老，才能弄清衰老的本質。

測不出的年齡

　　假如你是一名邊境警察，有一天你抓到了一個非法移民。按照你國法律，如果他年齡不滿 18 歲的話可以申請避難，否則就要遞解出境，可他身上沒有搜出任何能夠證明年齡的文件，你會怎麼辦呢？

　　你很可能會去求助科學家。如今科學技術這麼發達，我們已經能夠從一個人的血液和 DNA 判斷出他的民族成份、身體狀況、飲食習慣甚至工作性質等很多細節，像年齡這樣的基本問題應該很容易解決吧？

　　可惜你錯了，年齡還真的不好猜。目前有一部份國家的移民局採用的是智齒法，即通過 X 光掃描判斷智齒的發育情況，以此來推斷年齡。但是，新的研究表明，智齒的發育速度並不均衡，速度快的 15 歲便發育完成了，速度慢的則可能拖到 25 歲，依靠這個方法來判斷年齡非常不可靠。

　　還有一部份國家是依靠骨齡來判斷年齡的，但研究發現這個方法同樣存在誤差，一個 15 歲的兒童很可能已經具備了成年人的骨骼形態，但也有人直到 25 歲後骨骼才發育完成，如果僅僅依靠骨

齡法來判斷一個人是否年滿 18 歲的話，最多有三分之一的可能性會判斷失誤。

還有甚麼更準確的辦法嗎？很遺憾地告訴你，沒有了。

你可能會感到迷惑，為甚麼年齡這麼簡單的事情居然這麼難測呢？這個問題也許應該反過來問，為甚麼年齡會給人以一種很容易測的感覺呢？答案很可能和樹的年輪有關。這是個幾乎所有人都知道的測年法，估計每個小學自然課的老師都教過。與此類似的還有貝殼測年法，只要數一數貝殼上的花紋就能準確地判斷出它的年齡了。

這兩個例子有兩個共同特徵：一是這兩種生物的生長速度都和季節更替有很強的相關性，換句話說就是靠天吃飯，只有這樣才會在身體上留下關於歲月的印跡；二是這兩種生物的身體都是堅硬的固體，這才能夠把生長速度的變化永久地保留下來。這兩個特徵在人類身上是不存在的：一來人類是高等動物，我們的生活狀態早就和季節沒有太大關係了，完全取決於自身，這是人類進步的標誌；二來人類的身體是活的，每時每刻都在更新，任何印跡都很難永久地保留下來，所以說人的年齡是很難測量的，這件事一點也不奇怪。

這裏所說的年齡指的是時間年齡（chronological age），也可稱之為絕對年齡，真正的科學家其實並不關心絕對年齡，畢竟大部份人都有身份證。他們關心的是生物年齡（biological age），可以近似地將其理解為衰老的程度。如果生物年齡能被及時準確地測出來，那麼長壽和衰老的問題也就迎刃而解了。

先說長壽。長壽藥為甚麼研究不出來？最大的原因就是科研人員等不起。你想，如果你的目標是開發長壽藥，那麼按照現有的新

藥審批制度，你必須找到很多志願者，起碼從中年開始就讓他們吃你的藥，然後一直等到他們去世為止，只有這樣才能知道這種藥和對照組相比到底有沒有效。這種臨床試驗沒人做得起，起碼在目前的新藥研發架構中是不可能成為現實的。

再說衰老。抗衰老藥物研發同樣存在因終點不明確導致時間過長的問題，像上一篇文章提到的那個二甲雙胍的抗衰老功能實驗就至少需要等 5 年才能看到結果，而且還是一個間接結果。要知道，目前絕大部份新藥的臨床試驗都是在 3 個月內完成的，像這種需要持續 5 年以上的臨床試驗幾乎是不可能的。

想像一下，如果有人發明出一種可以隨時測量、準確度又相當高的生物年齡測量法，以上問題就迎刃而解了。你想開發一種抗衰老藥嗎？只要找人來試吃一下，3 個月後再測一下生物年齡，和對照組一比，就能知道這個藥管不管用了。

各位讀者千萬別小看這些方法論上的細節，很多看上去沒那麼難的問題，最終都是因為找不到合適的實驗方法而成為難解之謎。事實上，美國 FDA 之所以始終不認為衰老是一種病，箇中原因與其說是科學層面的不認同，不如說是技術層面的不現實。你想，如果始終找不到測量衰老的有效方法，那就不可能按照現有的新藥審批原則和標準來批准任何抗衰老藥物。也就是說，除非 FDA 修改現有的新藥審批框架，否則沒有任何一種抗衰老藥能夠通過審批。美國 FDA 不傻，不可能去做這樣一件注定吃力不討好的事情。於是，抗衰老研究領域有不少研究者的主攻方向就是如何測量衰老。從某種意義上說，這才是問題的關鍵所在。

目前醫院裏已經有一套測量老年人衰老程度的方法，主要內容包括測量步頻、握力和起立速度等。這套方法測的只是運動系統

的虛弱程度，但人的衰老是多方面的，絕不僅僅是「虛弱」這兩個字就可以概括的，再加上這幾項指標的精確度都不高，只能作為參考，無法用於臨床試驗。

還有一些準確度較高的生化指標也可以用來測量衰老程度，比如血壓、血糖、靜態耗氧量和膽固醇水平等，但這些指標也僅僅反映了循環系統和新陳代謝機能的衰老程度，仍然很不全面。

於是，很多人想到了 DNA，似乎只有 DNA 這個生命的總指揮官才有可能準確地反映出一個人的真實年齡。

看似完美的端粒理論

接下來的這個故事，要從法國醫生艾里克西斯・卡萊爾（Alexis Carrel）講起。他發明了血管縫合術，使得器官移植成為可能。因為這項偉大的發明，他獲得了 1912 年的諾貝爾醫學和生理學獎。

獲獎之後，卡萊爾的興趣轉移到了體外細胞培養上來。他很想知道在試管裏培養的脊椎動物體細胞到底能活多久，於是他從 1912 年開始培養小雞的成纖維細胞，不但定時更換營養液，而且還要按時移除多餘的細胞。這個實驗一直做到 1944 年他去世為止，此後他的助手又接着做了兩年，直到 1946 年才停止，時間跨度早已超過了一隻雞的正常壽命。在這 34 年的時間裏，這群細胞一直在不停地分裂繁殖，似乎永遠不會停歇。於是後人得出結論說，每一個脊椎動物的體細胞單獨拿出來都是可以永生的，衰老是發生在更高層面的事情。

這期間也有很多人試圖重複這個實驗，但都失敗了。不過他們本能地懷疑自己的實驗操作技術不好，或者營養液配方有問題，畢

竟卡萊爾是諾貝爾獎獲得者，不太可能出錯。

20 世紀 60 年代初期，一個名叫倫納德·海佛烈克（Leonard Hayflick）的美國細胞生物學家遇到了同樣的難題。他在實驗室裏培養的人體細胞過一段時間就會停止分裂，無論怎麼處理都不行。和其他人不同的是，海佛烈克沒有迷信權威，而是親自設計了一系列精巧的實驗，證明卡萊爾的實驗結果有可能是誤差導致的（比如營養液裏混入了新鮮細胞），甚至乾脆就是造假，他的那套細胞永生理論是不正確的，正常的脊椎動物體細胞存在分裂上限，後人將這個上限命名為海佛烈克極限（Hayflick limit）。

後續實驗證明，不同脊椎動物的海佛烈克極限都不一樣，人體細胞的上限大約為 40—60 代，再也多不了了。這個計數是從受精卵開始算起的，也就是說，如果從年輕人身上取出來的細胞，在培養皿裏活的時間就會更長一些。相反，從老年人身體裏取出來的細胞就會死得更早，彷彿細胞內部有一個生命時鐘，從一生下來就開始不停地走，直到大限將至。

這個發現讓研究衰老的學者們大吃一驚，他們意識到此前的假設完全錯了，衰老並不是高級層面的事情，而是從細胞本身就開始了。於是大家迅速掉轉了方向，把研究重點放在了細胞上，一場發現生命時鐘的競賽開始了。

最終取得勝利的是一個名叫伊麗莎白·布萊克本（Elizabeth Blackburn）的澳大利亞生物學家，她發現海佛烈克極限存在的原因是染色體上的一個叫作「端粒」（telomere）的東西。原來，DNA 分子的複製需要用到 DNA 合成酶，這種酶有個致命的缺點，使得染色體無法百分百地被複製到下一代，而是每次都會剩下那麼一小段複製不了。這樣一來，每一次細胞分裂都會丟失一部份信息，長

此以往肯定是不行的，於是大自然進化出了這個名叫端粒的東西，解決了這個難題。

雖然名字裏有個粒字，其實這玩意兒就是位於染色體末端的一小段 DNA 而已。但這段 DNA 基本上就是一大堆重複序列，不攜帶任何信息，它唯一的功能就是成為 DNA 合成酶的「抓手」，每次複製時丟掉的那一小段 DNA 都是從端粒裏丟出去的，這樣就不會影響有用信息的傳遞了。

經常有人將染色體比作鞋帶，將端粒比作鞋帶一端的那個堅硬的帶扣，這個比喻雖然不是很準確，但大體意思是對的。帶扣存在的目的就是保護鞋帶，一旦帶扣鬆了，鞋帶也就散了。同理，端粒的價值就是保護染色體，一旦端粒沒了，染色體也就散架了。兩者的不同之處在於，帶扣只要小心使用一般是不會壞的，但端粒的損傷卻無法避免。染色體每複製一次，端粒的長度一定會縮短一點點，直到用完為止。此時細胞就達到了海佛烈克極限，再也無法繼續分裂了，因為下一次分裂一定會丟失一部份有用信息，導致細胞死亡。

讀到這裏也許有人會問，那幹細胞是如何無限制地分裂下去的呢？這個問題同樣是被布萊克本博士解決的，她發現了端粒酶（telomerase），能夠把缺失的端粒補齊。負責編碼這種酶的基因是人類基因組的一部份，任何一個細胞裏都有一份拷貝，但是正常情況下人類體細胞中的端粒基因不會被表達，因此也就不會有端粒酶。只有受精卵和幹細胞的端粒酶基因才是活躍的，因此也只有這兩類細胞的端粒能夠被及時地修復，保證它們可以一直分裂下去。

端粒和端粒酶的發現再一次震驚了衰老研究領域，大家都被這個簡單而又邏輯嚴密的理論體系迷住了，一致認為衰老的秘密即將

大白於天下。很快，一大批研究結果出來了，端粒和衰老之間的聯繫變得愈來愈清晰。比如，細胞的壽命和端粒長度幾乎成正比，如果通過轉基因方式培育出端粒較短的小鼠，那麼牠的壽命也會很短。再比如，端粒的縮短會誘發癌症、心血管系統疾病、骨關節炎和骨質疏鬆症等很多老年病，一個人年輕時受到的心靈創傷、易怒的性格以及過高的工作和生活壓力等都會導致端粒長度縮短，從而縮短此人的壽命。還有，適當的體育鍛煉會增加端粒的長度，從而延長壽命……

這一系列發現讓人激動不已，端粒迅速成為長壽研究領域的關鍵詞，吸引了大批科學家的關注。大家相信端粒長度可以成為測量衰老程度的絕佳指標，從此一個人的真實年齡就可以很容易地測出來了。2009 年的諾貝爾醫學和生理學獎如期頒給了呼聲最高的布萊克本和另外兩位對端粒研究做出過貢獻的科學家，從此廣大老百姓也終於知道了這個大秘密。大家都期盼着科學家們能夠發明出激活端粒酶的辦法，似乎只要這件事能成功，人類就可以長生不老了。

可惜的是，大家都高興得太早了。激活端粒酶確實可以讓細胞長生不老，卻會誘發癌症，得不償失。事實上，正常細胞之所以會發生癌變，就是因為這些細胞發生了基因變異，激活了原本一直沉睡着的端粒酶，從而讓自己具備了無限分裂的能力。

另外，隨着研究的進一步深入，端粒長度和年齡之間的關係也變得模糊起來，反面的案例愈來愈多。比如小鼠最多只能活 3 年，但小鼠細胞的端粒遠比人類的要長。再比如，父親年紀愈大，生下來的孩子端粒就愈長。這兩件事很難用端粒理論加以解釋，說明這個理論肯定有哪裏不對。

這次我採訪了十幾位衰老領域的研究者，沒有一個人還在研究

端粒，甚至沒有一個人主動提到端粒這個詞。端粒研究由盛轉衰的速度是如此之快，就連他們自己也感到非常驚訝。在我的追問下，大家一致認為端粒理論雖然聽上去簡單優美，但毛病恰恰就出在簡單二字上。衰老是一個非常複雜的過程，每個組織或者器官的衰老程序都不一樣，不能期望用一個簡單的端粒理論來解釋一切。

最終的答案，似乎還得從 DNA 分子攜帶的信息中去尋找。

大數據抗衰老

我從洛杉磯出發一路向南，兩個小時後就來到了聖地亞哥。這是美國西部的第三大城市，和舊金山、波士頓、華盛頓特區一起並稱為美國四大生物技術基地。我的這次「人類長壽探秘之旅」的第三站就設在這裏，我要訪問的是一家名為「人類長壽」（Human Longevity Inc.）的公司，我很想知道這家公司到底有何本事，竟然敢取這麼大膽的名字。

這家公司成立於 2014 年，創始人兼首席執行官就是大名鼎鼎的克雷格・溫特（Creig Venter）。他當年單槍匹馬挑戰全世界，最

▶
「生物狂人」克雷格・溫特博士，曾經擔任「人類長壽」公司的首席執行官。

終和美國政府主導的「人類基因組計劃」戰成平手，雙方在同一時間共同頒佈了第一個人類全基因組序列。之所以會有這個結果，就是因為當年只有溫特堅信「散彈槍測序法」（Shotgun Sequencing）要比當時流行的傳統基因測序法更加優秀。其實這個散彈槍測序法需要電腦技術的強力支持，當年的電腦發展水平尚不具備這個能力。但溫特很有遠見，他預見到了電腦技術日後的飛速發展，等到美國政府意識到這一點時已經太遲了。如今的基因組測序用的全都是散彈槍測序法，傳統測序法已經被淘汰了，所以那場戰鬥其實是溫特贏了。這件事很能說明溫特的性格特徵，那就是膽大、自信和果斷。

一戰成名之後，溫特又做了一件轟動世界的事。他用人工方法合成了一條 DNA 長鏈，將其導入去除了基因的細菌內，把後者變成了一個全新的生命。這個實驗雖然必須依靠現成的細菌作為受體才能完成，但溫特堅稱這就是人造生命，因為他相信生命最本質的特徵是信息，而信息全部是由 DNA 分子所攜帶的，因此只要 DNA 是人造的，那麼整個生命也就相當於是人造的。

完成這個壯舉之後，他成立了這家「人類長壽」公司，試圖把他在 DNA 測序方面積累的經驗應用於人類健康領域。或者套用一句俗語，他打算「知識變現」。我聯繫了很長時間，終於獲得了這次寶貴的採訪機會。

這家公司的總部位於聖地亞哥的高新技術開發區，周圍清一色玻璃大樓，裏面駐紮着一大堆各式各樣的高新技術公司，幹甚麼的都有。採訪被安排在午飯時間，地點就在溫特的辦公室，因為他實在是太忙了。

「你來這裏之前採訪過其他甚麼人嗎？是否已經和奧布雷‧德

格雷和雷·庫茲韋爾見過面？」這是溫特見到我後所說的第一句話。

「我採訪過巴克研究所和南加州大學老年學院，但沒採訪過你說的這兩個人。」我如實回答。

「哦，那就好。」溫特面無表情地回答，「這個行業裏有很多瘋子，說過很多漂亮話，但那些話都是騙人的，不要信。」

溫特所說的德格雷是一位長壽狂人，他認為能夠活到 1,000 歲的人已經出生了。而這個庫茲韋爾是《奇點臨近》一書的作者，他認為腦機接口技術即將實現，人類將以這個方式獲得永生。

「將來永遠不會出現一種神奇的藥能讓人永生，所有這樣宣傳的人都是為了騙錢。如果你想永生，唯一的辦法就是從現在開始做點有意義的事情。」溫特接着說道，「死亡是這個世界上唯一不可避免的事，但衰老不是，所以我們想做的事情就是延緩衰老，增加人類的健康壽命。」

我這次採訪到的所有科學家都是這麼說的，但實現這個目標的方法各不相同，因為大家對於導致衰老的原因有不同的看法。溫特相信衰老是因為 DNA 複製差錯愈積愈多，以及修復差錯的能力愈來愈低，這兩個因素缺一不可。

「人體細胞裏的 DNA 每時每刻都在複製，出錯是難免的，再加上很多環境因素也會導致 DNA 發生突變，比如一個人只要去海灘上曬會兒太陽，皮膚細胞就會發生 4 萬個基因突變。」溫特說，「正常情況下，我們的 DNA 複製系統會修正一部份基因突變，我們的免疫系統也會清除剩下的突變細胞，問題不大，可一旦修復的速度趕不上突變的速度，衰老就出現了。」

目前市面上有很多基因檢測公司可以幫助用戶檢測自己的基

因突變，但他們用的大都是芯片法，測的是已知的若干個常見突變位點。而且芯片法本身有技術缺陷，會出現很多假陽性和假陰性結果，不是很可靠。作為基因測序領域當之無愧的老大，溫特決定乾脆測全基因組序列，他認為只有這樣才能獲得準確的數據。

「用我們的方法，平均每個人可以找出 8,000 個獨特的基因突變。」溫特一邊嚼着三文治一邊對我介紹說，「然後我們會把基因數據和這個人的生理數據進行對比，從中尋找規律，發現問題。」

溫特所說的生理數據可以簡單地理解為體檢。但是，作為一個凡事都要做到極致的人，溫特所說的體檢可不是簡單的測測血壓、量量血糖那麼簡單，而是包括了上百種生理指標的測量，以及全身核磁共振成像掃描（MRI）這樣高精尖的技術。後者相當昂貴，一般普通門診是不會提供的，想做的話只有到溫特這裏來，當然價格也會很高。

「目前我們已經有了 5 萬個客戶，這就相當於收集了 5 萬個病例，已經可以從中得出一些有意思的結論了。」溫特說，「當然這還很不夠，我的目標是積累 100 萬個病例，這樣分析起來才會更準確。」

溫特的思路其實和市面上其他幾家高端健康諮詢公司差不多，那就是通過基因測序找出每個人獨有的基因特徵，再通過體檢了解這個人的身體狀況，最後把這兩套數據合在一起進行對比，從中找出規律。

這是一個非常經典的相關性（而非因果性）研究，大數據分析是這類研究的命脈。數據量愈大，得出的結論就愈可靠。「我們已經可以通過收集到的這 5 萬個數據判斷出一個人的年齡了，誤差在 10% 以內。」溫特說，「如此大規模的研究以前都是要有政府資金支

持才能完成的，我們現在全憑向顧客收費就能做到這一點。」

這也是目前絕大多數基因檢測公司的生存之道，那就是一邊提供健康諮詢服務一邊收集顧客的基因數據，然後通過分析這些數據來尋找規律，以便進一步提高服務水平。這是個典型的正反饋模式，前途是很光明的，但這個模式要想運轉起來，前期一定要想辦法獲得客戶的信任。溫特選擇的是一種高投入高回報的模式，服務對象也定位於高收入群體，對於前期的要求就更高了，這種模式也只有像溫特這樣在行業裏有良好口碑的人才能玩得起。

「別看我們公司的名字裏有長壽這個詞，但我們不是一家專門研究衰老的公司。我們是一家實用性很強的公司，我們的目標就是治病，並通過治病來延長壽命。」溫特對我説，「如今 50—74 歲的美國男性當中，有 40% 的人活不到 74 歲。女性的這個比例是 20%，但也太高了。這些人不是死於衰老，而是死於各種疾病。我們的目標就是通過 DNA 測序和體檢，判斷出一個人所面臨的最大危險來自哪裏，然後給出建議，幫助他預防可能出現的疾病。要知道，如今 50 歲以上的人當中有 2.5% 的人體內已經有了足以致死的癌細胞，如果我們能預先發現它們的蹤跡，將其扼殺在搖籃裏，就能挽救這些人的生命。」

溫特想通過自己的努力，徹底改變醫學的面貌。在他看來，傳統的醫學本質上就是數據輔助下的臨床科學，但他相信未來的醫學將是臨床輔助下的數據科學。他要通過大數據來預防疾病，抗擊衰老，讓人活得更加健康。

甲基化生物鐘

　　溫特沒有詳細解釋這家公司是如何通過基因分析來判斷年齡的，但從他的描述可以大致猜出他們的思路，那就是把每個人的基因突變模式和這個人的實際年齡輸入電腦，借助電腦的力量尋找兩者之間可能存在的聯繫，然後總結成規律。這是個非常典型的大數據應用場景，全世界幾乎所有的生物統計學研究者都是這麼做的，這其中就包括加州大學洛杉磯分校遺傳系教授史蒂夫·霍瓦茨（Steve Horvath）。因為發現了 DNA 甲基化生物鐘，他成為近期衰老研究領域炙手可熱的人物。我專程去洛杉磯採訪了他。

美國加州大學洛杉磯分校遺傳學教授史蒂夫·霍瓦茨，他的主攻方向是 DNA 甲基化生物鐘。

　　霍瓦茨出生於德國法蘭克福，上中學的時候他就對長壽問題很感興趣，於是他在拿到了數學博士學位之後又去哈佛大學拿了個生物統計學博士學位，然後憑藉這個學位在加州大學洛杉磯分校的遺傳學系找到了一份工作，研究方向是疾病的遺傳標記物。這項研究其實和溫特所做的事情是類似的，都是試圖從海量的基因突變中尋

找和某種疾病有關聯的標記，然後就可以反過來用基因突變預測疾病了。他嘗試過癌症、心血管疾病、自閉症和阿爾茲海默症等幾乎所有的常見病，但是並沒有取得甚麼特別顯著的成就。

2006 年他決定放棄單個疾病的研究，專攻衰老。「我愈來愈相信單個疾病並不能準確地反映衰老的程度，比如糖尿病確實是一種老年病，但很多其他因素也能導致糖尿病，所以糖尿病只是衰老的一種表象而已。」霍瓦茨對我説，「我相信每個細胞內的 DNA 分子上都會有一個普適的衰老時鐘，控制着這個細胞的衰老過程，這才是衰老的本質所在。」

霍瓦茨和他手下的一名研究生一起把收集到的大量基因突變和年齡數據輸入電腦，從中尋找蛛絲馬跡，結果卻一無所獲，甚至差點讓這位學生畢不了業。經過這番挫折，霍瓦茨得出結論説，即使年齡和基因突變有關聯，肯定也是非常微弱的關聯，很容易被淹沒在海量的基因數據之中。

2011 年，霍瓦茨決定試試 DNA 甲基化（methylation）。眾所周知，DNA 是由 ATCG 這四種核苷酸首尾相連組成的長鏈，這四個字母的排列順序決定了不同基因之間的差別。但後人發現 DNA 分子上會有一些核苷酸被連上了一個甲基，這就是甲基化。通常情況下這個甲基會出現在 CG 位點上，即一個字母 C 後面緊跟着一個字母 G 的那個位置。人類基因組中大約有 2,800 萬個這樣的位點，它們都是潛在的甲基化位點。常用的甲基化測量法只能測出其中的幾萬到幾十萬個位點，但這也已經大大超出了普通人的研究能力。

經過一番考量，霍瓦茨決定只選取其中的幾個和年齡關係似乎比較密切的位點，測出它們甲基化的比例，然後再看這個比例和年齡到底有何關係。比如他從某個組織或器官上取出 100 個細胞，先

測 A 位點，有 35 個被甲基化了，65 個沒有，那就把 A 位點記為 0.35，然後再測 B 位點，得出一個比例數值，依次類推。然後他把這些比例數值合在一起，再和年齡相比較，看看能否找出兩者的關聯。

這裏面的年齡數值可以用受試者採樣時的實際年齡，但這個顯然是有誤差的，因為一個人的實際年齡很可能和他的生理年齡不符。幸好加州大學洛杉磯分校在 20 世紀 90 年代時曾經做過一個大型的跟蹤式健康調查，抽取了很多志願者的血液樣本，並一直保留在冷庫裏。霍瓦茨想辦法拿到了這批血液樣本，測出了這些人當年的甲基化比例，然後再和這些人今天的健康狀態相對比，以此來校正他們當年的生理年齡。

最終霍瓦茨推導出了一個公式，只要把測出的甲基化比例代入這個公式，就可以算出這個人的實際年齡，兩者的相關性高達 96% 以上。「其實這個公式很容易推導，因為兩者的相關性實在是太強了。」霍瓦茨對我說，「我花了 10 多年的時間研究過各種疾病的基因標記，每一個研究起來都非常困難。衰老這件事本身看似極為複雜，但它的基因信號卻是最強的，因為衰老是普世的，任何人都會經歷這一步。」

霍瓦茨將這個研究結果寫成論文，興沖沖地投給了《基因組生物學》（Genome Biology）雜誌，沒想到卻被編輯退稿了，理由是這個數據實在是太完美了，肯定哪裏不對！

平心而論，這位編輯的懷疑不無道理。要知道，此前關於基因和年齡的相關性研究已經有很多了，得出的結論遠不如霍瓦茨的漂亮。比如當年端粒研究還很熱，可最終算下來端粒長度和年齡之間的相關性還不到 50%，霍瓦茨的這個 96% 實在是太刺眼了。

　　不過，這封退稿信卻把霍瓦茨惹怒了。他一口氣灌了三瓶啤酒，然後借着酒勁給編輯寫了一封質問信，並毫不猶豫地點了發送鍵。沒想到這封信居然起了作用，這篇論文終於發表在 2013 年 10 月的《基因組生物學》上。霍瓦茨在論文中公佈了他推導出來的算法，於是很多實驗室紛紛用自己的數據對這套算法進行了驗證，結果好得出奇，其中一家來自荷蘭的實驗室得出的相關性竟然高達 99.7% ！

　　從此霍瓦茨就出名了，他發明的這個甲基化生物鐘也名聲大噪。理論上這個算法所使用的甲基化位點愈多，最終結果應該就愈準確，但成本也會相應提高。平衡的結果是霍瓦茨決定採用 353 個位點，測一次的成本大致為 300 美元，以此推測出的年齡和實際年齡的差別能夠控制在兩年以內，某些情況下甚至更高。不過霍瓦茨認為這個精度還是不夠高，尚不能用於臨床試驗。

　　來自全世界的科學家們已經用這個方法測量了很多次，得出的結論大都和已知的衰老研究相吻合。比如肥胖的人測出來的年齡往往要比實際年齡大，正在嘗試飢餓療法的人測出來的年齡往往要比實際年齡小。

　　「這個方法還有一個好處就是可以估算不同組織和器官的衰老程度，比如我們發現小腦的衰老速度往往比較慢，說明這個部位非常重要。」霍瓦茨對我說，「女性的乳腺組織則往往要比身體的其他組織老那麼幾歲，很可能這就是女性乳腺癌發病率那麼高的原因。」

　　說到癌細胞，實際情況比較複雜。有些癌細胞比正常組織老很多，比如有的白血病病人的血液測出來的年齡可以高達 200 多歲。但也有一些癌細胞卻會顯得更年輕，目前還不知道造成這一差別的原因是甚麼。

「有一點很有趣，那就是所有幹細胞測出來的年齡幾乎都是零，這說明人工誘導幹細胞就相當於生命的重啟。」霍瓦茨說，「這個結果很好理解，因為決定一個細胞狀態的不是基因組本身，而是基因的甲基化。」

不知大家想過沒有，我們身體內的細胞有千千萬萬，每個細胞的基因組序列都是一樣的，為甚麼細胞會分化成好多種不同的類型呢？答案就是每個基因的活躍程度有差異。這個差異是由DNA的甲基化控制的，或者更準確地說，是由DNA分子的不同修飾方式控制的。研究DNA修飾方式的學問叫作表觀遺傳學（epigenetics），這是最近這20多年來遺傳學研究的熱點之一，霍瓦茨的甲基化生物鐘就是這門新學問所結出的無數個豐碩成果中的一個。

「我按照我的這個公式反過來推算了一下，發現120歲並不是一個多麼特殊的年歲。起碼從理論上說，我認為人類完全可以活過120歲。」霍瓦茨對我說，「當然了，我相信即使一個人非常嚴格地控制自己的飲食起居，甚麼事情都做得絕對完美，也不可能永遠活下去，但我相信未來的人類能夠通過藥物干涉或者其他方法活到200歲。這方面我是比較樂觀的，因為山中伸彌發現的人工誘導幹細胞方法證明，理論上我們可以讓已分化細胞返回到幹細胞狀態，因此人類是可以重返青春的。只不過山中伸彌的方法太極端了，也許將來我們可以找到一個較為溫和的方法來實現這個目標。」

甲基化和基因突變有一個最大的不同，那就是甲基化理論上是可以逆轉的。基因突變是DNA分子本身的變化，修正起來極為困難，這就是基因療法如此困難的原因。但甲基化只是DNA分子的外部修飾，可以通過酶反應將其逆轉。目前這個領域尚處於研究階段，但這個思路聽上去很有前途，讓我們拭目以待吧。

尾　聲

採訪結束前，霍瓦茨主動說起了他自己的一個小心得：「我的計算表明，衰老過程不是從 40 歲才開始的，而是從人剛一生下來就開始了。事實上我認為衰老和發育是同一個過程，兩者受同一個甲基化程序所控制。」

霍瓦茨的這個想法讓我立刻想起了衰老的測量方式。其實測量衰老是人類的本能，我們看到一個陌生人，都會本能地去猜他的年齡。在他 20 歲之前，我們其實是通過他的發育程度來猜年齡的，但當他 30 歲以後，我們的依據就變成了衰老。從這個意義上說，發育和衰老還真的可以統一起來。

「照你這麼說，衰老就是基因控制的了？因為發育肯定是基因控制的生理過程。」我問。

「從某種意義上說是的，發育和衰老都是依靠甲基化來完成的，而整個甲基化過程都是在基因控制下才能實現的。」霍瓦茨回答，「不過我不敢肯定衰老是基因故意這麼做的，因為大自然沒有理由進化出衰老這個功能，所以我傾向於認為衰老是發育的一個副產品。任何人都需要發育，否則你就沒法長大成人，沒法繁殖後代了。但當你結婚生子，完成了繁殖任務後，這個過程仍然在繼續，但結果正相反，從發育變成了衰老。這就好比一架飛機的引擎，起飛的時候當然需要它，但如果一直轉個不停，最終飛機一定會失去控制而撞到山上。」

最後這個比喻聽起來很有道理，但我再一想，難道飛行員看到前面的山後不會轉向嗎？

人為甚麼一定要死？

　　讓我們從生物進化的角度，考察一下衰老和死亡究竟是怎麼一回事。

死亡的 N 種方式

　　美國著名科學家兼政治家本傑明‧富蘭克林（Benjamin Franklin）曾經說過一句名言：「在這個世界上，只有死亡和稅是逃不掉的。」雖然富蘭克林說了兩件無法避免的事情，其實他的本意是想告訴美國人民：你們別想逃稅。因為死亡是肯定逃不掉的，無須解釋，放在同一個句子裏只是為了增加幽默感而已。

　　確實，死亡從來都被認為是所有生命的必然歸宿，是一種無法逃避的宿命。達爾文寫了那麼多書，探討了生命科學的方方面面，卻沒有在死亡這個問題上浪費一滴墨水，似乎這個問題根本不值得討論。

　　但是，隨着人類積累的自然常識愈來愈多，這個問題變得愈來愈不確定了。比如，細菌似乎是不會死的，只要條件允許，它們會永遠分裂下去。而且細菌的分裂是平均地一分為二，讓人很難分清誰是父母誰是兒女，因此也就很難定義細菌的壽命。如果周圍環境惡劣，細菌就會變成孢子，暫停一切生命活動，耐心等待重生。這個循環可以一直延續下去，沒有盡頭。

　　高等動植物的細胞也有可能永遠不死，比如科學家做實驗用的人類細胞系就具備永生的能力，可以在培養皿裏永遠繁殖下去。這些細胞系大都取自病人的惡性腫瘤組織，比如著名的海拉細胞系

（Hela cell line）就取自一位名叫海瑞塔·拉克斯（Henrietta Lacks）的美國黑人婦女，她已於 1951 年 10 月 4 日死於宮頸癌，但她的癌細胞至今仍然活着，而且遍佈全世界。從某種意義上說，她也因此而獲得了永生。

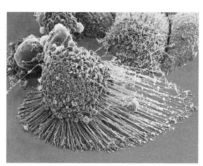

▶ 正在經歷細胞凋亡的海拉細胞

▶ 剛剛完成細胞分裂的海拉細胞

不過，傳統意義上的永生在討論多細胞高等生物時顯得有點不合時宜，因為嚴酷的大自然總會想出各種辦法殺了它們，比如飢餓、乾旱、火災、地震、暴風雨和傳染病等。這些死法不在本文的討論範圍內，各位讀者也不會感興趣。

大家最關心的肯定是自然死亡，即如果一切外部條件都滿足的話，某種高等生物到底能活多久，最終的結局會是怎樣的。目前地球上還活着的壽命最長的植物大概是美國加州的一棵松樹，據說已經活了 4,850 年。壽命最長的動物存在爭議，因為大部份動物沒有類似樹木年輪的東西，很難估算其真實年齡。不過有證據表明，某

些種類的烏龜、鯊魚、石斑魚和蛤蜊能活到 200 歲以上，而像海綿和珊瑚這類低等海洋動物甚至可以活成千上萬年，幾乎相當於永生了。

但是，上述這些數字就是牠們的絕對壽命了嗎？肯定不是，因為樣本量太小了。我們為甚麼有足夠的自信說人類的絕對壽命不會超過 120 歲？就是因為地球上已經生活過幾十億人，樣本量足夠大。同理，我們很可能並不知道果蠅或者小鼠的絕對壽命到底是多少，我們也不敢肯定以牠們為樣本的那些長壽實驗延長的到底是牠們的絕對壽命還是相對壽命，因為樣本量不夠。

再拿人類做個類比：假設一個外星人想研究一下人類到底能活多久，他從地球上隨便抓走 100 個人，關在籠子裏養着，每天好吃好喝，你覺得他會得出怎樣的結論呢？

因此，我們也許應該換個角度，考察一下各種生物的衰老速度，只有這樣才能更準確地反映出不同物種的命運。

前文詳細解釋過衰老速度的測量，但當我們把視線轉向整個生物圈時，衰老速度的測量方式就要變一變了。我們不可能去測每種生物的甲基化生物鐘，就連牠們的新陳代謝速率測起來也是很困難的。於是科學家們換了個方式，把死亡率視為衰老的衡量標準。換句話說，一種生物在自然界的死亡率愈高，它的衰老程度也就愈高。

拿人類做個類比：年輕時，我們的身體各項機能都處於鼎盛時期，死亡率很低；人到中年時，我們的肌肉和骨骼都會變弱，無論是捕獵能力還是對疾病的抵抗力都會變差，死亡率肯定就上去了。根據美國政府部門在 2010 年時所做的統計，20 歲美國男性的死亡率是 0.1%，30 歲時的死亡率是 0.2%，60 歲時的死亡率一下子提

高到了 1%，80 歲時死亡率更是上升到了 6%，而 100 歲的美國男性的死亡率則是 36%，換句話說，100 歲的美國男性當中有超過三分之一的人活不到 101 歲。

用這個方法來觀察世間萬物，我們會發現各個物種之間的差異巨大，不可能總結出一個普適的規律。比如大部份哺乳動物和鳥類都像人類一樣，從中年開始持續衰老直到死亡。但像某些海鳥、三文魚、章魚、蜉蝣、三色堇和蟬等生物則是在一生的大部份時間內均看不出任何衰老的跡象，直到某個節點，比如成功地繁殖了後代之後，便會迅速衰老並死亡，速度之快令人咋舌。另有一部份生物則不但不會衰老，反而會逆生長，即隨着年齡的增加，死亡率變得愈來愈低。具備這種能力的生物包括海龜、鯊魚、蛤蜊和龍蝦等，牠們的體積會隨着年齡增長而變得愈來愈大，身體也會變得愈來愈強壯，因此也就愈來愈不容易死，直到某一天死於一場意外事故為止。

其中，北美龍蝦的遭遇很具有代表性。美國東海岸曾經盛產龍蝦，早期北美殖民者捕撈到的龍蝦個頭都非常大，有記錄的最大龍蝦重達 20 公斤！不過當時的美國人並不喜歡吃龍蝦，甚至發生過監獄犯人因為每天都吃龍蝦抱怨伙食不好的事情。後來龍蝦搖身一變，成為美食的象徵，龐大的體型也就隨之銳減，變成了大家熟悉的樣子。

上面這個故事來自一本名叫《破解衰老密碼》（*Cracking the Aging Code*）的書，作者是美國生物學家約什·米特爾多夫（Josh Mitteldorf）和科普作家多利安·薩根（Dorion Sagan）。兩人在書中收集了大量類似的案例，最後得出結論說，地球上的生命進化出了各式各樣的生活方式，衰老和死亡並不是所有生物的必然命運。

換句話說，兩人認為衰老和死亡並不像大多數人想像的那樣受某種自然規律的支配，而是被基因所控制的一種主動行為。

漏洞百出的衰老理論

要想證明自己提出的新理論是正確的，首先必須指出舊理論的錯誤之處。米特爾多夫和薩根在《破解衰老密碼》一書中用了好幾章的篇幅對舊的衰老理論一一進行了駁斥，聽上去似乎很有道理。

首先，最早由物理學家們提出來的那兩個衰老理論已經被證明是錯誤的，前文已經介紹過，不再贅述。之後由生物學家們提出來的三個衰老假說都曾經受到過追捧，至今仍有各自的擁躉。但米特爾多夫和薩根認為它們全都存在重大漏洞，並不能很好地解釋衰老的原因。

生物學研究離不開進化論，著名的俄裔美籍遺傳學家西奧多西斯·杜布贊斯基曾經說過一句名言：「如果不從進化的角度去思考，生物學的一切都將變得無法理解。」衰老理論自然也不例外，所以這三個關於衰老的假說都和達爾文提出的自然選擇學說有很大關係。

第一個假說名叫「突變累積」。這一派相信衰老只存在於動物園，自然界是不存在衰老這回事的，大部份動物在衰老之前就死於天災人禍了。如果我們把自然選擇的主人稱為「老天爺」的話，所有那些導致衰老的壞基因都沒有機會見到這位老爺子，因此也就根本沒有機會被挑選，於是這些基因就被暫時保留了下來。如今人類登上了食物鏈的頂端，我們不必再擔心被吃掉或者餓死了，這就給了那些壞基因一個表現自己的機會，這就是人類衰老的原因。

　　米特爾多夫和薩根反駁說，自然界是有衰老這回事的，活過中年的動物還是可以找得到的，只是數量沒那麼多而已。也就是說，壞基因其實是有機會被老天爺看到的，即使雙方見面的次數不多，也已有足夠的時間被剔除。另外，新的研究發現，很多衰老基因屬於保守的基因家族，在線蟲、果蠅和小鼠中都能找到，這說明衰老基因不可能是僥倖逃過老天爺眼光的漏網之魚，反而是被他老人家選中的幸運兒。

　　第二個假說名叫「拮抗基因多效性」。這一派相信有一類基因具備多種功能，年輕時是好基因，年老時就是壞基因。老天爺最關心的是繁殖，所以優先挑選那些能夠在年輕時提高生殖效率的基因，至於它們老了之後是否會變壞，老天爺就不在乎了，這就是衰老的原因。

　　米特爾多夫和薩根反駁說，該假說問世時基因研究尚在襁褓之中，科學家們並不知道基因功能是很容易調節的，比如前文提到的甲基化就是其中的一種調節方式。如果一個基因在年老時變壞了，只要簡單地將其關掉就行了，並不是一件多麼困難的事情。但真實情況是，衰老基因的活性往往會在年老時被有意放大，這說明生物到了一定年齡後其實是在主動地選擇自殺。

　　另外，很多實驗發現，愈是長壽的品種，繁殖力反而愈強。比如前文提到過的麥克‧羅斯博士所做的那個果蠅長壽實驗，最終篩選出來的果蠅不但壽命變長了，而且繁殖力也提高了。要知道，「拮抗基因多效性」假說最初就是羅斯博士提出來的，這個實驗結果讓他感到非常困惑。按照他的理論，世界上是不應該出現既長壽又繁殖力強的品種的，兩者應該永遠是一對矛盾才對。於是他只能解釋說這是因為實驗設計有問題，實驗員在篩選長壽果蠅的同時也

無意中篩選了生殖力強的品種。但這個解釋實在是太勉強了，很難服眾。

第三個假說名叫「可拋棄體細胞」。這一派相信任何生物的可支配能量都是有限的，為了留下後代，生殖系統的健康肯定是要優先保證的，所以體細胞便被犧牲掉了。

米特爾多夫和薩根反駁說，該理論聽上去似乎很有道理，卻和幾乎所有的事實不符。比如，按照該理論，女性應該比男性壽命短，因為女性為繁殖後代付出的代價遠高於男性，可惜事實正相反；再比如，該理論預言孩子少的女性一定比孩子多的女性活得長，可惜事實證明兩者沒有差別；最明顯的例子是，該理論預言吃的多的人一定活得長，可惜事實正好相反，飢餓療法反而是唯一被證明有效的長壽法。

這個理論在解釋一些動物行為時似乎很有效，比如三文魚費盡千辛萬苦逆流而上，產卵之後便迅速死亡，看上去似乎是死於心力衰竭。但研究發現，三文魚其實是自殺的，牠們在產卵後體內的腎上腺會分泌一種激素，觸發一系列連鎖反應，不但將自己的血管堵住，而且還會破壞自身的免疫系統，把自己的身體變成微生物們的食堂。如果用手術割除三文魚的腎上腺，那麼這條魚就不會死了，說明牠的能量並沒有耗盡。

類似的案例還有很多，比如三色堇在開花後會很快死亡，但如果把花掐掉，三色堇就會在原來位置再開出一朵新的花，這個過程可以一直繼續下去，說明它還是有潛力的。這些案例進一步證明，衰老和死亡都是由基因所控制的自殺行為。

英國分子生物學家羅賓・霍勒迪（Robin Holliday）在他撰寫的那本經典科普著作《衰老：生命的悖論》（*Aging: The Paradox of*

Life）中還舉過一個例子，間接證明人類的衰老似乎也是由基因控制的一種主動行為。霍勒迪發現，人類的身體由各種不同的組織構成，它們的新陳代謝模式各異，細胞分裂的形式更是多種多樣，卻都遵循着幾乎相同的衰老時間表，在幾乎相同的時間段內一起老去，這說明衰老是在一個「總負責人」的管理下按部就班地進行的生理過程，因為只有這樣才能最大限度地節約能量。

具體來說，人腦是由一大群不會分裂的神經細胞組成的，神經元總數從一生下來就固定了，此後只減不增。心臟也是由一大群不會分裂的心肌細胞組成的，它們要不停地工作一輩子，直到死亡。按理說，任何不會分裂的細胞的壽命都是有限的，不可能永遠活下去，所以一個人只要年紀足夠大，一定會得阿爾茲海默症，因為這種病的本質就是神經細胞的丟失。同理，一個人只要活得足夠長，最終一定會心力衰竭，因為心臟也是不可能永遠跳下去的。

與此類似的還有眼睛的晶狀體，其主要成份晶狀體球蛋白也是不會再更新了，於是白內障就成為老年人最常見的疾病，甚至可以說是一個人衰老的標誌。如今這種病可以通過現代醫學手段加以糾正，但在遙遠的古代，這種病幾乎可以宣判一個人的死刑了。

與此相反，皮膚則是由一大群極為活躍的皮膚細胞組成的，幾乎每時每刻都在更新，每隔一個月就全部換一遍。但皮膚到了一定年紀就會衰老，事實上，很多人就是根據皮膚的狀況來判斷陌生人的年齡的。同理，人體的其他組織和器官，甚至包括骨骼，都是可以隨時更新的，但它們也都在相同的時間段內開始衰老，極少例外。

更為極端的案例是人的牙齒，這是由礦物質組成的，幾乎不能算是活物。牙齒的壽命完全遵從物理規則，人類所能控制的只有牙

齒的厚度。巧的是，人類的牙齒厚度剛剛可以滿足一個人正常地活過中年，再活下去的話牙齒也會一一脫落，沒有例外。

類似的情況在任何其他哺乳動物中都是一樣的，只是時間表有所不同而已。如果你去檢查一條 12 歲的狗，牠的身體狀況肯定和一個 60 歲的老人差不多。換句話說，狗的神經細胞、心肌細胞、皮膚細胞和牙齒等都是按照狗的時間表在工作的，大家仍然一起衰老，只不過衰老的速度是人類的 5 倍。

如果你再去檢查一隻 2 歲的小鼠，牠的身體狀況肯定和 12 歲的狗是一樣的，依次類推。這些例子證明，控制衰老的不是時間，而是基因。一個物種的衰老速度和死亡時間全都是由基因統一控制的。

為甚麼會這樣呢？一個小故事可以幫助大家理解其中的原因。傳說美國汽車大王亨利·福特（Henry Ford）經常會去自家的修理廠巡視，目的就是看看舊福特車上哪個部件還沒有壞，然後他就不再從那個部件的生產商進貨，而是轉去尋找更便宜的廠家為自己供貨，因為他認為如果一個部件在整車都開壞了的時候還是好的，那就意味着這個部件當初買貴了，白花了冤枉錢。

米特爾多夫和薩根相信，我們每個人的身體裏都住着一個「福特」，這就是為甚麼當我們進入老年時，身體的所有機能都同時垮掉了。要想減緩衰老，就必須先找到這個「福特」，然後逼着他改變主意。

進化論的四重境界

雖然聽上去很有道理，但米特爾多夫和薩根提出的這個衰老理

論並沒有流行開來，這是為甚麼呢？事實上，我這次採訪到的所有科學家都不認為衰老是大自然設計出來的，大家都傾向於認為衰老只是進化的副產品，是一個被動的過程。雙方的差別，仍然必須從進化論中去尋找。

達爾文在《物種起源》一書中隻字未提衰老的問題，似乎他覺得這件事不需要討論。事實上，如果當年的達爾文真的用心思考一下衰老問題的話，他很可能會對進化論產生懷疑，因為衰老和死亡太不符合進化論的預期了。試想，如果一種生物進化出了抵抗衰老的能力，牠肯定會比其他同伴留下更多的後代，長此以往，地球上應該充斥着長生不老的生物才對。關於此事的一個最可能的解釋就是，達爾文認為衰老屬於物理學範疇，長生不老是違反物理定律的，所以不值得討論。但前文已經說過，長生不老並不違反物理定律，單細胞生物有很多都是長生不老的。後來科學家們又在多細胞複雜生物中發現了長生不老的例子，這就是水螅（hydra）。這是一種非常簡單的腔腸動物，具有極強大的修復能力，只要環境適宜，水螅便可以一直活下去，永不衰老。

事實上，不僅是衰老，第一版達爾文進化論不能解釋的事情還有很多，比如動物中普遍存在的利他主義行為，以及前文提到過的細胞凋亡（apoptosis）。後者其實就是細胞自殺，早在 19 世紀 40 年代就被德國科學家首先發現了。不知道達爾文當年是否聽說過這件事，如果答案是肯定的話，很可能進化論又要難產了，因為達爾文肯定無法解釋為甚麼有的細胞會選擇自殺，這不等於自己把自己排除在生存競爭之外了嗎？這樣的細胞怎麼可能在嚴酷的自然選擇中勝出呢？

不過這事不能怪達爾文，當年的他並不知道基因的存在，不明

白遺傳到底是怎麼一回事，所以第一版進化論的基本單位是個體，自然選擇的對象也是個體，這是進化論的第一重境界。

基因被發現之後，進化論很快上升到了第二重境界，個體的位置被基因取代，成了自然選擇的直接作用對象。英國生物統計學家羅納德·費舍爾（Ronald Fisher）和英國（後入印度籍）遺傳學家約翰·霍爾丹（J. B. S. Haldane）是這套基因理論的鼻祖，但英國生物學家理查德·道金斯（Richard Dawkins）則被公認為該理論最好的詮釋者，他撰寫的《自私的基因》（*The Selfish Gene*）一書更是把這一理論變成了一個家喻戶曉的流行語。

自私基因理論很好地解釋了遍及動物界的利他主義行為。比如，工蜂之所以甘願犧牲自己成全蜂王，是因為蜂王可以更好地傳遞自己的一部份基因；再比如，第一個發現敵情的猴子之所以甘願冒著生命危險向同伴發出警告，是因為同伴們也攜帶有自己的一部份基因……

細胞凋亡現象也很容易用基因理論加以解釋。目前主流科學

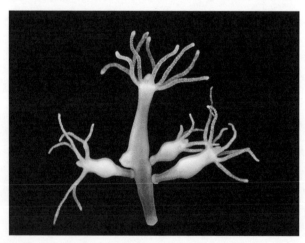

▶

具備永生能力的
多細胞生物水螅

界認為，細胞凋亡源於細菌時代，當時整個地球可以被看成一鍋細菌濃湯，裏面除了各種細菌外，還有數量更多的噬菌體（bacterio-phage）。這東西其實就是細菌的病毒，本身不具備繁殖能力，必須侵入到細菌體內，利用細菌自身的 DNA 複製系統進行繁殖，然後將宿主殺死，自己破壁而出，再去入侵新的細菌。當年的細菌們進化出了很多辦法對付噬菌體，可都不怎麼成功，最終一種細菌進化出了自殺這個辦法，即在病毒侵入自身後立即自殺，不給噬菌體繁殖的機會，從而保住了周圍的那些和自己具有相同基因的同伴們。也就是説，自殺的細菌犧牲了自己的身體，保住了自己的基因。

當然了，利他主義也是有個度的，這在很大程度上取決於對方到底有多少你的基因。比如，為甚麼大多數人對待自己的兒子比對待自己的侄子更好？這是因為兒子有一半的基因和自己都是相同的，而侄子只有四分之一基因和自己的一樣。這種基於基因理論的計算方式雖然看上去非常冷血，卻是進化生物學的基石。事實上，自從自私基因理論問世後，進化生物學這才終於成為一門能夠和物理、化學平起平坐的「嚴肅」的學問，因為科學家們普遍相信科學的基礎是數學，如果一門學問僅僅建立在觀察和推理的基礎上，是很難上升到理論層次的。

但是，基因理論的出現卻把進化生物學分成了兩大派別，彼此爭論不休。一個是數學派，每天的工作就是計算各種行為模式的基因概率。另一個是田野派，依然把大量時間花在野外觀察上。雖然也有不少人對兩種研究方法都不排斥，但總的説來這兩派的差異相當明顯，誰也不服誰。不過，由於數學畢竟代表着至高無上的科學真理，所以目前「數學派」佔了上風，主流進化生物學的話語權基本上是被數學家們把持的。

這兩派在不少問題上持有不同意見，其中最大的分歧就是對於「群體選擇」（group selection）的態度。以英國著名進化生物學家約翰‧梅納德‧史密斯（John Maynard Smith）為代表的「數學派」相信自然選擇在絕大多數情況下都只會作用於個體，群體選擇不太可能成為進化動力。但「田野派」卻不同意這個觀點，他們在野外觀察到很多案例，說明個體經常會為了群體的利益而做出犧牲，比如很多動物會主動調節自己的生育力，避免種群數量超標，因此群體同樣有可能是進化的主體。

「群體選擇」可以看作進化論的第三重境界，「如何解釋衰老」就是這一境界最好的試金石。「田野派」大都是群體選擇學說的擁躉，他們堅信衰老就是為了照顧群體的利益而被進化出來的，因為衰老的受益者只能是群體，這是顯而易見的事實，有無數野外觀察到的案例為證。大多數「數學派」雖然也同意衰老的受益者是群體，但他們認為衰老是不可能被進化出來的，因為數學計算結果不支持這個想法。這個計算所用到的數學工具相當複雜，這裏僅舉一個很可能是過於簡單的例子幫助大家理解：假如一個由「衰老者」組成的正常群體中出了個不會衰老的「作弊者」，其後代的數量肯定要比「衰老者」更多，「衰老者」就會慢慢變少，直到消失。

但是，衰老畢竟是無法否認的現實，於是「數學派」想出了很多基於自私基因理論的假說來解釋衰老的原因。前文提到的那三個衰老理論都是這一派的成果。不過，最近也有一批「數學派」的科學家聲稱自己找到了證據，證明群體選擇理論有可能是正確的。但迄今為止這兩派誰也沒有完全說服對方，因此群體選擇理論尚不能作為公理被寫入教科書。

米特爾多夫和薩根顯然是支持群體選擇理論的，但兩人又更進

了一步，認為目前的群體選擇理論只是把自然選擇的對象從個體變成了群體，本質上仍然是鼓吹你死我活的生存哲學。兩人相信自然選擇的對象應該是整個生態系統，進化絕不僅僅是個體之間、基因之間或者群體之間的優勝劣汰，而是整個生態系統的協同演進，這就是進化的第四重境界，只有按照這個思路來思考衰老問題，才能明白為甚麼大自然會進化出衰老這件事。

事實上，按照這個想法，死亡才是大自然的最終目的，衰老只是讓你不得不接受命運安排的一項措施而已。如果這個想法是對的，那就意味着衰老是一種自殺行為，如果人類想要延緩衰老，就不能再「順應自然」了，因為大自然的本意就是讓你死。

兩人之所以會有這個奇怪的想法，是有深刻的歷史原因的。《物種起源》出版之後的頭幾年，進化論曾經遭到過宗教教徒們的瘋狂抵制，但達爾文的思想很快就贏得了更多人的支持，原因是當時有很多社會學家把進化論理解成了血淋淋的優勝劣汰。這個解釋非常符合剛剛興起的歐洲資產階級的生存哲學，有着非常廣泛的群眾基礎，所以才會流傳得如此廣泛。後來出現的基因理論更是為種族歧視提供了理論基礎，費舍爾本人就是「優生學」的堅定支持者。

這種狀況直到 20 世紀 60 年代才出現了轉機。當時有一批科學家綜合了最新的研究成果，認為此前以費舍爾等人為代表的所謂「新達爾文主義」（Neo-Darwinism）並不能真正體現出進化的複雜性，他們相信不同物種間的分工協作同樣是生物進化的基本原則，甚至更有可能是進化的主要方式。這一派的代表人物就是薩根的生母，美國馬薩諸塞大學的遺傳學家琳・馬古利斯（Lynn Margulis）。她認為真核細胞的線粒體不是慢慢進化出來的，而是被一種微生物

吞進去的細菌的後代。雙方各取所需，相互合作，最終形成了一種共生的關係。這個假說在當時可以說是驚世駭俗，很少有人相信，但如今愈來愈多的證據表明她是對的。

馬古利斯之所以敢大膽地挑戰舊觀念，與 20 世紀 60 年代風起雲湧的嬉皮士運動有很大關係。這場運動把矛頭對準了資本主義制度，後者的思想基礎之一就是建立在自由競爭基礎上的新達爾文主義。作為馬古利斯的兒子，多利安・薩根同樣反對自由市場經濟。在他看來，不受制約的資本主義制度就好像是失去控制的蝗災，總有一天會把有限的自然資源攫取乾淨，然後大家一起完蛋。於是，米特爾多夫和薩根提出了這個新假說，認為衰老和死亡就是大自然進化出來維持生態平衡的武器，如果沒有死亡，生態系統注定將會崩潰。

應該說兩人的願望是很好的，但他倆的推理過程跳躍得太厲害了，存在不少漏洞，迄今為止尚未得到數學家們的支持，所以這套理論並沒有被主流科學界接受，僅僅是一個假說而已。話雖如此，兩人在《破解衰老密碼》一書中提出的很多問題確實值得我們思考，因為現有的衰老理論實在是沒法讓人滿意。

追根溯源

那麼，有沒有不需要借助美好的理想，僅僅基於現有的知識體系就能解釋清楚的衰老理論呢？答案是肯定的，比如英國倫敦大學學院的生化學家尼克・萊恩（Nick Lane）在 2015 年出版的《至關重要的問題：為甚麼生命會如此？》（*The Vital Questions: Why Is Life The Way It Is?*）一書中就做過一個大膽的嘗試。這本書簡直可

以說是一本波瀾壯闊的生命史詩，萊恩從生命的起源開始講起，用嚴密的邏輯推導出生命的諸多奇特性質到底是如何產生的，其中就包括性和衰老。萊恩證明有性生殖和衰老死亡其實是一枚硬幣的正反兩面，兩者是共同出現並一同進化的。

英國倫敦大學學院的生化學家尼克‧萊恩，他目前是生命進化領域的佼佼者。

　　這本書開始於一個曠世天問：為甚麼細胞的形態是如此單調呢？這個問題聽上去似乎有點奇怪，卻是進化生物學領域的一個千古之謎。眾所周知，生命的基本單元是細胞，所有的生物都可以按照細胞的不同分成原核和真核這兩大類，其中真核生物（eukaryote）包括原生生物（阿米巴蟲）、真菌、植物和動物這四界，雖然旗下物種形態各異，但細胞內部的構造卻出奇地相像，其生化反應類型也極其單一，幾乎可以肯定是源自同一個祖先，而且之後就再也沒有發生過大的改變了。原核生物（prokaryote）曾經被認為只有細菌這一類，但後來發現還有一類古細菌（archaea），其 DNA 複製機理和蛋白質合成機制均與細菌有很大的不同，反而更像真核細胞，所以應該單獨算一類。

　　換句話說，地球上的所有生命雖然看上去千奇百怪，但在細胞層面上僅有細菌、古細菌和真核生物這三大類，這是很不尋常的事

情。要知道，生物進化的一個最大特徵就是複雜多樣，很多我們能夠想到的功能都不止一次地被進化出來過。比如多細胞生物至少獨立地進化出了 5 次，飛行能力至少獨立地進化出了 6 次，眼睛更是獨立地進化出了幾十次，為甚麼細胞本身反而只是獨立地進化出了 3 次呢？

萊恩認為，這個問題和基因關係不大，必須從細胞的能量利用方式中去尋找答案。在他看來，近年來 DNA 的關注度太高了，讓大家忘記了能量對於生命而言有多麼重要。細胞種類之所以如此之少，原因就是能量利用方式很難改變，這一點限制了細胞的想像力。具體來說，目前已知的所有細胞的能量全都來自跨膜質子梯度，即細胞膜兩側的質子濃度差異。這個差異導致了細胞膜兩側產生了電壓差，驅使質子從濃度高的一側向濃度低的一側轉移，能量就是在這個過程中產生的。這個過程的學名叫作「化學滲透偶聯」（chemiosmotic coupling），其本質就是前文提到過的氧化還原反應，只不過中間加了個膜而已。最早發現此機理的是英國生化學家皮特‧米切爾（Peter Mitchell），他因為這項發現而獲得了 1978 年的諾貝爾化學獎。萊恩將米切爾稱為「繼達爾文之後最偉大的生物學家」，因為這個發現是繼進化論、相對論和量子理論之後最為反直覺的科學理論。該理論剛被提出來時很多人都不敢相信，生命竟然採用了這樣一種既複雜煩瑣又極不可靠的能量利用方式。萊恩認為，此事的原因就在於最早的生命採用的就是這種方式，而能量對於生命而言實在是太重要了，此後的所有生命形式只能繼續沿用這一方式，沒有任何試錯的餘地。

順着這個思路，萊恩提出了一個大膽的猜想。他認為地球上的生命很可能起源於海底的鹼性熱液噴口（alkaline hydrothermal vent），從噴口噴出的含有氫氣的鹼性熱液遇到海水後形成了一個天然的質子梯度，為含碳無機物轉化成有機物提供了能量。與此同時，海底岩石內部狀如海綿的細小縫隙為有機物提供了一個個小小的避風港，這就是原始細胞的雛形。

但是，這種能量利用方式有個致命的缺點，那就是細胞膜表面積是有上限的。我們可以把細胞膜想像成太陽能電池板，板的總面積限制了總發電量的大小。根據簡單的數學原則，單位體積的細胞所能分配到的細胞膜表面積和細胞直徑成反比，也就是說，細胞的體積愈大，細胞內部每個細胞器所能分到的能量就愈少，這就限制了原始細胞在進化上的想像力。根據最新的研究，細菌早在 40 億年前就誕生了，但直到今天細菌仍然是一種極為簡單的單細胞微生物，無論是細胞體積還是基因組都非常小。已知最大的細菌基因組只有 1,200 萬個核苷酸（ATCG），這麼小的基因組是很難支撐起任何複雜的生命形態的。

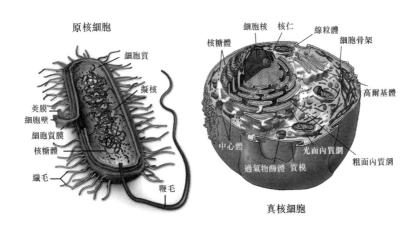

▲ 原核細胞和真核細胞示意圖

轉機出現在大約 20 億年前，地球上首次出現了真核細胞，突破了細胞膜帶來的能量限制，從此地球生命發生了翻天覆地的變化，不但很快就進化出了多細胞生物，而且還首次出現了有性生殖方式。最重要的是，衰老終於登上了歷史舞台，成為只有真核生物才有的新性狀。所以說，要想理解衰老到底是怎麼回事，首先必須搞清楚從原核細胞到真核細胞的轉變是如何發生的，以及這個轉變究竟意味着甚麼。

　　萊恩認為，原核向真核的轉變關鍵在於線粒體，這是專門為真核細胞提供能量的微型發動機，食物中的能量分子在線粒體中被氧化，產生的能量以三磷酸腺苷（ATP）的形式被釋放出來供細胞使用。這個過程仍然需要用到化學滲透偶聯反應，因此線粒體所產生的能量同樣是和線粒體膜的表面積成正比的，但因為每個細胞內都含有成百上千個線粒體，這就大大增加了膜的總面積，所產生的能量要比僅靠細胞膜產生能量的原核生物多得多。據統計，人體所有細胞內的線粒體膜表面積加起來約有 1.4 萬平方米，大致相當於四個足球場那麼大，一個人的所有能量需求就是靠這 1.4 萬平方米線粒體膜的內外壓力差來產生的。

　　關於線粒體的來源曾經有過很多理論，目前是馬古利斯提倡的內共生學說佔了上風。1998 年，美國生物學家威廉·馬丁（William Martin）在此基礎上又提出了一個更加具體的方案，被稱為氫氣假說（hydrogen hypothesis）。該假說認為第一個真核細胞是由一個古細菌吞噬了一個細菌而產生的，這個古細菌是依靠氫氣生活的，而它吞進去的細菌能夠生產氫氣，正好為宿主提供了最需要的東西。

　　一個細胞吞噬另一個細胞並不是甚麼新鮮事，但被吞進去的細

胞居然沒有死，還被宿主「招安」，成為宿主生命的一部份，則是極為罕見的事情。事實上，萊恩相信這樣的事情在地球生命的前 20 億年歷史中只發生過一次，屬於極小概率事件。但這個偶然事件卻產生了一個極具震撼力的後果，那就是真核細胞的誕生。如今地球上的真核細胞之所以如此相似，就是因為它們全都來自 20 億年前發生的那個極小概率事件。

如果萊恩的猜測是正確的，那就說明即使宇宙中的某個星球上真的出現了生命，也極有可能一直停留在單細胞細菌階段，無法進一步進化出複雜的多細胞生物，更不用說高級智慧生物了。換句話說，人類的出現是真正意義上的小概率事件，我們很可能是茫茫宇宙中的一群孤獨的智者。

關於宇宙生命的討論暫時告一段落。必須承認，這一節內容太多，邏輯相當跳躍，可能不太容易理解。不過讀者不必理會，只需知道生命最重要的特徵並不是遺傳，而是能量的使用，發生在 20 億年前的一次極小概率事件造就了第一個真核細胞，從此細胞的能量限制被打破，一系列震驚世界的大事件從此拉開序幕。

沒有線粒體就沒有性生活

讓我們再把目光轉向 20 億年前，看看那個剛剛吞噬了另一個活細菌的古細菌究竟會如何行事。首先，被吞進去的那個細菌進入了一個非常安全的環境，迅速地繁殖起來。作為宿主的古細菌是樂見其成的，因為它需要細菌產生的氫氣為自己提供能量。漸漸地，這個細菌進化成了原始線粒體，繼續為宿主提供能量。但這樣一來，宿主細胞內便同時有了兩套基因組，一套負責細胞本身，一套

負責線粒體，這就相當於一個國家內部有了兩套領導班子，早晚要出事。

果然，處於劣勢的原始線粒體基因組首先投降了，線粒體內部的基因片段不斷地跑出來，並被一一整合進了宿主的基因組內，這就相當於線粒體把自身的控制權交給了宿主，看似對線粒體不利，但其實這是一件對雙方都有利的轉換。這樣一來，線粒體在自我複製的時候就不必每次都複製一大堆基因了，加快了自身的繁殖效率，同時宿主也在這一轉換中節約了能量，減少了線粒體的維護成本。

但是，隨着愈來愈多的線粒體基因被整合進宿主的基因組，一些細菌病毒也跟了進去，並最終進化成了內含子（intron）。內含子的概念解釋起來比較複雜，大家不必理會，只需知道它們是殘存的病毒片段行了。內含子的出現逼得宿主細胞進化出了一層新的保護膜，把自己的基因組保護了起來，這就是細胞核的由來。從此，真核細胞誕生了。

因為有線粒體提供充足的能量，所以真核細胞終於可以養得起一個龐大的基因組了，於是真核細胞的基因組便愈來愈大了。比如人類基因組包含 30 億個核苷酸，是細菌基因組的數百倍。不過人類基因組還算小的，已知最大的真核細胞基因組含有 1,000 億個核苷酸，這在原核生物中是不敢想像的。另外，由於線粒體是在細胞內部活動的，這就打破了細胞膜總面積對能量生成的限制，於是真核細胞的體積也迅速膨脹起來。如今真核細胞的平均體積已經達到了原核細胞平均體積的 1.5 萬倍！這是個巨大的變化，再像細菌細胞那樣「無組織無紀律」就不行了，於是真核細胞進化出了很多不同類型的細胞器，比如內質網、高爾基體、溶酶體和中心體等，它

們就像是細胞內部的微器官，大大提高了真核細胞的組織性和紀律性，工作效率也大大提高了。

換句話說，線粒體的誕生導致細胞發生了一系列連鎖反應，為複雜生命的出現做好了準備。這一過程很像是人類社會發明了農業，食物來源有了保障，這才出現了複雜的社會分工和組織結構，出現了現代意義上的國家，人類文明終於邁上了一個新的台階。

隨着國家的擴張，管理權不可能全都集中到中央政府手裏，地方政府和機構也要保留一定的自治權。同理，線粒體也並沒有把全部基因都轉移到細胞核內，自己仍然保留了一部份 DNA，這是因為化學滲透偶聯是一個極其精細的化學反應，對蛋白酶的三維結構的精確度要求特別高，這就要求線粒體基因組內專門負責編碼這幾個酶的基因盡可能地靠近線粒體膜，以便能隨時針對外部環境的變化而迅速地做出反應。舉例來說，人類的線粒體基因組包含大約 1.6 萬個核苷酸，不到原來那個細菌基因組的 1%，卻包括 13 個重要基因，負責編碼能量生產過程所需的那幾個最重要的蛋白酶。

也就是說，經過這麼多年的進化，如今的真核細胞內仍然包含有兩套各自獨立的基因組，其中核基因組負責編碼組成線粒體的絕大部份蛋白質，線粒體基因組則負責編碼線粒體中最重要的那幾個蛋白質，兩者必須結合在一起才能組裝成一個完整的線粒體。但是，這兩套基因組畢竟是各自獨立的，於是它倆之間的相互配合便成了一個問題。

在討論這個問題之前，讓我們先來看看這兩個基因組各自都是如何保持健康的。

先來看核基因組。眾所周知，基因突變無法避免，這是生命進化的原動力，沒有基因突變就沒有我們的今天。但是，絕大多數基

因突變都是負面的，生物體必須通過自然選擇將其淘汰。細菌很容易解決這個問題，因為細菌的基因組都非常小，而且細菌之間經常交換基因，術語稱之為「基因水平轉移」（horizontal gene transfer），這就保證了細菌基因組的流動性，便於老天爺看到單個基因的表現，然後從中篩選。但是，真核生物的基因組都非常大，即使分成了一個個染色體也都嫌太大了，再加上細胞核的保護，真核生物便沒法通過基因水平轉移來交換基因了，於是基因的流動性就不存在了。如果真核細胞再像原核細胞那樣採取一分為二（即有絲分裂）的方式進行繁殖，問題就來了。

假設有一條染色體，上面有個非常重要的基因，哪怕變一點都不行，這個基因後面跟着一個次要的基因，雖有好壞之分卻沒那麼重要，於是這個次要基因就相當於攀了門高親，它再怎麼差都不會被淘汰了。長此以往，染色體上的那些次要基因就會變得愈來愈差，這顯然是不行的。

真核細胞如何解決這個難題呢？答案是有性生殖。當年達爾文在《物種起源》一書中極少談性，這當然不是因為他有甚麼道德禁忌，而是因為達爾文本人很難理解為甚麼大自然會進化出有性生殖這件事，這樣不就把優秀的個體特徵稀釋掉了嗎？想像一下，假如有一頭長頸鹿進化出了長脖子，能夠吃到樹頂上的葉子，這是很有優勢的個體特徵。但當牠和另一頭不那麼高的長頸鹿交配後，生下的孩子應該介於兩者之間，這不就等於丟掉了這個優勢嗎？還有，從繁殖效率的角度來看，無性生殖顯然效率更高，有性生殖不但效率低下，甚至還要冒着找不到配偶的風險，這是何苦來呢？

這個謎團直到基因被發現後才被逐步解開。原來，有性生殖過程當中最重要的一步就是基因重組，也就是來自父母雙方的染色體

兩兩配對，然後相互交換基因片段，這就相當於打破了基因之間固有的綁定關係，讓基因「流動」了起來，只有這樣才能讓老天爺看到單個基因的表現，從而把表現差的基因清除出去。

換句話說，有性生殖雖然降低了繁殖的效率，卻大大提高了核基因組的質量，所以當真核細胞出現之後，很快就進化出了有性生殖。目前地球上所有的真核生物都會在生命的某個階段採取有性生殖的方式繁殖後代，沒有例外。

線粒體基因組的情況比較複雜。這是個很小的基因組，所以它肯定只能跟在核基因組後面走，逼着自己學會適應有性生殖方式，沒有其他選擇。照理說，當兩個性細胞彼此融合之後，線粒體肯定也會混雜在一起，如果一方帶來了不好的線粒體，就會被稀釋，從而躲過老天爺的篩選，於是包括人類在內的絕大部份真核生物採取了一種極端的方式，即受精卵內的線粒體全部由卵子提供，精子只負責提供核染色體，一個線粒體也不貢獻，這就避免了彼此遮掩的情況，便於大自然淘汰壞的線粒體。

但是，這是個過於簡單的解釋。事實上有很多生物採取了不同於人類的策略，即精子和卵子全都為受精卵提供線粒體，這是為甚麼呢？萊恩認為，這是與線粒體的數量及突變率有關的。線粒體數量愈多，突變率愈大，就愈會採取人類的方式。不過這裏面的計算過於複雜，和衰老關係不大，在此不再贅述。

總之，萊恩證明線粒體的出現使得真核細胞的基因組變得非常大，於是真核生物進化出了有性生殖，保證了基因的質量不會下降。接下來，萊恩又用一套嚴密的邏輯論證了線粒體的出現為甚麼會導致衰老，整個論述過程極為精彩。

衰老是怎麼回事？

在萊恩看來，衰老的核心就是核基因組和線粒體基因組的不匹配，這就是為甚麼只有真核生物才有衰老，原核生物都是永生的。

讓我們先來考察一下真核生物中的異類，也就是前文提到過的那個幾乎永不衰老的海綿（sponge）。這是世界上結構最簡單的多細胞動物，其體細胞的分化程度非常低。海綿平時不需要行動，所以海綿細胞內的線粒體數量很少，工作效率也不高，因此海綿線粒體的突變率很低，不太容易出現壞的突變。

海綿的生殖分無性和有性兩種。無性生殖時，海綿身體的任何一個部位都能單獨發育成一個新的個體。有性生殖時也類似，其身體的大部份體細胞均能轉化成生殖細胞，然後兩兩交配，生成受精卵。因此，即使海綿身體的某個部份出了問題，其他健康部位立刻再生出一個新的就行了，這個過程可以一直持續下去，不會影響下一代的健康，因為壞基因都在這一過程中被淘汰掉了。

如果真核生物都是像海綿這樣的簡單生物，那麼衰老也許就不會出現了，但是，因為藍藻細菌的貢獻，地球大氣在 24 億年前首次出現了氧氣這一成份。這是一種非常活躍的氣體，它的存在極大地提高了生命的能量利用效率，具備行走能力的高等動物終於出現了，並且很快就獲得了進化優勢。此時再來考察一下線粒體的情況，就會發現高等動物是不能按照海綿的方式進行繁殖的，因為高等動物的身體結構太過複雜，對線粒體的質量提出了更高的要求。

就拿人類來做個例子。人體細胞是高度分化的，各個器官分工協作，少一個都不行。如果某個器官的線粒體出了問題，導致這個器官出了毛病，那麼整個人就活不成了。為了防止出現這種情況，

人類的受精卵變得愈來愈大，裏面含有的線粒體數量達到了驚人的 10 萬個左右，這是因為受精卵在分裂時，線粒體是隨機被分配到兩個子細胞當中去的。如果受精卵內的線粒體數量太少，那麼其中混有的壞線粒體就有可能在胚胎發育過程中被集中到某個後代細胞中去，導致某個組織或器官出現問題。只有當受精卵的線粒體數量足夠大時，才有可能避免出現這種情況。

換句話説，高等動物高度分化的身體結構對胚胎的早期發育提出了很高的要求，胚胎中的任何一個細胞都不能掉鏈子，否則就會影響整個器官，然後波及全身。於是高等動物進化出了超大體積的卵子，裏面含有超多的線粒體，這就解決了胚胎發育的線粒體質量控制問題。

另外，像人類這樣的陸地動物是需要滿地亂跑的，這種生活方式需要大量的能量，於是人類線粒體的工作效率非常高，繁殖速度非常快，突變率也隨之大大提升。已知人類線粒體基因組的突變率達到了核基因組的 10—50 倍，遠高於海綿，於是人類體細胞中的線粒體出現壞變異的可能性變得非常大，不可能再像海綿那樣隨便從身上割下一塊肉就可以再生出一個新人了。為了保證後代的線粒體的健康，人類進化出了專門的生殖細胞系，在出生後不久便將它們凍結起來，不再參與任何生理活動，盡可能地降低基因突變的可能性。比如人類的卵母細胞在女性胚胎發育的早期就被保護起來了，成年後每次排出的卵都是從這幾個被保護起來的卵母細胞分裂出來的，其中的線粒體質量有保證。

萊恩把這個現象總結成了一句話，叫作「不死的生殖細胞，短命的身體細胞」（immortal germline, mortal body）。大意是説，生命就像一條河，流過的水分子每時每刻都不一樣，但河流的名字卻

永遠不變。細心的讀者一定會發現，這句話和前文提到過的「可拋棄體細胞」理論非常相似。沒錯，兩者本質上說的是一回事，只是細節不同而已。

總之，萊恩認為高等動物活躍的生活方式對能量提出了很高的要求，使得保護線粒體質量成為一項重要任務，於是高等動物進化出了相對獨立的生殖細胞系，它們完全不參與任何其他生命活動，專心負責繁殖。生殖細胞的存在解放了體細胞，讓後者可以盡情發育成身體所需要的樣子，比如肌肉細胞、神經細胞和免疫細胞等。這些高度分化的體細胞不必考慮自身的繁殖問題，它們唯一的工作就是幫助生殖細胞完成繁殖任務，之後就可以被拋棄了，這就是為甚麼所有動物的壽命都和發育期成正比，只要發育完成了，可以繁殖後代了，身體就沒用了。

那麼，這些體細胞是如何被拋棄的呢？答案就是細胞凋亡。研究發現，所有真核生物的細胞凋亡全都遵循同一個模式，其核心就是線粒體。當線粒體工作效率下降時，自由基便會洩漏出去，這是一個信號，會觸發一系列生化反應，導致呼吸作用停止，跨膜電壓消失，細胞徹底失去了能量來源，很快就被餓死了。

細胞凋亡機理剛被發現時，科學家們都不明白為甚麼線粒體會讓細胞自殺。萊恩則相信，這套細胞凋亡系統本質上和細菌為了對抗噬菌體而進化出來的細胞凋亡系統是一樣的。當 20 億年前那個古細菌吞噬了細菌之後，這套系統便被帶入了宿主體內，並承擔起了監控線粒體質量的任務。

前文提到，真核細胞內存在兩套基因組，它們共同為線粒體編碼，這就相當於同一個線粒體卻有兩張設計圖紙，彼此之間必須配合得嚴絲合縫才能組裝成一個高質量的線粒體。如果雙方由於某種

原因不再匹配了，生命體就必須將這個細胞除去，免得連累其他細胞，這就是為甚麼自由基洩漏會啟動細胞自殺程序，因為這是線粒體質量下降的信號。

當真核生物進化到多細胞階段時，急需一套懲罰機制來管理那些不服從大局的細胞，於是這套細胞凋亡機制又被徵用了，並在很多其他場合發揮了重要作用。比如我們的手在胚胎發育早期就是一團均勻的肉球，然後肉球表面的四個細胞團開啟了自殺模式，其餘部份則繼續生長，這才長出了五根手指。如果這個過程沒控制好，開啟自殺模式的細胞團多了一個，最終就會生出來一個六指兒。

成年後的多細胞生物也經常需要依靠細胞凋亡功能來清除掉不合格的細胞，大部份癌細胞就是這樣被清除出去的。據統計，一個成年人每天都有 600 億個細胞是通過細胞凋亡被清除掉的，約佔人體細胞總數的 1‰。

從這個例子就可以看出線粒體有多麼重要。萊恩認為，生命就是不斷地抵抗熵增的過程，這個過程每時每刻都需要消耗大量能量，一旦能量供應跟不上能量需求，其結果就是衰老和死亡。作為真核細胞所需能量的唯一供應商，線粒體掌管了真核生物的生殺大權，線粒體的健康極限就是真核生物的壽命極限。

既然如此，動物們只要進化出高質量的線粒體不就可以長壽了嗎？答案並不像大家想像的那麼簡單。前文說過，線粒體的遺傳模式和核基因組不一樣，雙方必須相互配合才行。高等動物受精卵中的線粒體全都來自卵子，但核基因組卻有一半來自精子，因此卵子的每一次受精都是撞大運，碰上合適的精子皆大歡喜，碰上不合適的就會倒霉一輩子，所以大多數高等動物都學會了對受精卵進行預篩，即把不合格的胚胎剔除出去，這樣就不會浪費資源了。對於人

類來説，這就是流產。據統計，人類有大約 40% 的妊娠是以流產告終的，很多流產就連母親都覺察不出來。萊恩認為，其中很多流產的原因就是線粒體基因組和核基因組不匹配，導致線粒體質量出了問題。

但是，基因組之間的匹配沒有最好只有更好，線粒體的質量究竟要達到甚麼樣的標準才能不被篩除呢？答案必須依照動物的生活方式來決定。比如，飛行需要耗費大量的能量，因此所有會飛的動物對線粒體質量的要求都非常高，這就是為甚麼絕大多數鳥類對於配偶都極為挑剔。很多進化生物學家都對雄鳥為甚麼會進化出如此豔麗的羽毛感到不解。達爾文曾經説過，他每次一想到孔雀的羽毛就「感到噁心」，因為這件事太不符合進化論的預期了。但在萊恩的理論體系裏，這件事變得很容易解釋。雄鳥羽毛上的色素是很難合成的，需要高質量的線粒體提供能量，所以萊恩認為雄鳥羽毛其實就是展示自己線粒體質量的一個廣告牌。

還有一點也很重要，那就是雄鳥的性染色體是 ZZ，雌鳥是 ZW，和人類正相反。很多和線粒體有關的基因都在 Z 染色體上，所以雌鳥的線粒體基因大都來自父親，這就是為甚麼鳥媽媽在擇偶時必須十分挑剔，否則她的女兒就會遭殃。不過，挑剔的結果就是鳥類的生殖能力相對較低，一隻雌鳥一年往往只能生一窩。

再來看看小鼠的情況。小鼠的生活範圍很小，也不用飛，不需要特別優質的線粒體就能活得很好，因此母鼠對於胚胎質量的要求要比鳥媽媽低得多，其結果就是小鼠的體力雖然不如鳥類，但繁殖力卻比鳥類強很多。

總之，真核生物的生命就是一場體力（fitness）和繁殖力（fertility）之間的較量，兩者天生矛盾，魚和熊掌永遠不可能兼得。這場

競爭最終一定會達成某種平衡，平衡點的位置取決於該生物的生存策略。

萊恩的這套理論很好地解釋了為甚麼鴿子和小鼠的體重差不多，休息時的新陳代謝速率也相近，但絕對壽命卻相差 10 倍，原因就在於鳥類的線粒體質量高，其自由基洩漏速度是同等體重的哺乳動物的十分之一。有趣的是，唯一會飛的哺乳動物蝙蝠的線粒體質量和鳥類更相似，壽命也相應地比同樣體重的小鼠長很多。

這套理論還解釋了為甚麼飢餓療法、鍛煉身體和低碳水化合物飲食會延緩衰老，原因都是自由基。研究結果證明，人在飢餓、運動和低碳飲食時，其線粒體的工作效率會更高，自由基就更不容易洩漏。

總之，萊恩認為衰老的原因就是線粒體基因組和核基因組之間的不匹配所導致的線粒體質量下降，自由基隨之洩漏，損傷了細胞，觸發了細胞凋亡。之後，如果自殺的細胞被新細胞替換，皆大歡喜，這就是年輕時的狀態；如果來不及替換，活細胞的數量就會愈來愈少，這是老年時的狀態；如果細胞凋亡過程出了問題，導致這個細胞沒有死透，只是失去了分裂能力，它就會變成前文提到過的衰老細胞，導致一系列問題。

線粒體有沒有可能永遠保持健康？答案是否定的。因為基因總是會發生變異，兩套基因組不配合的情況一定會發生。不過人體是不在乎這個的，因為生殖細胞早就被保護起來了。當繁殖任務完成後，身體再怎麼衰老也無所謂了。

再拿人類的文明發展做個類比。狩獵採集階段人類都是以小團體的方式生活的，團體規模很長時間都沒有變化，這就相當於「原核生物」。當人類發明出農業後，食物來源有了保障，於是就出現

了大型部落，進而出現了國家，這就相當於「真核生物」和高等動物。國家內部複雜的機制早晚會出亂子，於是再強大的國家也有被滅的時候，這就是身體的死亡。但人類文明並不會因此而中斷，因為人還活着，只是換了個國號而已，這就是生殖細胞的永生。

讀到這裏也許有人會問，大自然為甚麼沒有進化出另一套能量生產方式，杜絕兩套基因組之間的不匹配現象呢？萊恩認為，這個結果恰好說明進化是沒有遠見的，缺乏頂層設計，走一步看一步，出現一個問題就解決一個問題，然後再去迎接新的問題，最終的結果就是我們今天看到的一團亂麻。生命就是這樣一步一步走到了今天，今後也將會按照這個方式繼續一步一步地走下去。未來的世界將會怎樣？誰也無法預測，這就是生命最有魅力的地方。

結　語

說到長壽，人類其實是最沒有資格抱怨的靈長類動物。我們的壽命幾乎是黑猩猩的兩倍，其他靈長類動物更不是我們的對手，人類可以說已經達到了靈長類的極限，這是為甚麼呢？答案可以從人類的生活方式中去尋找。

現代智人誕生於非洲大草原，祖先們的絕對速度不如獵豹，絕對力量不如獅子，雖然學會了使用工具，但原始工具的作用有限，他們憑甚麼稱霸非洲？答案就是長跑。我們的祖先是非洲草原上長跑成績最好的選手，這項技能對線粒體的質量提出了很高的要求。事實上，人類的線粒體質量是靈長類動物中最好的，這就是人類長壽的奧秘。

人類的長壽帶來了諸多好處。比如，人類嬰兒的大腦可以有充

足的時間發育，少年可以有充足的時間學習知識，成年人可以有充足的時間發明創造出新的技能。我們甚至可以說，正是因為長壽，我們的祖先才有了充足的時間，慢慢進化出了超高的智商，最終成為了地球的主人。

參考資料：

Nick Lane: *The Vital Question: Why Is Life The Way It Is?* Profile Books, 2001.

Nick Lane: *Life Ascending: The Ten Great Inventions of Evolution*, W. W. Norton & Company, 2010.

Josh Mitteldorf & Dorion Sagan, *Cracking the Aging Code*, Flatiron Books, 2016.

Robin Holliday, *Aging: The Paradox of Life*, Springer, 2007.

J. Craig Venter, *A Life Decoded: My Genome: My Life,* Penguin Books, 2008.

Trygve O. Tollefsbol, *Epigenetics of Aging,* Springer, 2009.

第 三 章

人類的創造力是
從哪裏來的?

創造力是人類區別於動物的最關鍵的特質,

只要搞清楚創造力來自哪裏,

就能夠明白我們為甚麼變成了今天的樣子。

引言：創造力來自哪裏？

關於創造力的討論一定不能只限於科技，而把人文藝術拒之門外，因為創造力涉及幾乎所有的領域，體現在日常生活的方方面面之中。

2018 年 7 月 29 日下午，深圳灣體育中心「春繭」體育館內人聲鼎沸，RoboMaster 2018 機甲大師總決賽即將在這裏上演。這個比賽看上去很像是實體版的「王者榮耀」，只不過把原本只在虛擬世界裏發生的槍戰場面換成了真實的機器人對射。總決賽由上屆冠軍華南理工大學隊對陣東北大學隊，雙方隊員在各自的操作間裏通過機器人視角操縱本方機器人，在一個近似籃球場大小的戰場上閃轉騰挪，互相攻擊對方大本營。比賽現場的燈光設計極為炫酷，體育館內充斥着橡皮子彈擊中裝甲後發出的乒乓之聲，看得人心潮澎湃，其刺激程度一點也不亞於一場職業的籃球比賽。

機甲大師賽的前身是 2013 年舉辦的機器人夏令營，主辦方是總部位於深圳的 DJI 大疆創新公司。這家公司是全球無人機行業的領軍者，其創始人汪滔最早就是從亞太大學生機器人大賽（Robocon）上脫穎而出，並開始創業的。2013 年初，大疆推出了首款針對普通消費者的航拍無人機「精靈 1」（Phantom 1），迅速風靡全球。剛剛掙到人生第一桶金的汪滔迅速決定出資舉辦機器人夏令營，由此可見他對機器人有多麼着迷。兩年後，汪滔又將這個夏令營升級為面向全球大學生的機甲大師賽，迄今為止已經連續舉辦了四屆，總投資接近 3 億元人民幣。

▲ 2018 年機甲大師賽參賽選手正在調試機器人

　　雖然大疆真的很有錢，但如此大的投資力度已經不能完全用「興趣」來解釋了。有人認為大疆試圖將其辦成一項商業賽事，就像職業籃球賽一樣。但從現場觀眾的人數和構成來看，這項賽事距離盈利的目標尚有一段距離。還有人認為大疆試圖從參賽選手中挑選未來的僱員，這個說法當然不能說毫無根據，畢竟大疆已經從歷屆參賽選手中招進了幾十位工程師，但如果我們把機甲大師賽僅僅看成一場高價招聘會的話，那也未免太小瞧這家公司了。

　　「機甲大師賽的主要目的不是為大疆招聘工程師，而是希望能在大學生中間培養出一種工程師文化，以此來激勵更多的年輕人選擇工程師作為職業。」大疆公司總裁羅鎮華對我說，「只有這樣才能為這個創新型社會培養出更多具有創新精神的人才，大疆肯定也會從中受益。」

　　大疆非常重視創新，甚至把這兩個字寫進了公司的名稱之中。

大疆所在的深圳市也自詡為「創新之城」，一直試圖把經濟增長從投資驅動轉為創新驅動。事實上，創新已經成為全體中國人耳熟能詳的關鍵詞，愈來愈多的人意識到只有創新才能讓中國富強起來。

目標雖然一致，路徑卻各有不同。類似大疆這樣以工程師為骨幹的高科技企業全世界有很多，大部份採用了定向培養的方式吸納人才，具體做法就是從好大學裏挑選出優秀學生，為他們提供獎學金，希望他們學成後為自己服務。還有一些企業也想通過辦比賽的方式發現人才，但比賽規則卻和機甲大師賽有着非常大的不同。目前流行的幾個國際大型機器人賽事大都是某個特定的專項技術的比拼，比如看誰製造的機器人上台階最快，或者誰設計的無人機飛得最穩，等等。比賽方式也大都是私密的，更像是一場考試。大疆則反其道而行之，把比賽做成了一場公開表演的遊戲，而且是最吸引眼球的戰鬥類遊戲，不但提高了參賽者的興趣，也把觀眾的熱情抬了起來。

如果用美國職業籃球聯賽（NBA）全明星週末做個比喻的話，其他那些比賽相當於週六舉辦的扣籃大賽和三分遠投大賽，機甲大師賽則相當於週日舉辦的全明星正賽。熟悉的人都知道，週六比的是籃球專項技能，參賽隊員真用力，比賽含金量高。週日的比賽則相當於表演賽，能上場就是最大的褒獎，比賽內容往往乏善可陳。

機器人比賽也是這樣。其他那些專項賽事的技術含金量往往比較高，獲獎者甚至可以出篇論文。機甲大師賽則重在參與，裏面涉及的技術都相當基礎，但是因為比賽過程好看，再加上大疆花重金打造，使得機甲大師賽在大學裏的知名度很高，所有被選中參賽的學生都會被視為英雄，獲勝者更是有可能成為校內明星，受到全校師生的追捧。

除了宣傳和後勤服務之外，大疆只負責制定每年的遊戲規則並給出某些指標上限，然後任由參賽選手自由發揮。比如，機器人賽車只規定了電池的最高功率，移動方式和速度均不設限，於是有團隊設計了一套電容供電裝置，大大提高了行車速度。再比如，大疆只負責在每台機器人身上安裝靶子，躲子彈的方式不限，於是有位學生設計了一個巧妙的裝置，讓車身旋轉起來，但炮台不動，這樣一來機器人戰車就可以一邊高速自旋以躲避子彈，一邊繼續瞄準射擊，幾乎可以立於不敗之地。

總之，大疆為學生們提供了一個高仿真的虛擬工作機會，所有參賽隊員都會在比賽的過程中把將來工作中可能會遇到的所有問題解決一遍，並在這種近乎真刀真槍的演練過程中發現自己的長處和短處，找出未來的努力方向。至於説每個人的長處和短處究竟是甚麼，努力的方向到底在哪裏，大疆就不管了。

兩種方法的最終目的都是培養創新型人才，究竟哪一種方法最有效呢？答案取決於一個終極問題，那就是人類的創造力究竟是從哪裏來的？如果我們相信創造力來自天才，天才又是可以從小鑒定的，那麼前一種方法更可靠。但如果我們相信天才來自民間，沒有規律可循，無法提前培養，那麼大疆的做法就是正確的。

到底哪種方式最有效？這就是本專題試圖回答的問題。

2018 年的機甲大師賽最終以華南理工大學衛冕成功而宣告結束。我走出體育館，發現場外有好多人在等退票，我剛想驚嘆這個賽事居然已經如此轟動了，卻立刻被告知他們等的是隔壁體育場的退票，某當紅歌星那天晚上要在那裏開演唱會。

一句話把我拉回了現實。

一提到創新，學者們首先想到的肯定是科學和技術，認為這哥

倆帶來了生產力的巨大飛躍，代表着人類和動物之間的本質區別。放眼望去，無論是深圳市中心高聳入雲的摩天大樓還是周圍人手一台無所不能的智能手機，似乎都在證明此話不假。但其實大多數老百姓更關心藝術，一個富有創造力的歌手往往要比一名優秀的工程師更能打動人心，即使前者需要借助很多後者發明的高科技手段才能完成一場大型露天演唱會。

事實上，大疆目前的無人機產品雖然也可以用來提高生產力，但大部份普通消費者對它的印象還停留在航拍上。航拍滿足的是人類對於藝術創新的渴望和情感交流的需求，遠比提高生產力更吸引人。因此，我們這個關於創造力的討論一定不能只限於科技，而把人文藝術拒之門外，因為創造力涉及幾乎所有的領域，體現在日常生活的方方面面之中。

就拿前文提到的那個終極問題來説，中國籃協主席姚明已經給出了答案。他破天荒地組建了兩支國家隊，讓他們相互競爭。他還決定從草根球員中選拔隊員去參加亞運會新增設的3對3籃球賽，而不是像往常那樣派專業運動員代表中國出戰。最終結果證明姚主席的新政是成功的，中國籃球隊包攬了本屆亞運會所有四項籃球比賽的冠軍。

姚主席在賽後接受採訪時對記者説：「最優秀的選手不是培養出來的，是被發現的。」創新型人才是否也是如此呢？我們的創造力究竟來自哪裏？讓我們從藝術創新開始講起吧。

創造力的五個階段

　　徐冰被認為是中國最具創造力的現代藝術家，從他的故事裏我們可以一窺創造的真諦。

《天書》是如何寫成的

　　位於北京 798 藝術區內的尤倫斯當代藝術中心是中國頂尖的藝術機構之一。2018 年夏天，尤倫斯騰出所有的空間為徐冰舉辦了一場為期 3 個月的、極具規模和影響力的個人作品回顧展。成千上萬名藝術愛好者湧入尤倫斯，爭相目睹這位被譽為「中國最有創意的當代藝術家」的藝術作品。

　　進入展廳，首先映入眼簾的就是三幅橫貫整個天花板的文字長卷，上面密密麻麻寫滿了中文字，但如果你走近一點仔細看，就會發現這些字你一個都不認識。展廳中間的地板上整齊地擺放着幾百本攤開的線裝書，從裝幀到排版再到印刷都和一般的古書無異，甚至連章回目錄都一應俱全，但上面印着的字同樣不可辨識。最妙的是，這些字的構造和設計理念卻又和我們熟悉的漢字別無二致，任何一個懂中文的人都會不自覺地試圖去辨認它們，希望能從中找出一個認識的字，從而參透其中的奧妙。然而，他們的努力注定是徒勞的，因為這些字都是徐冰自己設計出來的假字，沒有任何意義。

　　我至今還記得很多年前第一次看到這件名為《天書》的作品時的激動之情，我被它的創意迷住了，它在我頭腦中引發了一連串相互矛盾的情感，這種感覺讓我十分着迷，但我想不出這是為甚麼。當我得知徐冰即將在尤倫斯舉辦個展時，便立即聯繫他請求採訪，

▲
徐冰（徐冰工作室提供）

▼
《天書》，徐冰。

希望能解開埋藏在心中的諸多謎團：這個徐冰到底是一個怎樣的人？他為甚麼要做這樣一件作品？《天書》的背後到底有何深意？是否在影射人類文化的虛無？還是在暗示天意的不可知？最重要的是，我想知道他當初是怎麼想出這個絕妙的創意的。

「《天書》這個作品源於 20 世紀 80 年代中期的文化熱，那場運動對我影響很大，最終催生出了這個作品。」徐冰開門見山地説，「我當時跟着熱點走，聽了很多熱門講座，硬着頭皮讀了很多西方當代哲學的書，愈讀愈覺得自己的思維反而更加混亂了，最後甚至開始自我懷疑，不明白我為甚麼不能進入這樣一個時髦的文化氛圍當中去。」

採訪是在徐冰的工作室進行的，徐冰先囑咐助理出門去買兩杯咖啡，然後拿出手機，找到一段朋友剛剛發給他的文字唸給我聽：

▶ 《天書》上不可辨識的文字

「斷裂這種事件，即我在文章開始隱射的那種裂變恐怕也許會在結構之結構性不得不開始被思考，也就是說被重複的那個時刻發生，而這也正是我何以說這種裂變就是重複的理由，我是在重複這個詞的所有意義上使用它的。此後必須開始思考的是在結構構成中主宰着某種中心欲求的那種法則及將其變動與替換與這種中心在場法則相配合的那個意謂過程；不過這是個從來就不是它自身，而且總是已經從其自身流放到其替代物中去了的中心在場。」

這段文字選自法國當代哲學家和思想家雅克‧德里達（Jacques Derrida）撰寫的一篇題為〈人文科學話語中的結構、符號與遊戲〉的論文，國內一家著名出版社將其翻譯後出版成書。雖然這篇論文是在 20 世紀 90 年代寫成的，但這種晦澀的翻譯體文風和徐冰在 80 年代中期讀到的那些引進版的西方學術著作如出一轍，勾起了他關於那段往事的回憶。

「現在想來，我對當年那種文化氛圍的失望來自於自己對它的

◀
法國當代哲學家和思想家
雅克‧德里達

期待，因為我們這代人年輕的時候沒受過甚麼文化教育，『文革』以後國門開放，外國文化一股腦兒地進來，受到我們這些文藝青年如飢似渴地追捧，但沒想到我們最終得到的卻是這種東西。」徐冰說，「我讀了很多這類書籍，卻感覺自己以前清楚的東西反而不清楚了，甚至生出了一種錯位感，這就是我當時的感覺。」

很容易把這種感覺和《天書》聯繫到一起，但當年有類似想法的人應該不止徐冰一個，為甚麼只有他創作出了《天書》這件作品呢？這就要從他的身世説起了。徐冰出生於 1955 年，從小喜歡畫畫。他母親在北大圖書館學系工作，所以他小時候經常待在圖書館學系的書庫裏，對各種書的樣子非常熟悉。書庫裏有很多關於中外圖書史、圖書設計和裝飾的圖書，他完全看不懂，卻對外文字體很感興趣，覺得那些字母設計得特別漂亮。

中學畢業後徐冰去塞北農村插隊，體驗到了中國農民的日常生活。最初他相信愈是深入底層就愈能接近生活的本質，但他漸漸發現實際上他和現實生活愈來愈遠了，因為當代中國的核心已經變了，這個想法促使他決定嘗試一些和國際接軌的新的藝術形式。1977 年他考入中央美術學院，被分配到了版畫系。正是在學習版畫的過程中，徐冰首次體會到了「複數性」的力量。這種力量可以簡單地理解成印刷或者打印這種拷貝（copy）行為，正是這種行為使得個性化的藝術品慢慢消失，代之以可被大量複製的標準化產品，非常適合用於傳播某種思想，比如革命年代的那些宣傳版畫就是如此。

1981 年大學畢業後徐冰留校任教，過了一段安靜的日子。幾年後新文藝運動進入中國，中央美院自然衝在前列。「當年我和幾個朋友成立了一個『侃協』，每天聚在一起聊當代藝術。」徐冰回憶

道，「回想起來，我們當年討論的問題都非常前沿，但我們中央美院有個特點，那就是只產生思想，不勤於動手，不像其他美術院校，大家都在做作品。我自己雖然花了很多時間和大家侃藝術，但內心裏還是非常希望能通過自己的作品參與到當時的文藝熱潮中去的。」

1986 年的某一天，徐冰在想一件別的事情時腦子裏突然冒出個念頭，要造幾個別人不懂的漢字出來。這個突如其來的想法讓他非常激動。第二天早上醒來後，他想到這個主意仍然會很激動，接下來幾天都是如此。「我這人有個習慣，那就是喜歡把事情推到極致。每出現一個好想法，我的思維都會異常活躍，快速地填充細節，直到把想像的空間全部填滿。」徐冰說，「比如這個造假字的想法，我很快意識到這絕不能僅僅只是幾個假字而已，我要造出一整篇文章，這還不夠，應該是一本書，一本書也不夠，必須是一套書，我要追求一種『源源不斷地強迫你接受』的那種浩瀚的效果。」

當時徐冰還在讀研，同時還要給本科生上課，於是他把這個想法埋在心裏，只和幾個最要好的朋友聊過，比如後來擔任了中央美術學院人文學院院長的尹吉男。就這樣，這個想法在徐冰的腦子裏醞釀了小半年，等到學期一結束，徐冰立刻開始行動了。為了模仿古書的樣式，徐冰利用母親的關係進入了北大圖書館的善本庫，仔細研究了一番之後，他決定採用略微偏扁的宋體字，版式也參照宋版書的樣式，字大而密，看上去非常飽滿，卻不帶有任何個人風格，能夠最大限度地實現他想要的那種「抽空」的效果。

方案定好後，徐冰把自己關在宿舍裏，花了一年多的時間設計並刻出了 2,000 多個假漢字。「那段日子雖然辛苦，但我自己其實是非常享受的，我感覺參與那些文化討論浪費時間，還不如把自己

封閉起來，踏踏實實做點事情，順便把腦子清空，感覺內心特別舒服，特別實在。」徐冰回憶説，「不過，有的時候我心裏還是有點懷疑的，我費這麼大力氣全情投入，不就是做了幾個假字嗎？到底值不值得呢？後來我才認識到，有些想法由於沒有人做過，從而沒有被證實過，所以才時有懷疑。有些想法之所以既有價值又有力量，就是因為它簡單，簡單到只比正常思維錯位了那麼一點點。比如，我們仔細看一個熟悉的漢字，經常愈看愈不對勁，我只不過把這個感覺再往前推進了一小步而已。」

徐冰後來寫了篇回憶錄，詳細描述了當年刻字的過程。徐冰打算刻活字，但他在實踐中發現，雖然是中國人發明了活字印刷術，但其實活字並不適合中文書的印刷，因為工匠很難把每個木塊的六面都鋸成絕對的 90 度，拼起來很難平整。雖然存在諸多困難，但徐冰依靠頑強的毅力和耐心，硬是刻出了 2,000 多個假字木塊。具體的造字和刻字過程也都困難重重，好在徐冰本來就是學版畫的，對這套工序並不陌生。

他原本打算刻 4,000 個假字，但 1988 年 10 月中國美術館辦展覽，給了徐冰一個檔期，他決定先試印一版看看效果，於是就用這 2,000 多個假的活字印了三幅長卷送去展覽，起名叫作《析世鑒——世紀末卷》。

「那會兒不是正好快到世紀末了嘛，所以起了這麼個名字。」徐冰解釋説，「這是那個時代年輕人的通病，總喜歡討論宏大深刻的問題。」

事實證明，並不只是年輕人喜歡討論宏大深刻的問題，當時的氛圍就是如此。作品展出後迅速引發了藝術圈大討論，一些老先生認為徐冰誤入歧途，浪費了自己的才華，還有一些年輕藝術家卻

認為這件作品製作太講究了，不夠前衛。不過支持徐冰的人顯然更多，他們給這件作品起了個更加貼切的名字：《天書》。

面對爭議，徐冰卻失語了。實在躲不開時，他就用「驚天地，泣鬼神」來搪塞：「傳說倉頡造字之後，老天爺受到驚嚇，擔心人類舞文弄墨誤了農耕，為警示人類下了粟米，這就是『驚天地』。鬼神則徹夜啼哭，擔心人類把它們的罪惡記錄在案，將來遭到報應，這就是『泣鬼神』。」徐冰解釋道，「所以我真心覺得自己沒甚麼可說的，古人早就把我們與文化的關係說清楚了。」

這個展覽對徐冰來說是一次對想法的測驗和對焦。他清楚了最終成書的樣子，於是決定再刻製一套更適合的字體，便又躲進宿舍，重新刻了 2,000 多個假字。然後他在北京郊區找到一家專門印古籍的民營印刷廠，印了 120 套《天書》，每套 4 冊，一共 604 頁。如今這些書分散在全球多家美術館或者博物館內，被公認為現代藝術史上不可多得的經典之作。

有意思的是，很多文藝評論家都拿德里達的理論來解釋《天書》，似乎在那個文化人言必稱德里達的時代，套用解構理論來解構《天書》太合適了，既時髦又深刻。

「多年之後回過頭來看這件作品，我有一種陌生感，好像這事和我沒甚麼關係似的，更像是一種天助。」徐冰對我說，「所以我在那篇回憶錄的結尾寫道：一個人，花了四年的時間，做了一件甚麼都沒說的事情。」

這當然是徐冰的自謙。從尤倫斯觀眾的反應來看，這件創作於 30 年前的藝術作品仍然有着旺盛的生命力，這就是好創意的價值。

創造力的五個階段

如果徐冰早生 20 年的話，一定會讓美國心理學家米哈里·希斯贊特米哈伊（Mihaly Csikszentmihalyi）激動不已的。這位芝加哥大學心理學系前系主任被公認為創造力研究領域的鼻祖之一。他於 1976 年撰寫了一本名為《創意洞見》（*The Creative Vision*）的書，提出了著名的「創造力五階段說」。《天書》的創造過程和這套理論的契合度非常高，簡直可以作為該理論的一個最佳解釋範本。

美國著名的創造力研究者，心理學家米哈里·希斯贊特米哈伊。

根據這套理論，創造過程的第一階段是準備期，即通過知識積累和技能儲備，為創造力的爆發做好準備。這一條很好理解，因為現代社會是一個高度專業化的社會，每一個領域都已經歷過長時間的知識積累，任何人想要在任何領域做出創造性貢獻，首先必須把前人積累的基本知識和核心技能都盡數掌握，否則是不可能取得成功的。徐冰早年間學習美術的經歷，尤其是他在版畫方面的知識積累，是《天書》創作的先決條件。另一個重要因素就是徐冰當時的

職位，因為在版畫創作方面小有成就，他在《天書》出來之前就已經在中國藝術圈有些名氣了，這讓他獲得了在美術館舉辦展覽的機會，《天書》正是借助這個機會首次公之於眾的。千萬不要小看這一點，一般人即使想出了這個創意，也很難獲得大眾的認可，這就是當今社會的現實。

從這個理論可以得出一個推論，那就是兒童是不具備創造力的。很多人對此有誤解，以為孩子們的大腦像一張白紙，最有可能畫出全新的圖畫，但實際上真正的創造力都是以知識為基礎的，兒童在任何領域都缺乏最基本的知識儲備，偶爾冒出的小火花只能被視為一種有趣的小想法，不能稱之為創造。

第二階段是醞釀期，各種想法在創造者的潛意識裏翻騰，但好的創意尚未出現在主觀意識當中。希斯贊特米哈伊相信，所謂創新就是一種此前未曾出現過的神經連接方式，正是因為它不同尋常，所以這樣的連接非常罕見，不會出現在一般人的大腦中，即使出現了也會被大多數人的主觀意識拒絕。所以這個醞釀期非常重要，只有在一片混亂之中，不尋常的連接才有可能被建立起來。

徐冰在中央美院教書期間聽過的很多藝術講座，讀過的各種先鋒藝術書籍，甚至他和朋友們組織的「侃協」，都可以被視為《天書》的醞釀期。這段經歷讓他開始思考藝術的本質，年輕的他找不到答案，這讓他感到困惑甚至痛苦，但正是這樣的潛心思考，為《天書》的出現做好了鋪墊。

徐冰的另一件重要作品《背後的故事》同樣體現了醞釀期的重要性。從正面看，這件作品似乎只是一幅鑲嵌在櫥窗裏的中國山水畫，所有細節栩栩如生，幾可亂真。但如果觀眾繞到櫥窗的背面，就會發現這幅畫其實是用一堆碎紙、麻絲和小木棍等雜物黏貼而成

的，當背光打到這些雜物上去時，就會在正面的毛玻璃上形成一幅明暗相間的影像，這就相當於用光繪製了一幅中國山水畫的複印版。

如此美妙的創意究竟是怎麼來的呢？徐冰對此也很好奇：「我自己也很想搞清楚靈感的來源，於是我開始記筆記，記錄下我在產生某個想法的時候處於甚麼樣的狀態，周圍環境是怎樣的，得到這個想法之後我的思維又是怎樣發展的，等等。記了一段時間後我發現，靈感的出現取決於腦子裏對於某個問題的關注度到底有多強。如果我在一段時間裏一直在琢磨某件事情，靈感往往就會出現。如果沒有這種思維的緊張感，以及思考問題的緊迫度，靈感就不會來。」

《背後的故事》系列作品是 2004 年徐冰受柏林美國研究院的邀請，在柏林做為期兩個月的在駐藝術家期間完成的。此行的最終目的是要在德國國家東亞博物館完成一個個人作品展，徐冰前往該館考察，發現博物館展廳四周有很多現成的大玻璃展櫃，徐冰決定利用這個特殊的空間做點甚麼。為了尋找靈感，徐冰花了大量時間研究柏林的歷史，發現這家博物館在「二戰」期間丟失了九成左右的藏品，大部份被轉移到了蘇聯。「二戰」結束後博物館跟蘇聯有關方面交涉，試圖要回這些藏品，卻遭到了後者的拒絕。

在介紹完這些藏品的歷史後，博物館副館長對徐冰說，這只是這些藏品在「二戰」期間的遭遇，在那之前它們肯定還有更多的故事不為人知。這句話給徐冰留下了很深的印象。正巧他第二天要坐飛機去另一座城市，轉機時他走過機場的辦公區，無意間看到一株盆栽植物在毛玻璃上留下的影像，看上去很像中國畫的暈染。就是在那一刹那，徐冰的腦子裏出現了博物館的那些巨大的玻璃櫃，以

及那些丟失的東亞繪畫，他立刻想到可以用毛玻璃投影的辦法復原那些丟失的東亞繪畫，靈感就是這麼來的。

此事另一個有趣的地方在於，這個做法只適用於東方繪畫，因為西洋畫是有固定焦點的，而東方繪畫是散點透視的，只有這樣才能在一大塊平板毛玻璃上通過光影加以復原。這個案例再次說明了準備期的重要性，一個只熟悉西洋畫的西方藝術家是很難想出這個點子的。

「靈感很多時候看起來是偶然的。如果博物館的空間不是那樣的，我就不會有這個想法。如果沒有柏林的那段歷史，我看到機場的毛玻璃也不會有那種反應。」徐冰對我說，「但是，正因為我當時一直高度專注地沉浸在這件事當中，再加上我對中國畫非常熟悉，於是當我在機場看到那片毛玻璃時，我腦子裏所有和這個想法相關的知識儲備才會在一瞬間被調動起來，最終產生了那個靈感。這就是我為甚麼一直說，藝術一定是誠實的，一個藝術家的整體質量和個人修養肯定會不折不扣地反映到他的創作當中去。」

在這個故事裏，徐冰在機場的靈光一現就是創造力的第三階段，希斯贊特米哈伊稱之為「洞悉」（insight）。也有人喜歡稱之為「啊哈時刻」（aha moment）或者「尤里卡時刻」（eureka moment），後者顯然是指阿基米德在澡盆裏想到稱王冠的方法後光着身子衝出家門，一邊跑一邊高喊「Eureka! Eureka!」（希臘語的意思是「我找到了」。）在很多人的心目中，這個時刻代表了創造力的某種神秘特質，彷彿有如神助一般，可遇而不可求。但徐冰的例子告訴我們，其實這個洞悉時刻並不神秘，自有其內在規律可循。

大多數關於創造力的討論都停止於洞悉時刻，但希斯贊特米哈伊認為事情還遠未結束，創造的過程還需要兩個階段才能完結，這

就是評價期和精心製作期。從某種意義上說，這兩個階段才是創造力的關鍵所在。

顧名思義，評價期就是對某個創意的好壞做出判斷。希斯贊特米哈伊認為，任何人在任何時刻都可能想出一個新奇的點子，但在大多數時候，這些想法都是毫無價值的，甚至是錯誤的，一個富有創意的人和普通人最大的區別就在於他能迅速地對某個新奇的想法做出評價，判斷出自己到底是應該繼續探究下去，還是趕緊忘記它，另起爐灶。

這個能力對於科學家來說尤其重要，因為科學研究耗時耗資，判斷準了方向經常意味着成功了一半。比如，曾經獲得過諾貝爾獎的德國化學家曼弗里德‧艾根（Manfred Eigen）聲稱，他與缺乏創造力的同事之間的區別就在於他能分辨出一個問題是否可解，同事們不能，這就為他節省了大量時間，避免了許多錯誤的嘗試。

除了創造者的自我評價之外，他人的評價也很重要，畢竟創造力的核心定義就是這個創意是否有價值，這一點肯定不光是由創造者說了算的。科學方面的創意好辦一些，畢竟科學標準相對客觀。舉例來說，有很多數學家和理論物理學家年少成名，一個重要原因就在於這兩門學科的評判標準是所有科學領域當中最客觀的，幾乎沒有模糊地帶，年輕人不太會受到學術權威的打壓。相比之下，心理學家就很難年少成名，因為心理學是一門高度瀰散的學科，評價標準帶有較強的模糊性，絕大多數心理學家都需要筆耕不輟很多年，熬成該領域的權威後，他的創新理論才會被學界接受。

對於藝術家來說，公眾評價就更重要了，因為藝術的評判標準遠比任何一門科學都要模糊得多，很難用一套標準算法計算出來。比如，曾經有位名叫哈羅德‧科恩（Harold Cohen）的英國畫家設

計了一套電腦作畫程序 ARRON，由它創作的電腦畫在泰特美術館等多家藝術場館展出過。很多不明真相的人把 ARRON 視為人工智能的傑出代表，但實際上 ARRON 並沒有自我評價的能力，它作畫的每一個步驟都要由科恩來做出取捨，最終送展的作品也是由科恩挑的，這不是真正意義上的人工智能。同理，很多人曾經試圖開發基於人工智能的寫作程序，最後發現電腦最擅長寫詩，卻寫不了散文，原因就在於人類習慣於閱讀語義模糊的詩歌，對於詩歌作品的評判標準要寬鬆得多，散文就不行了，所以至今沒有任何一種寫作軟件能夠寫出漂亮的散文。

對於人類藝術家來說，如果從事的是針對普羅大眾的商業藝術還好辦，只要看票房或者銷量就行了，而像現代藝術這種相對小眾的藝術形式就需要一點運氣了。希斯贊特米哈伊曾經採訪過一位現代藝術家，發現他之所以突然變得很有名，完全是因為他在一次酒

▲ 英國畫家哈羅德・科恩設計的電腦作畫程序 ARRON 正在畫畫

會上結識了一個有錢人，後者出大價錢買了一件他的作品，藝術市場立刻跟進，大幅度提高了他作品的售價，他就這樣成功了。

徐冰沒有這樣的好運氣，但他身上有三點特質非常醒目。第一，徐冰比較注重個人形象的塑造，比如他常年戴一副圓眼鏡，這已成為他的個人商標，甚至他的工作室門外的銘牌上都不寫文字，只用一個圓眼鏡圖標代替，這就讓公眾更容易記住他。第二，他對媒體的態度非常友好，尤倫斯個展期間有無數記者申請採訪他，他盡可能地接受，慎重地選擇謝絕，這一點非常難得。第三，他很善於為自己的作品做總結，接受採訪時經常會爆出金句，方便記者寫出有深度的稿子。這三個特質使得徐冰在媒體圈的口碑極佳，這就讓他的創意更容易被大眾所接受。

最後，好的創意往往還需要經過精心製作才能完整地呈現出來，任何一位寫作者對這一點恐怕都不會陌生。徐冰自然也不例外，他的《天書》花了將近 4 年的時間才大功告成。正因為如此，這件作品的製作工藝堪稱完美，為這個創意的成功提供了很大幫助。類似的案例還有很多，最著名的大概要算是《物種起源》了。達爾文很早就有了自然選擇的想法，但他並沒有立刻寫篇論文發表出去，而是花了 20 年的時間不斷完善這個創意，這才成就了《物種起源》的精彩。此書出版後遭到了很多宗教界人士的攻擊，但反對者從書裏挑不出明顯的硬傷，這一點是達爾文的進化論之所以獲得成功的關鍵之一。

當然了，並不是每個人的每次創意都要經過這五個階段。有些創意一旦想出來就等於成功了，不需要經過最後這個精心製作的階段。還有一些創意沒有經歷過醞釀期就直接迎來了「尤里卡時刻」，或者說創作者的準備期和醞釀期連在了一起。因此後來有人將這一

理論簡化成了三個階段，即知識儲備、洞悉時刻和價值評估。

希斯贊特米哈伊本人則在「五階段說」的基礎上又提出了一個新的概念，名為「創造力三要素」。在他看來，創造力是一個系統的特徵，不是某個個體的性質。一個配得上「具有創造力」這個形容詞的想法或者產品一定是來自許多個創造力源頭的協同效應，而不只是出自某個人的靈光一現。因此，創造力一定是來自構成系統的三要素之間的互動，即包含符號規則的文化、給某個領域帶來創新的人，以及該領域中被認可、能證實創新的專家。大部份普通人只對第二個要素感興趣，比如媒體常常把徐冰描繪成一個百年不遇的絕世天才，因為這麼做能夠滿足人類對於英雄故事的遠古偏好。但對於研究者來說，必須把這三個要素放在一起加以考量，否則是無法理解創造力的來源問題的。比如在徐冰的故事裏，如果沒有 20世紀 80 年代中國的那種文化氛圍，以及現代藝術的獨特運作方式，像徐冰這樣的藝術家是很難出現的，更不用說取得今天的成功了。

創商與智商

希斯贊特米哈伊對於創造力研究所做的貢獻絕不僅僅是提出了一個理論那麼簡單，而是在方法論上做出了革新。他首創了通過具體案例來研究創造力的新範式，「五階段說」就是在他採訪了一大批富有創造力的文藝界和科學界精英人士後總結出的一套理論。

在他之前，西方心理學界先後被研究狗的巴甫洛夫和研究鴿子的斯金納（B. F. Skinner）所把持。這一派學者相信只有在動物身上做實驗才是心理學研究最可靠的方法，但這個思路顯然無法用於研究創造力，因為這個能力普遍被認為是人類特有的，動物並不具

備。在美國心理學家基斯・索耶（Keith Sawyer）看來，這個困境和創造力的定義有關，因為創造力是一個經常變化的概念，不同的時代以及不同的文化對甚麼是創造力有着完全不同的理解。

曾在美國北卡羅來納大學（UNC）任教多年的索耶教授寫過一本名為《解釋創造》（*Explaining Creativity*）的教科書，為心理學專業的大學生們詳細梳理了創造力研究的歷史。簡單來說，在宗教信仰佔主導地位的年代，人們總是習慣於把創造力歸於上帝，認為所有的靈光一現都是神啟。比如《聖經・傳道書》中就曾經假借所羅門王之口說出了「太陽底下無新事」這句名言，意思是說，世間萬物都是造物主早就設計好了的，人類玩不出甚麼新花樣。這個想法不但極大地限制了科學的發展，對藝術的影響甚至更大。要知道，文藝復興之前的歐洲是沒有藝術家這個職業的，他們統統被視為手藝人。評價他們作品的標準不是所謂的「藝術性」或者「原創性」，而是畫得像不像實物。

更能說明問題的是，早年間的歐洲畫家是按工時來付費的，和木匠、屠夫等沒甚麼兩樣。中國的藝術家也是如此，齊白石當年的作品就是以平尺來估價的，和照相館按照洗印張數算錢是一個道理。

這個觀念直到文藝復興運動之後才發生了變化，藝術家們的地位得到了顯著提升。但歐洲藝術界真正的變革發生在 17 世紀開始的啟蒙運動之後，那場運動把上帝拉下了神壇，創造不再是上帝的專利了，而是人性的一種高級表現形式。藝術家被認為是表現人性的專家，和匠人們拉開了距離。18 世紀開始的浪漫主義運動使得創造力的核心定義再一次發生了改變，人們終於意識到創造很可能是一個非理性的過程，能夠做出偉大創造的藝術家是一群天才，普通

人再怎麼努力也做不到。

但是，這個改變反而影響了針對創造力的研究，因為心理學家們認為靈感是一種很神秘的東西，不想用「冷冰冰的理性」來解釋感性的創造過程。但到了 20 世紀初，西方社會又開始了對浪漫主義的反思，現代主義誕生了。這場運動經過多次反覆，已經發展到了後現代主義階段，對理性的崇拜上升到了一個新的高度。今天的普羅大眾之所以不喜歡後現代主義的藝術作品，很大程度上是因為大家的審美品位還停留在浪漫主義時代，仍然相信基於靈感的創造才是藝術的真諦。

由於創造力的定義一直在變，科學界一直沒有把創造力當作一門正經的學問來研究，這種狀況直到「二戰」期間才發生了根本的改變，其動因竟然來自美國空軍的需要。由於當年的戰鬥機性能不像現在這麼先進，飛行員們必須獨自面對各種意想不到的困難，壓力非常大，於是美國空軍組建了一個心理學研究部門，由一位名叫吉爾福德（J. P. Guilford）的心理學家負責，其任務就是設計出一種方法，幫助空軍選出最適合擔任戰鬥機飛行員的特殊人才。

經過一番研究後，吉爾福德發現每個飛行員在遇到緊急情況時的反應各不相同，有的人能夠很快想出教科書上沒有的，或者和教科書不一樣的解決辦法。他把這種能力稱為「發散性思維」（divergent thinking），並設計了一套測試題，試圖將這種思維能力進行量化。

此前也有人想到過這一點，但他們都誤以為這種能力就是智力，只要測一下智商（Intelligence Quotient，簡稱 IQ）就可以了。吉爾福德是最早意識到這種能力和智商關係不大的心理學家，他認為智商測的是「聚斂性思維」（convergent thinking），即尋找某個

「一戰」期間，一男
子在接受入伍智力
測試。

問題的唯一解（正確答案）的能力，和「發散性思維」不是一回
事。後者雖然也和智商有關，但一個人只要 IQ 值超過 120 分，即
達到普通人的正常水平就足夠了，再高的話就和創造力沒關係了。

　　雖然「智商」這個概念如今遭到了愈來愈多的質疑，但當年的
心理學界非常迷信智商，因為它把人類的思維能力數字化了，滿足
了科學研究的需要。吉爾福德模仿智商的測量方式，發明了一個測
量創造力的新測驗，測出來的值叫作「創商」（Creativity Quotient，
簡稱 CQ）。他設想讓所有的飛行員都來測一遍 CQ，然後空軍就可
以根據分數的高低選拔戰鬥機飛行員了。

　　具體來説，吉爾福德設計了一組調查問卷，包含一系列測試發
散性思維能力的問題。比如事先給出一組基本圖形，讓受試者將其
組合起來，最終的組合種類愈多，類型愈豐富，CQ 值就愈高。又
或者事先給定一種顏色（比如綠色），讓受試者列出所有與此顏色
有關的概念，如果受試者除了草地之外還能聯想到鈔票，那就説明
他的 CQ 值比一般人要高。

　　這套方法是否有效，美國空軍的公開資料裏並無記載。我們只

知道「二戰」結束後吉爾福德從美軍退伍，轉去南加州大學教育系任教，並於 1950 年被選為美國心理學會的主席。他在就職儀式上做了一個關於創造力的主題演講，呼籲美國同行們重視創造力的研究，並將其上升到了「冷戰」的高度。原來，作為「二戰」最大的贏家，美國人幾乎躺着就把錢掙了，這導致整個國家在「二戰」結束後不思進取，變成了一個封閉守舊的僵化社會。20 世紀 50 年代的美國人普遍安於現狀，只知道吃老本，美國企業的工作效率雖然不低，但缺乏活力，後續競爭力令人擔憂。與之相反，同期的社會主義蘇聯卻咄咄逼人，從政府到民眾都大力提倡創新，把革命口號掛在嘴邊，這讓美國的一部份有識之士感到了壓力。

最先做出反應的是美國軍方，中央情報局（CIA）的前身美國戰略情報部（OSS）秘密僱用了一批心理學家，開始研究如何提升人的創造力。南加州大學和芝加哥大學則率先成立了創造力研究所，上文提到的吉爾福德和希斯贊特米哈伊就是這兩家學術機構的代表人物。美國政府還於 1950 年成立了自然科學基金會（National Science Foundation），其首要任務就是開發出一套篩選系統，爭取把錢給那些最有創造力的美國科學家，幫助美國打贏這場「冷戰」。

值得一提的是，一位名叫蒂莫西・利里（Timothy Leary）的哈佛教授也對創造力研究產生了興趣，這個愛好讓他發現了 LSD——一種超強的迷幻藥。後來利里成了美國知名的 LSD 導師，到處巡迴演講，號召年輕人通過服用藥物的方式「打開心靈」，去創造一個嶄新的世界。利里的呼籲得到了很多美國年輕人的響應，這就是 20 世紀 60 年代末在美國西海岸爆發的嬉皮士運動的起因。從某種意義上說，嬉皮士運動可以看作這場關於創造力的學術研究熱潮結出的第一枚碩果。

▶ 美國 20 世紀 60 年代嬉皮士運動的精神導師蒂莫西·利里，他在研究創造力的過程中發現了迷幻藥 LSD。

▼ 20 世紀 60 年代，嬉皮士們在倫敦的海德公園舉行集會。

　　不過，從科學的角度講，這項研究應該算是失敗了。比如，在專家們的鼓勵下，一部份美國中小學採納了心理學家設計的 CQ 測試，試圖通過這種看似非常「科學」的方法盡早篩選出一批具有創造力的天才兒童加以重點培養，可惜後續的跟蹤研究發現這個方法

並不可靠，選出來的天才兒童長大後並沒有做出甚麼驚人的成績。一部份人認為這個結果説明這套測試法不可靠，選不出真正具備發散性思維的兒童。但更多的人開始懷疑 CQ 的價值，也許僅僅依靠發散性思維並不能提升一個人的創造力。

希斯贊特米哈伊就是在這種背景下閃亮登場的。他首先改變了創造力的定義，把一般意義上的創造力分成了三個不同的層面：第一層指的是那些日常生活中的健談者，他們頭腦靈活，妙語連珠，總能在對話中讓對方感到愉悦；第二層指的是那些喜歡體驗新奇事物的人，他們在生活中從不墨守成規，敢於冒險，總能通過自己的人生故事讓旁觀者體會到新鮮的刺激；第三層則是那些通過創造出全新的知識或者藝術來改變社會的人，達文西、愛因斯坦、愛迪生或者鮑勃·迪倫等人都屬於這一類。

雖然這三種創造力都很有意思，也都能讓我們的日常生活變得更加美好充實，但希斯贊特米哈伊認為這三種創造力的內涵很不一樣。第一種創造力只需要具備發散性思維就可以了，第二種則需要一定程度的個人努力才能實現，第三種創造力要求更高，需要得到第三方的認可才能算數，僅靠發散性思維就不夠了。

明確了定義之後，希斯贊特米哈伊決定把研究重點放到第三種創造力上，這才是最高級別的創新，也是公眾最感興趣的部份。這種創造力太複雜了，僅靠在實驗室裏做幾個心理學實驗是研究不出來的，於是希斯贊特米哈伊改變了研究思路，決定以人為本，通過採訪一個個具有創造力的成功人士來研究創造的奧秘，這才有了「創造力五階段説」。這個新理論基本上宣判了「創商」理論的死刑，因為大量成功人士的親身經歷證明創造力絕不僅僅是靈光一現那麼簡單。一個富有創造力的人不僅需要依靠發散性思維去尋找靈

感，還需要不懈的努力將其完善成形，後者需要的反而是聚斂性思維，也就是解決特定問題的能力。

換句話說，真正的創造者兩種思維方式都需要，他們是那些善於在兩種思維之間自由切換的人。如果必須用一個通俗的詞語將那些富有創造力的人和普通人區分開來的話，希斯贊特米哈伊會選擇「複雜」。他認為，我們每個人身上原本都有複雜的性格，往往因為從小受到嚴格的教育，只能發展對立性格中的某一端——比如競爭、好勝或者穩重、合作等，而富有創造力的人往往可以根據情境的需要從一個極端走向另一個極端，對外表現就是「性格複雜」，這也就是為甚麼富有創造力的人經常會被人誤以為是個怪人。

結　語

就在研究創造力期間，希斯贊特米哈伊提出了一個新的概念，這就是「心流」（flow）。他把心流定義為最高級的心理快感，而他相信創造力恰好最能提供這種快感，創造新事物一直是人類最享受的活動之一，也是人類和大猩猩之間最大的區別。

他還把生物進化和人類的心智發展做對比，認為進化過程引發的基因改變在人類文化中的對等物就是創造力。前者幫助生命更好地適應大自然，後者幫助人類更好地應對災難。這個看法非常深刻，因為它道出了創造的本質，那就是通過嘗試新的東西和方法來讓自己更好地活下去。從這個意義上說，生命就是宇宙間最偉大的創造。

宇宙間最偉大的創造

　　生命是宇宙間最偉大的創造，我們可以從生命的誕生和演化過程中去探尋創造力的奧秘。

宇宙的創造

　　假如一個外星人發現了地球，他會對甚麼東西最感興趣？這個問題大部份人肯定會選高樓大廈或者火車飛機這些人造的龐然大物，這當然很有道理。但如果這個外星人早來 1,000 年的話，他就幾乎看不到這些東西了。事實上，如果這個外星人 1 萬年前來到地球上，那麼他幾乎肯定不會對「人造」的東西感興趣，因為那時的地球上根本就沒有多少這種東西，而 1 萬年對於已經 45 億歲的地球來說也就是一眨眼的工夫，稍不留神就錯過了。

　　也就是說，如果我們把時間拉長一點來看的話，那麼這個造訪地球的外星人根本遇不到我們。但他肯定還是會對地球上的一樣東西感興趣，那就是生命，不過這並不是因為生命的外表有多麼壯麗，地球上有的是比生命更加宏偉的景色，而是因為生命有一個非常獨特的性質，似乎違反了宇宙通行的熵增定律。

　　熵（entropy）是一個熱力學概念，用來衡量一樣東西的有序程度，愈有秩序熵值就愈低。熵增定律的意思是說，宇宙的熵值將會不停地增加，宇宙會變得愈來愈無序，但生命似乎是個例外。生命可以主動地讓自己變得愈來愈有序，僅此一項就足以把這個外星人驚得目瞪口呆。要知道，熵增定律最終會把整個宇宙變成一團混沌的塵埃，只有生命敢於向這個終極宿命發起挑戰。

秩序的本質是信息，生命的本質就是信息傳遞的工具。宇宙間只有生命才有能力複製自己，如果外部條件合適的話，這個複製過程可以一直進行下去，為這個被熵增定律弄得愈來愈無趣的世界增加一點色彩。

當然了，一個有能力造訪地球的外星人肯定知道生命並沒有違反熵增定律，而是通過主動從外部環境吸收能量來降低自己的熵值，這個過程叫作新陳代謝，是生命最基本的特徵之一。同樣，這個外星人肯定知道生命想要傳遞的信息就是儲存在 DNA 分子之中的基因，生命只不過是基因複製自己的工具而已。

新陳代謝和基因複製，是生命的兩個最基本的特徵，其中任何一個都堪稱奇蹟，這就是為甚麼我們説生命是宇宙間最偉大的創造。這兩個特徵互為因果，新陳代謝為基因複製提供了能量，基因則為新陳代謝提供了藍圖。不幸的是，宇宙中的能量是有限的，總有用光的那一天，所以生命發起的這場挑戰注定會失敗。雖然如此，生命的出現還是為這個無序的宇宙增添了一點樂趣，比如創造出了我們這群智人。

智人就是有智慧的人。1 萬年前的智人雖然還不知道新陳代謝是怎麼回事，但他們已經能夠通過新陳代謝的有無來區分生命和非生命了，這就是「活」這個概念的含義。不但如此，1 萬年前的智人和今天的我們一樣具有旺盛的好奇心和求知慾，他們很想弄明白周圍那些活的東西都是從哪裏來的，眼前這隻小鳥的媽媽的媽媽的媽媽……到底是誰。不過，古人的智慧有限，沒有能力解答如此深奧的問題，於是他們想出了一個一勞永逸的辦法，把這一切都推給了上帝，認為世間的一切都是由一個無所不能的造物主創造出來的。

換句話説，宗教的出現，很大程度上就是為了緩解人類對於「自身到底是從哪裏來的」這個關鍵問題一無所知甚至可以説是毫無頭緒而產生的焦慮感。造物主的設定非常符合早期人類對於宇宙的認知，因為組成生命體的每一個零部件都極為複雜，合起來卻又能組合成一個有機的整體，古人僅憑自己從日常生活中積累的經驗，根本無法想像這樣的東西會自發地產生出來，只能把生命的誕生歸功於一位無所不能的設計師。

　　更讓古人難以理解的是，生命的種類異常豐富，隨便找個地方放眼望去，就能分辨出成百上千個不同的物種，每個物種都有自己的獨門絕技。如此強大的創造力，肯定只有萬能的造物主才具備吧。

　　就這樣，神創論流行了幾千年，直到 200 多年前才有人對此提出了質疑，達爾文只是其中之一而已。他於 1859 年出版了《物種起源》一書，對物種的產生過程給出了自己的解釋。這個解釋和《聖經》不一樣，當然需要很大的勇氣，但這並不是達爾文最值得敬佩的地方，因為早在 18 世紀時就已經有人提出過生物進化的概念，比如提出「用進廢退」學説的法國博物學家拉馬克就是其中之一。但是，那些理論事後都被證明是錯誤的，只有達爾文認識到生命是通過自然選擇的過程一步一步地進化成今天這個樣子的。

　　簡單來説，達爾文認為每個生命都有能力產生大量的後代，其中有些後代出於某種原因而略有不同，這個不同導致了生存概率的差異，大自然遵循優勝劣汰的原則，把那些不適應自然的個體都淘汰掉了，生命就是這樣一步一步演化至今，新的物種也是這樣一點一點地被創造出來的。

　　《物種起源》是一本學術著作，達爾文在書中並沒有提到上

帝，而是花費了大量筆墨試圖證明自然選擇完全可以導致新物種的誕生。但明眼人立刻從這本書裏讀出了反宗教的味道，因為教會一直在用生命（尤其是人）的複雜性來證明造物主是必不可少的。達爾文並沒有直接反對這個觀點，只是舉出大量案例證明看似複雜的生命完全可以在自然選擇的作用下慢慢地被進化出來，不需要造物主。

更了不起的是，達爾文是在不知道遺傳的基本原理的情況下寫出《物種起源》這本書的。在他那個時代，生物學還處於描述科學的階段，距離分析科學還差得很遠。但是，他提出的自然選擇學説直到今天依然成立，被科學界公認為解釋生命創造過程最完美的理論，這 點堪稱奇蹟。

正是因為自然選擇學説太過超前，以至於《物種起源》在出版後的很長一段時間內被廣泛誤讀。有的人簡單地將其歸納為「適者生存」，認為這個理論證明了剝削制度的合理性；還有人將這個理論應用到商界，將其視為資本主義市場競爭理論的基石；甚至有人從該理論推導出了「優生學」，認為那些「劣等民族」就應該被淘汰。

這些別有用心之人恐怕都沒有認真讀完《物種起源》。達爾文在這本書的結尾寫道：「凝視樹木交錯的河岸，許多種類的無數植物覆蓋其上，群鳥鳴於灌木叢中，各種昆蟲飛來飛去，蚯蚓在濕土裏爬過，並且默想一下，這些構造精巧的類型，彼此這樣相異，並以這樣複雜的方式相互依存，而它們都是由於在我們周圍發生作用的那個法則而產生出來的，這豈非有趣之事。……這樣一種看待生命的方式是極其壯麗的，那就是造物主先是將若干能力注入到少數幾種或者單獨一個物種的身體裏，然後，就在地球按照固定的法則

不停地轉圈的過程中，生命從最初的那個簡單的開始，逐漸進化出無數個美麗而又奇異的新物種，而且這個過程仍在繼續。」從這個充滿詩意的結尾裏，我們至少可以讀出三層含義：第一，達爾文認為當今地球上的所有生命全都是從一個或者極少的幾個初始物種進化而來的，地球生命就是一個巨大的共生體，我們都是一家人；第二，自然選擇的目的並不是只讓最強者生存，而是讓每種生物各自找到適合自己的小世界，其結果就是我們今天看到的多姿多彩的生物圈，這是生命這個共生體永遠生存下去的最佳策略；第三，達爾文不知道最初的那個物種是如何形成的，所以他只能借助上帝之手，讓祂來給生命之輪提供一個最初的推動力。

隨着時代的進步，今天的生物學家們已經掌握了比達爾文多得多的生物學知識，其中一些人試圖把上帝這個角色從生命誕生的故事裏徹底抹去，他們的努力是從 1953 年開始的。

生命的誕生

1953 年是個神奇的年份，沃森和克里克在《自然》雜誌上發表了一篇劃時代的論文，提出了 DNA 分子的雙螺旋模型，徹底解開了生物遺傳之謎。

這個發現太過重要，以至於很多人都忘記了芝加哥大學的兩位年輕科學家在那一年所做的另一件大事。斯坦利·米勒（Stanley Miller）和哈羅德·尤里（Harold Urey）在幾隻玻璃瓶裏注入了甲烷、氨氣、氫氣和水，然後用電極製造人工閃電，模仿生命出現之前的地球環境。一個星期之後，玻璃瓶裏檢測出了單糖、脂類和氨基酸等有機化合物，其中一隻瓶子裏甚至找到了組成蛋白質的所有

▲ 芝加哥大學的兩位科學家斯坦利·米勒（左）和哈羅德·尤里於 1953 年完成了一項著名的實驗，在玻璃瓶裏模仿地球早期環境，「無中生有」地合成出了有機物。

20 種氨基酸。

這個發現在當午的學術圈裏所引發的轟動一點也不亞於 DNA 雙螺旋，兩位科學家證明有機物可以在地球環境中自發產生，不需要借助上帝之手。

當然了，有機物還不等於生命，但地球上的所有生命都是由有機物構成的，米勒—尤里實驗從理論上證明了地球環境足以為生命的出現做好了準備。至於第一個生命到底是如達爾文預言的那樣誕生在某個溫暖的小池塘裏，還是像如今大多數科學家預言的那樣出現在海底鹼性熱液噴口，還需要進一步研究才能知曉。

有機物的核心成份是碳原子，所有的有機物都是以碳為核心，配以氫、氧、氮、硫、磷等輔助性原子組成的，這就是為甚麼我們把地球生命歸為碳基生命。不少科幻作家曾經設想過矽基生命，認為宇宙間還存在一個以矽（Si）為核心的生命世界，但大多數生化學家卻認為這是不太可能發生的事情，因為矽原子不具備碳原子的一些關鍵特徵。

從化學角度來分析，不難發現碳（C）原子之所以被大自然選

中，原因是碳原子能夠和多達四個不同原子相結合，這在元素週期表中是極其罕見的，常見元素中只有矽可以與之相比。這個特性使得碳原子成為所有原子當中最喜歡「交朋友」的原子，有人稱其為「超級連接者」。矽原子雖然也可以形成四個化學鍵，卻無法像碳那樣形成二價鍵甚至三價鍵，這個特性使得碳原子可以兩兩結合，形成一條以碳原子為骨架的結構穩定的長鏈，這條鏈甚至可以首尾相連形成閉環，這就大大增加了碳基分子的多樣性。碳原子還有一個優點，那就是碳和其他原子相結合所需要的能量比矽原子要小得多，僅僅依靠閃電所提供的能量就足以形成化學鍵了，這一點在缺乏催化劑的地球「原始湯」中是一個很關鍵的優勢。

正是由於以上這些原因，大自然最終選擇了僅佔地殼總質量0.05% 的碳原子作為組建生命的原材料，而不是含量比碳多 100 倍的矽。事實上，如果排除水份，只算淨重的話，絕大部份地球生物體重的五分之一都是碳。

接下來一個很自然的問題就是：生命為甚麼一定要有水呢？答案同樣和水分子的某些特性有關。液態水是個萬能溶劑，大部份有機或者無機分子都可以溶於水中，這就相當於為不同分子提供了一個見面的機會。更重要的是，水的冰點很低，沸點又很高，因此水分子能夠在很大的溫度範圍（0℃—100℃）內保持液態，這一點是宇宙間絕大部份物質都無法做到的。事實上，按照地球現在的溫度，只有水能夠長期保持液體狀態，如果換成別的分子，要麼全部凍成了固體，要麼全部化成了蒸氣，海洋就不會存在了。

如果我們把生命看成宇宙的創造，那麼僅從有機物的生成過程就可以看出，這個創造過程需要三個必要條件，缺一不可：首先，需要有不同種類的原材料，如果太陽系還像早期宇宙那樣只有氫

（H）和氦（He）這兩種元素，有機物是不可能形成的；其次，需要一個超級連接者，有能力把這些原材料連接到一起，創造出全新的組合，碳原子則很好地扮演了這個角色；再次，需要一個液態環境，既能保證不同的分子之間可以隨機碰撞，又能讓碰撞產生的新組合保持一定程度的穩定性，否則的話，創新是沒有辦法保留下來並發揚光大的，這就是為甚麼氣態星球上不太可能有生命存在。

簡而言之，生命不需要神來創造，只要提供一個能夠讓不同的原子自由交流的液態環境，就有很大的概率創造出生命。事實上，創造生命的這三個必要條件在解釋人類創造力時也會派上用場，兩者在很多地方都是相似的。

讀到這裏也許有人會問，如果米勒和尤里當初把那個實驗繼續進行下去，是否能在玻璃瓶裏製造出真正的生命呢？答案是否定的，因為甲烷、氨氣和氫氣之間的碰撞雖然有可能撞出氨基酸，但絕對不可能撞出一朵花來，後者的成份雖然也就是碳、氫、氧、氮、硫、磷等寥寥數種，但其複雜程度比氨基酸大了好幾個數量級，不可能一步到位。

為了解釋這一現象，美國進化生物學家斯圖爾特·考夫曼（Stuart Kauffman）於 2002 年提出了「相鄰可能」（adjacent possible）理論，大意是說，任何複雜的生命都不可能從簡單生命直接進化而來，而是只能一點一點地改變，每一次只能進化到和原來相鄰的某個地方，比如從氨基酸只能先進化到多肽，然後才能進化出蛋白質。這就好比說有人想進故宮找皇帝，他只能先跨進午門，再跨過太和門，穿過太和殿，找到乾清門……他不可能從天安門廣場一步跨進御花園。

對比一下神創論，不難看出兩者最大的不同就是宗教信徒們相

信造物主事先拿到了整個故宮的地圖，然後造了架飛機，直接從天安門廣場飛進御花園。考夫曼不認為這張地圖是存在的，他相信進化本身是沒有目的的，而是一個隨機變化的過程，每一步都可能走向東南西北任意方向，所以誰也無法預見未來。

美國歷史學家史蒂文·約翰遜（Steven Johnson）在《好主意來自何處》（*Where Good Ideas Come From*）一書中借用了考夫曼的觀點，提出人類的創造過程也遵循這一原則，所有偉大的創意都是由無數個簡單創意一點一點累積而成的，每一個新的想法都和當時已有的舊想法非常相似，每次只能進步那麼一點點，不可能一下子跳躍太多。

在約翰遜看來，「相鄰可能」理論最有趣的地方在於，它為人類的創新規定了潛力和邊界。一方面，該理論證明創造力不是憑空而來的巨大飛躍，而是受到周圍環境的嚴格限制。在任何一個給定的時刻，可能出現的創新都是有限的。另一方面，該理論證明只要這個過程可以不斷地繼續下去，我們就可以一步一步地創造出任何偉大的東西，因為我們的每一次探索都會擴大領地的外延，會出現可供探索的新領地。這就好比說一間房子只能開四個門，你從其中任意一個門走出去，又會進入新的房間，發現四個新的門……如此這般延展下去，一間房就慢慢變成了宮殿，繼而變成了城市和國家，人類就是這樣一步一步擴展自己的邊界，最終創造出了今天這個嶄新的世界。

物種的進化

上面是從化學的角度對進化過程所做的分析，下面我們再從生

物學的角度看一看物種進化到底是如何發生的。

有限的化石證據表明，最早的生命出現在 35 億年前，那時地球剛剛過完 10 億歲生日，地表環境要比現在惡劣得多，但生命居然迫不及待地早早登場了，這就進一步説明，只要滿足上一節提到的三個必要條件，生命的出現就是一個大概率事件。

地球上的生命也許獨立地誕生過很多次，但無數證據表明，如今生活在地球上的所有生命都源於同一個祖先，科學家稱之為「盧卡」（Last Universal Common Ancestor，簡稱 LUCA），其餘的那些嘗試顯然都失敗了，沒有留下任何後代。

盧卡進化出來之後發生了甚麼，這個問題目前還有不少爭論。根據現有的證據，盧卡很快就分成了相對獨立的兩支，一支是細菌（bacteria），另一支叫作古細菌（archaea）。雖然中文名字裏都有「細菌」這兩個字，但它們的英文名字是完全不同的，説明兩者在很多基本的地方有差別，屬於兩個不同的界。這兩種細菌一直活到了今天，從進化角度來看應該算是地球上最成功的生物物種了。要知道，在這漫長的 35 億年的時間裏，地球環境經歷過無數變化，甚至連大氣主要成份都變了，這兩種細菌是如何應對的呢？答案就是基因的突變和交流。基因是生命的圖紙，基因突變就是不斷更新圖紙，總有一款適應新的環境。但光有基因突變還不夠，因為突變的速度太慢了，跟不上環境的變化，所幸細菌又進化出了相互交換基因片段的能力，使得基因圖紙產生了成千上萬種不同的排列組合，這就進一步增加了細菌的多樣性，以及適應新環境的能力。換句話説，細菌是通過不斷地更新自己來適應不斷變化的環境，這一點恰好就是創造力的核心定義，即通過新的發明創造來使創新者更好地適應新的環境。

但是，在生命誕生後的頭 15 億年裏，無論細菌還是古細菌都沒有發生太大的變化，仍然屬於體積微小的原核生物。如果外星人在這 15 億年裏造訪過地球，他們肯定不會對地球留下太多印象。大約在 20 億年前，地球上發生了一件看似毫不起眼的事件，一個古細菌把一個細菌吞了進去。其實這樣的事情每時每刻都在上演，不過每一次都是以被吞噬的細菌被殺死而告終。但這一次這個細菌活了下來，和宿主形成了一種彼此相互依賴的共生關係。大家千萬別小看這件事，那個被吞的細菌逐漸演變成了線粒體，專門負責提供能量，沒有了後顧之憂的古細菌則愈變愈大，體積擴大了上萬倍，終於變成了大家十分熟悉的真核細胞。

此後又經歷了幾億年缺乏變化的日子，第一個多細胞生物出現了，從此生命的體積加速膨脹，外星人終於可以不用借助顯微鏡就能看到地球生物了。之後才有了約 5.5 億年前發生的那次寒武紀物種大爆發，如今地球上絕大部份肉眼可見的生物的原型都是在那次大爆發之後出現在地球上的，其中就包括哺乳動物。

我們不必理會這幾次變化的細節，只要從創新的角度審視一下，就不難發現其中的關鍵所在。原核細胞時代的生命進化源於基因信息的交流，細胞之間仍然是相互為敵的，所以創造力有限，很長時間都沒有大的變化；真核細胞的出現源於一次罕見的細胞間合作，結果這次合作開啟了一個全新的時代，生命的複雜性陡增；多細胞生物的出現則標誌着細胞間的合作成為常態，從此進化的速度呈現指數級增長，生命終於迎來了質的飛躍，我們人類就是這次飛躍的產物。

生命的進化過程説明了一個道理，那就是相互合作才是創新的最佳途徑。真正偉大的創新，都是由若干個不相干的領域彼此融合

後產生的，光靠一個人單打獨鬥是不行的。

類似的理念在真核生物界被堅持了下來，性就是這一理念所導致的必然結果。雖然無性生殖的速度要比有性生殖快很多，但自然選擇顯然更加青睞有性生殖，因為有性生殖把基因交流制度化了，這就保證了創造力得以永遠延續下去。

神創論者不相信生物僅僅依靠基因突變和重組就能進化出像翅膀這樣複雜而又精妙的器官，因為他們認為半個翅膀是沒有用處的，所以翅膀一定是事先設計好的，不可能是從無到有一步一步逐漸進化而來的。但事實證明，鳥類的翅膀真的是由恐龍的前肢一步一步進化而來，某些恐龍的前肢進化出了半月形腕骨（semilunate carpal），這種結構讓它們的前肢變得異常靈活，在捕獵時很有優勢。此後，其中一些恐龍為了保暖，又進化出了羽毛。覆蓋着羽毛的靈活前肢只要再往前走一步就很容易變成翅膀，鳥類就是這樣進化出來的。

換句話說，大自然更像是補鍋匠，而不是設計師。進化的過程更像是廢物的循環利用，而不是新產品的生產，這就很好地解釋了為甚麼人體的很多器官細究起來都不那麼完美。

需要特別指出的是，以上所有這些創新手段，本身都是盲目的。生命只需構建一個信息自由交換的平台，以及一個允許在一定範圍內試錯的機制就可以了，並不需要事先安排一個設計師。首先認識到這一點的正是達爾文，這就是他最偉大的地方。此前人們看到長頸鹿伸着脖子吃樹葉，都會想當然地覺得如此奇妙的創造只能來自造物主，或者像拉馬克猜測的那樣，來自某個神秘的「內在進步動力」。只有達爾文看清了創造力的真相，意識到生物進化就是不斷探索「相鄰可能」的試錯過程，大自然只不過是提供了一個對

錯誤進行適當懲罰的機制而已。

人類的智慧和身體一樣，都是大自然的一部份，人類的創造力同樣可以用上述法則加以解釋。前文提到的簡化版的創造力三階段理論和達爾文提出的自然選擇理論本質上是相同的，即先要有很多不同的基因（知識儲備），然後這些基因通過突變或者雜交產生出全新的組合（洞悉時刻），最終再由大自然（創造者或者公眾）負責篩選，留下好的，淘汰差的。由此看來，希斯贊特米哈伊和達爾文這兩個不同時代的智者最終殊途同歸。

不過，人類的創造力和生命進化在一些細微的地方還是存在很多差異的，下面我們就來逐個探討一下人類創造力的諸多細節，看看能否揭示出創造力誕生的奧秘。

結　語

如果説生命是宇宙最偉大的創造，那麼銀河系裏到底有沒有其他智慧生物呢？英國薩塞克斯大學（University of Sussex）天體物理學教授約翰‧格里賓（John Gribbin）認為不太可能，因為形成生命的條件極為苛刻，智慧生物的產生條件更是苛刻到近乎為零的程度。

首先，生命的誕生需要很多不同元素的參與，距離銀河系太遠的星系形成時間過早，幾乎全部由氫和氦組成，不太可能出現生命。距離銀河系中心太近的星系會受到高能粒子的轟炸，同樣不太可能孕育生命。所以在銀河系這個圓盤當中只有距離中心 2.3 萬—3萬光年遠的環形帶內具備生命形成的條件，這個「生命帶」只相當於銀河系半徑的 7%，內部含有的星系數量只佔銀河系星系總數的

5%。太陽系距離銀河系中心有 2.7 萬光年，正好位於「生命帶」的中間，相當幸運。

其次，地球在太陽系裏的位置也相當重要，太近太遠都不會有液態水，因此也就不會有生命。另外一件概率極低的事件是月球的形成，目前的理論表明月球形成於一次撞擊事件。此事導致了兩個結果：一是地球中心含有大量液態金屬，形成了保護地球的磁場；二是月亮的存在穩定了地球軌道，使得地球的氣候相對穩定，否則生命也在劫難逃。

再次，雖然生命在地球形成早期就出現了，但在此後的 30 億年裏一直是以單細胞的形式存在的。具備高級智慧的人類只有不到 20 萬年的歷史，這說明高級智慧的生成是一個極小概率事件。事實上，在 15 萬年前和 7 萬年前，地球先後經歷過兩次規模巨大的火山噴發事件，把當時的人類種群數量降到了只有幾千人的水平，這個數字放到今天一定會被視為瀕危物種的，我們算是僥倖逃過一劫。

換句話說，人類的出現是一件極為幸運的事情，但我們今後不太可能總有這麼好的運氣，肯定會遇到各種難以預估的極端災難。人類這個物種到底能否延續下去，就看我們的創造力能否跟得上了，這就是為甚麼我們必須認真研究人類創造力的產生過程，想盡一切辦法將這種天性發揮到極致，幫助我們渡過必將到來的難關。

創造是人類的天性

> 地球上有腦子的動物還有很多，為甚麼只有我們人類發展出了無與倫比的創造力，並最終徹底改變了地球的樣貌？

人人都有創造力

人類是動物之王，這是毫無疑問的。我們之所以稱霸地球，靠的就是我們無與倫比的創造力。放眼望去，我們的周圍充斥着人類的創造，我們從無到有地建設了一個專為自己服務的嶄新的世界。

人類的創造力來自我們獨一無二的大腦，這是毫無疑問的。最近網上流行一句罵人話，叫作「腦子是個好東西，希望你也有一個」。這話罵人可以，但罵其他動物就不一定成立了，因為大腦是一個非常昂貴的器官，需要消耗很多能量，對於某些動物而言並不一定划算。比如有一種海鞘綱動物，一開始是有腦子的。牠們在海裏四處游蕩，一旦找到了寄主便在海底定居下來，永遠不再移動。此時牠們就會把自己的腦子消化掉，成為無腦動物，因為牠們不再需要這個累贅的器官了。

從這個例子可以看出，腦子最初並不是為了思考人生而被進化出來的，而是為了更好地運動。植物不需要運動，所以植物沒有進化出腦子。雖然植物同樣需要和環境互動，但這種互動大都遵循固定的模式，對反應速度的要求也不高，植物只需按照一套事先規定好的方式去應對就可以了。這套方式完全可以由基因來負責編碼，不需要神經系統的幫助。

動物則不然，牠們所處的環境始終在變，需要迅速做出相應

的反應，於是動物進化出了大腦這樣一個獨特的器官，專門負責收集、匯總來自感覺器官的環境信號，對其進行運算處理後再向運動器官發出指令，指揮身體做出最適當的應對，比如覓食或者逃避天敵。

因為環境信息千變萬化，所以每一次處理過程都相當於一次創新，需要消耗大量能量。為了節約能量，很多動物進化出了一套類似植物的固定反應模式。比如一隻蜜蜂需要根據氣味和顏色等環境信息在樹林中尋找蜜源，找到後還要飛回去招呼同伴，並通過一種獨特的 8 字舞來傳遞蜜源的位置信息。整個過程看似十分複雜，但其實大部份行為都遵循一套固化的程序，不需要創新。從神經生物學的角度來講，這就相當於神經信號的輸入端和輸出端直接相連，中間不經過運算，這就大大節省了能量。而神經輸入端和輸出端的連接方式是由基因決定的，這就是同一種蜜蜂的行為模式都極其相似的原因，牠們一生下來就會跳 8 字舞，不需要創造力。

這種模式在高等動物中也有應用，但僅限於一些最最基本的動作，比如嬰兒剛生下來就會找媽媽的乳頭。除此之外，高等動物的大多數行為都太過複雜，僅靠幾套固定的程序是遠遠不夠的，所以高等動物大腦中負責運算處理的部份變得愈來愈大，整個大腦的體積也跟着愈變愈大了。這部份大腦相當於電腦的中央處理器（CPU），耗能巨大，動物們必須省着點用，於是牠們進化出了一個新的機制，科學術語稱之為「重複抑制」（repetition suppression）。

我們每個人肯定都有這樣的經歷，那就是第一次上班時，路上的每一個細節都記得清清楚楚，但連上一個月班之後，上班途中發生的事情就都不過腦子了，所有動作閉着眼睛就可以完成，這就是典型的「重複抑制」。

為甚麼會這樣呢？答案就是節約能量。高等動物的大腦都是節約能量的好手，只要發現某件事情存在某種規律，或者某種環境因素對自己沒有任何影響，大腦立刻就會降低對它的關注度，簡化相應的處理程序，甚至將其放到「潛意識」裏，不再佔用寶貴的注意力。

「重複抑制」是無所不在的，我們只要醒着，每時每刻都在利用這一機制節省能量。比如我們在走路時是不會聽到自己的腳步聲的，除非腳下突然發出一聲異響；我們在看電影時是不會注意到緊急出口處的那盞小紅燈的，除非它突然閃了起來；我們平時也不會感覺到自己的心跳，除非心臟出了毛病。

為了最大限度地利用「重複抑制」機制，動物們都變成了找規律的高手。誰最擅長從以往的經驗中找到規律，並在此基礎上做出最佳預判，誰就能節省最多的能量，成為競爭中的勝利者。這方面人類絕對是所有動物中的佼佼者，我們在尋找規律方面的能力遠遠超過其他競爭對手，這是人類從哺乳動物群中脫穎而出的重要原因。

但是，如果一種動物太擅長「重複抑制」也不行。想像一下，一隻在野外覓食的貓，牠發現黑色石頭下面藏着老鼠的可能性最高，於是牠只去翻動黑色石塊，其他顏色的石頭從不去碰，這麼做將會大大減少做無用功的機會，看上去是一種進化優勢。但是，大自然並不總是十分確定的，偶爾也會有老鼠躲在黃色石頭下面。假設此時出現了另一隻貓，牠同樣發現黑石頭下面老鼠多，但牠好奇心特別強，每隔一段時間就會忍不住去翻一下黃色的石塊，這個充滿創意的想法很可能會給牠帶來額外的好處，久而久之，這個好奇心基因就會在動物種群中擴散開來。

由於上述原因，絕大部份動物的行為模式都介於「重複抑制」和「偶爾好奇」之間，人類就是如此。我們每個人從生下來開始就受到兩套相互對立的指令的影響，一種是保守的指令，要求我們善於尋找規律，學會自我保護，盡可能地節省能量。另一種是擴張的指令，鼓勵我們勇於探索新鮮事物，敢於冒險，甚至從危險中得到快感。

相聲演員很善於利用這一點，比如劉寶瑞的經典單口《扔靴子》裏，那個住在樓上的年輕人為甚麼一定要在第三個晚上抖包袱？因為第一個晚上是用來提供新信息的（扔兩隻靴子），第二個晚上是用來形成規律的（每次都扔兩隻靴子），第三個晚上是用來將這一規律打破的（第二隻靴子沒有扔）·觀眾正是從打破常規中獲得了驚喜和樂趣。

由此可見，人類尋找客觀規律的衝動是如此之強，以至於一樣新東西只需重複一次就足夠了。同樣，人類是如此喜歡驚喜，僅僅把一個剛剛重複了一次的規律打破，就足以引來哄堂大笑。這個案例充份說明，守舊和創新同樣都是人類的天性，我們每個人都有創造力，只要戰勝自己心中守舊的那一面，就能充份地將其展現出來。

接下來一個很自然的問題就是，人類的創造力為甚麼會冠絕群雄呢？某些宗教信徒把功勞交給了上帝，認為上帝在造完萬物之後，按照自己的樣子造出了極富創造力的人類。達爾文的擁躉則相信，生物的所有特徵都是進化而來，創造力自然也不例外。事實到底是怎樣的呢？這就要從我們祖先的生活環境開始講起。

從樹上下來的精靈

　　人類是哺乳綱靈長目動物中的一員，靈長類動物的一個顯著特徵就是大部份成員都生活在樹上，我們是其中極少數從樹上下來的精靈。

　　在樹上生活可以避開大部份兇猛的平原捕食者，是個相對安全的選擇。森林為我們的祖先提供了保護，同時也塑造了我們的肉體和精神。比如，為了抓牢樹幹，祖先們進化出了靈巧的手指，以及一根和其他四指相對應的拇指，這個特殊結構使得人類成為動物界最優秀的工具製造者，這是從猿到人的重要一步。再比如，樹林中的環境遠比平原上更為複雜，對視力提出了特殊的要求。為了準確地判斷樹枝的位置和距離，靈長類的雙眼轉移到了臉的正前方，增加了對細節的分辨力。為了辨別出成熟的果實，靈長類進化出了對色彩的感知能力。為了處理愈來愈複雜的視覺信號，靈長類的視覺中樞變得愈來愈大……就這樣，視覺逐漸成為靈長類最主要的感覺器官，最終幫助我們人類更加精確地感知客觀世界的各種細節，為創造力的出現做好了準備。

　　隨着時間的推移，靈長類的身體變得愈來愈高大，在樹枝上爬行愈來愈吃力了，於是我們的祖先學會了「臂躍」（brachiation），即依靠雙臂的力量從一根樹枝盪到另一根樹枝。這是一套非常複雜的移動方式，需要事先對後續的一連串動作進行規劃，否則大腦是來不及做出反應的，於是祖先進化出了做計劃的能力，即根據以往的經驗事先計算出每一個動作最可能導致的結果，這就為想像力和抽象思維能力的出現奠定了基礎。很多進化生物學家都認為，這是從猿到人的關鍵一步。

可惜好景不長，氣候變化導致非洲森林大面積減退，我們的祖先不得不從樹上下來，在草原上開始新的生活。環境的變化迫使祖先做出了許多改變，其中最顯著的變化就是直立行走。計算表明，直立行走雖然速度較慢，但其能量使用效率卻要比四足行走高很多，更適合長距離跋涉。為了提高長時間行走過程中的散熱效率，祖先們逐漸褪去了毛髮，好在直立的姿勢有助於減少暴露在陽光下的皮膚表面積，只要在頭頂保留一叢毛髮就可以了，所以人類的另一個別名就是裸猿（naked ape）。

人類祖先選擇直立行走的初衷很可能只是為了省力，但這一改變卻帶來了兩個意想不到的結果。第一，擴大了視野，於是大腦從環境中獲取的信息量也隨之成倍增加，對大腦處理信息的能力提出了更高的要求。第二，直立行走解放了上肢，正好可以騰出手來製造工具，並最終導致我們的祖先和黑猩猩的祖先分道揚鑣，各自走上了一條完全不同的進化之路。

在這個變化過程中，一種名為 CMAH 的基因很可能起到了關鍵作用。2018 年 9 月 11 日出版的《英國皇家學會學報 B 卷》（*Proceedings of the Royal Society B*）刊登了一篇論文，指出人類的 CMAH 基因在距今 300 萬—200 萬年時發生了斷裂，導致人類肌肉中微細血管的數量大大增加，肌肉細胞利用氧氣的效率也比黑猩猩提高了很多。這個差異，再加上直立行走，終於把人類變成了非洲大草原上的長跑健將，而黑猩猩直到今天仍然在樹林裏爬行。

人類和黑猩猩分家的時間是在距今 700 萬—500 萬年，後者的祖先選擇用武力對抗這個世界，逐漸進化出了強壯的肌肉和尖利的獠牙。人類的祖先則另闢蹊徑，決定團結起來，以集體的力量和非洲大草原上的野獸們一較高低。考古證據顯示，南方古猿時期的群

體數量已經達到了 80 人左右，直立人時期增加到了 150 人，早期智人甚至能夠組成多達 250 人的大族群，遠比其他靈長類動物的群體數量大得多，這就是人類取得成功的關鍵因素之一。

英國牛津大學的人類學家羅賓‧鄧巴（Robin Dunbar）認為，一個動物群體要想做到協調一致，其規模不能太大，因為動物們沒有足夠的腦力去應付太多的同類間交流，自然也就談不上相互合作。群體規模的大小取決於個體智力的高低，後者與腦容量的大小直接相關。考古證據顯示，人類祖先的腦容量從 200 多萬年前的 400 毫升增加到了 20 萬年前的 1,350 毫升，足足增加了兩倍多，如此快速的增長是動物進化史上絕無僅有的。這其中，負責高級思維的新皮層（neocortex）增加得最快，說明人類的智商在這一階段發生了質的飛躍。

與此同時，人類的體重並沒有增加多少，這就導致人類的腦指

▲ 1936 年，喜劇演員瑪莎‧雷伊在電視節目上對猩猩進行智力測試。

數（Encephalization Quotient，衡量腦組織的相對大小的一個度量）躍居所有動物之首。前文説過，大腦是個極其耗能的器官，人腦雖然只佔體重的 2%，卻消耗了 20% 的能量。人類之所以心甘情願地養着這麼個耗能的器官，就是因為這個器官能夠帶來更多的好處，所以這筆交易還是合算的。

因為大腦的能耗太高，人類祖先不得不增加肉食的比例。研究顯示，靈長類動物在飲食方面是個典型的機會主義者，雖然平時以樹葉和果實為主，但如果有機會吃到肉也絕不會放過。不過，靈長類的身體構造並不適合捕獵大型動物，即使強壯的黑猩猩也只能偶爾捕捉幾隻小動物打打牙祭，這部份僅佔黑猩猩食物總量的 5% 而已。對於人類來説，這點肉顯然不夠，於是祖先們決定團結起來，從獵食者那裏搶肉吃，後來又慢慢發展到主動捕獵，終於吃到了足夠多的肉食。

具體來説，我們的祖先依靠自己出色的長跑能力，創造出了一種全新的捕獵方式，即通過分工協作和長途追擊，把獵物活活累死，即使不死也要將其累癱，然後再用自製的梭鏢或者棍棒一擊致命。這種捕獵方式需要高超的智商和密切的團隊合作，因此人類迅速成為地球上社會性最高的動物，人類的大腦也在這一過程中獲得了所需的營養物質，腦容量進一步增加。

既然腦子對於人類來説絕對是個好東西，為甚麼我們的腦容量並沒有一直增大下去呢？答案和直立行走有點關係。這種行走方式要求骨盆不能太大，否則雙腿並不攏，走起路來會重心不穩。但是人類女性的生殖道需要通過骨盆，這就要求女性的骨盆盡可能地大，這就產生了矛盾。最終人類不得不做出妥協，讓嬰兒提前出生，在子宮外完成最終的發育。

從某種意義上說，今天的人類無一例外都是早產兒，我們的身體和大腦的發育過程有一大半都是在出生後才完成的。即使這樣，女性的分娩過程也相當痛苦，嬰兒死亡率遠比其他靈長類要高。這件事看似是個缺點，沒想到最終卻成為改變人類命運的關鍵因素，因為這個做法延長了人類的童年期，極大地提高了大腦的可塑性，促使人類開發出一套適應性極強的後天學習系統，為創造力的出現奠定了基礎。

更重要的是，人類母親在分娩之後的很長一段時間內都要全力照顧嬰兒，無力自主覓食，需要有人照顧，於是我們的祖先從早期的一夫多妻制逐漸轉變成了一夫一妻的對偶制。千萬不要小看這一轉變，它讓人類社會每個成員之間的地位愈來愈平等，不再被某個強者所控制了。在這樣一個社會裏，每個成年人都能夠對自己所在的族群做出自己的貢獻，人類的創造力就是在這一轉變之後開始進步的。

石器時代

上文提到的諸多理論大都是人類學家的推測，因為我們的祖先沒有留下任何影像或者文字記錄，這些推測在很多細節上存在爭議，需要收集更多的證據才能下定論。但因為時間太過久遠，除了偶爾發現的人類骨骼或者牙齒化石之外，人類祖先留下的唯一證據就是石器。不過，因為石器製造所涉及的信息辨識、分工協作和智力水平等技能比使用樹枝、木棍等簡單工具要複雜得多，所以這個證據的價值極大，我們甚至可以認為石器加工是人類大腦和身體發生變化的起點。

　　最早的人類石器是由著名的古人類學家路易斯‧利基於 20 世紀 30 年代在坦桑尼亞的奧杜威峽谷發現的，因此被後人命名為「奧杜威石器」（Oldowan）。這是一大類刀片型石器的統稱，通常只能用來切肉，沒有別的功能。其製作方式也較為簡單，只需用一塊硬石作為石錘，敲打另一塊質地較軟的石核（通常是鵝卵石），直到敲出鋒利的石片就行了。

　　迄今為止所發現的最早的奧杜威石器距今已有 260 萬年了，不但非洲出土了很多，在歐洲和亞洲也發現過一些，可見其傳播範圍相當廣泛。有意思的是，這類石器的基本形態一直延續了將近 100 萬年都沒甚麼變化，人類的創造力似乎停滯了，直到 170 萬年前才又出現了一種全新的石器類型，因其最早發現於法國的聖阿舍爾而取名「阿舍利石器」（Acheulean）。這也是一大類石器的總稱，其製作難度比奧杜威石器大了一個數量級，需要用不同的石錘對同一件石核做精細的加工，整套工藝包含五六套工序，很多步驟都要預先設計好才行，對製造者的計劃能力提出了更高的要求。最終的成品是一柄水滴狀的手斧，刃部更加鋒利，可切可削可砸可撬，被譽為「石器中的瑞士軍刀」。

　　奧杜威石器對應於能人時代，過去一直被認為是非洲古猿向人類方向進化的開始，因為早年間的古人類學家相信只有人類才會製造工具，動物是不具備這個能力的。但是，這一信念正在被很多事實所動搖，比如迄今為止已經發現了四種靈長類動物會製造石器，包括西非黑猩猩、泰國獼猴、南美捲尾猴和一種生活在巴拿馬海島上的白臉捲尾猴。按照人類學的定義，牠們都已進入了石器時代，所以今天的古人類學家已經不敢肯定他們在非洲發現的那些石器到底是誰的作品了。

更讓人驚訝的是，有幾種鳥居然也學會了製造工具，比如新西蘭的啄羊鸚鵡和新喀里多尼亞烏鴉都是這方面的好手，牠們不僅會使用樹枝鈎出樹洞裏的蟲子，還學會了在樹枝尾端做一個彎曲的鈎子，把不肯就範的蟲子鈎出來。進一步研究發現，這兩種鳥類很善於破解科學家專門為牠們設定的人造機關，這些機關都是牠們從來沒有見過的，說明牠們具有很強的創造力。

此事有趣的地方在於，此前科學家們一直堅信鳥類的行為都是憑直覺的，只受遺傳控制，因為鳥類的大腦沒有新皮層，不應該具備高級智慧。但後續研究發現，鳥類有個大腦皮層（pallium），和人類的新皮層一樣具有體積小、密度大的特點，甚至連神經細胞的連接方式也都類似，說明這兩個組織雖然發育過程不同，卻殊途同歸，最終都進化成了高級思維中心。

▲ 鳥類當中智力水平最高的當屬新西蘭啄羊鸚鵡和新喀里多尼亞烏鴉

和靈長類動物相比，鳥類的視野更加開闊，需要處理的信息非常多，其生活模式也和靈長類有相似之處，兩者都屬於社會化程度非常高的物種。共同的需求催生出了相似的解決方案，那就是進化出複雜的大腦，依靠創造力來幫助自己擺脫生存困境，這是「趨同進化」（convergent evolution）的經典案例。

此事另一個有趣的地方在於，鳥類當中智商最高的新西蘭啄羊鸚鵡和新喀里多尼亞烏鴉都生活在海外孤島上，資源雖然有限，但周圍環境中沒有哺乳動物和牠們競爭，所以牠們是在一個生存壓力相對寬鬆的環境中進化出創造力的。此前科學家們大都相信創造力源自壓力，生活壓力愈大，愈容易激發創造力。但近幾年的研究表明，實際情況很可能正相反，比如動物園飼養的紅毛猩猩通常要比野外的紅毛猩猩更有創造力。有研究者認為，這是因為嘗試新的生活方式是需要冒險的，如果生存條件惡劣，動物們最好的應對方式反而應該是守舊，因為牠們沒有資本去冒險。人類也是如此，只有對失敗的懲罰力度變小了，人類才有閒心和勇氣去嘗試新的東西。

雖然製造工具這件事已經不是人類專屬的特長，但迄今為止還沒有發現任何一種動物能夠製造出阿舍利石器水平的高級工具，這是為甚麼呢？美國埃默里大學（Emory University）的人類學家迪特里希·斯圖特（Dietrich Stout）決定研究一下這個問題。他的研究方法非常特殊，不是研究別人，而是研究自己。他親自動手，一邊學習製造阿舍利石器，一邊通過腦部掃描儀來觀察工作中的大腦，看看到底哪個部位被激活了。結果表明，要想打造出一把真正的阿舍利手斧，不但需要高超的手眼協調能力，還需要事先做好周密的計劃，這種能力可不是一般動物所能具備的，只有人類才有。事實上，掃描結果證明手斧製造者大腦中的右額葉下回非常活躍，這一區域和高級認知有關，也可能和語言技能的發展有關係，只有人類才有這樣精細的腦結構。

更重要的是，斯圖特教授發現製造阿舍利石器這件事本身也會反過來刺激大腦的學習中樞，增加大腦的可塑性，讓人變得更聰明。換句話說，他認為製造工具和高級思維很可能是相輔相成的，

▲ 美國埃默里大學人類學家迪特里希·斯圖特通過學習石器的製造方法來研究古人的智力進化，右邊那張圖就是著名的阿舍利石器。

兩者是一種協同進化的關係，我們的祖先因為聰明而發明了精巧的石器，又在製造石器的過程中促進了大腦的進化，從而變得更加聰明。

斯圖特教授對石器的探索並沒有到此結束，他又招募了一群大學生，讓他們試着用古人的方法打造石器，結果發現美國大學生平均需要花費 167 個小時才能學會打造阿舍利石器的基本技術，而且這個過程必須得有老師負責教才行，光靠練習或者模仿是很難學會的。因此他得出結論說，阿舍利石器技術一定是代代相傳的，而不是某個人通過反覆試驗就能開發出來的一項技能。

這個例子說明，人類技術發展到阿舍利石器時代就已經變得非常複雜了，任何一個人，無論多麼聰明，都不可能憑藉一己之力從無到有地開發出來。我們甚至可以得出結論說，從那時起，人類社

會的任何一項技術都是從個人傳給個人，或者從社區傳給社區，如此這般代代相傳下來的，所有的創新都是在傳承的基礎上一點一點加上去的。

正是在製造石器的教學過程中，斯圖特教授意識到語言的重要性。如果不用語言來教授，學生們很難學會這門手藝，所以他認為祖先對於石器製造的需求很可能促進了人類語言的進化。

如果我們把語言定義為「通過聲音傳遞信息」的話，那麼很多動物都有語言。大部份動物的語言系統都是天生的，只有鯨、海豚、海獅、大象、蝙蝠和某些鳥類等少數動物具有後天學習的能力，牠們可以在遷徙的過程中學習新的語言，以幫助牠們適應新的環境。比如生活在太平洋裏的座頭鯨會唱 30 多種不同的歌，這些歌隨着遷徙的鯨群自西向東傳播，甚至可以像人類的流行歌曲排行榜那樣每年換一首新歌。

但是，所有的動物語言都沒有真正的語法和句法，只有人類語言才有，這兩個特徵讓人類語言的準確性和靈活性大大超過了其他所有動物，能夠用來精確地描述複雜抽象的事情，比如教新手如何選擇石材並製成石器。聖安德魯斯大學（University of St. Andrews）的人類學家凱文・拉蘭德（Kevin Laland）曾經指出，很多動物都有教學的行為，即把後天獲得的思想從一個個體拷貝到另一個個體。拷貝的方式千變萬化，但最關鍵的是拷貝的保真度，只有當保真度超過了某個閾值，真正意義上的思想交流才有可能成為現實。所有動物當中只有人類跨越了這個閾值，此後人類的整體認知能力和創造力便呈現指數級的增長，其結果就是今天的我們。

問題在於，人類是何時以及如何跨越了這個閾值呢？這是考古人類學的終極問題之一，曾經被認為是無法解決的，原因顯而易

見。近年來，不少學者試圖從其他方面間接地研究人類語言的誕生，製造工具就是其中之一。不過，製造工具和語言的誕生愈來愈像是一個雞生蛋、蛋生雞的問題，在此之前還需要有個東西啟動這場偉大的協同進化。

美國著名的語言學家諾姆·喬姆斯基（Noam Chomsky）曾經認為人類的語言能力來自基因突變導致的腦結構改變，他相信一個人要先有這個改變，才能掌握這套有別於其他動物的語法系統。人類基因組密碼被破譯之後，一直有人試圖尋找這個基因突變，2001年發現的 FOXP2 曾經被認為是這樣的一個關鍵基因，但後續研究表明 FOXP2 僅僅是諸多可能的語言基因當中的一個而已，它的作用也不像當初認為的那樣簡單直接，語言誕生之謎還遠未解開。

不管怎樣，語言的出現開啟了思想大規模交流的序幕，為創造力的大爆發做好了準備。不過，在此之前人類還需要掌握另一件秘密武器，這就是火。

火燄點燃了創造力

無論古人類學家們如何偏心眼，我們祖先的創造力在走出非洲之前的這段時間裏實在是乏善可陳。先不說別的，奧杜威和阿舍利這兩類石器居然各領風騷長達 100 萬年之久，如此緩慢的進步速度幾乎和停滯不前沒甚麼區別了。

但是，從大約 10 萬年前開始，人類技術的進步速度明顯加快，非洲出現了遠比阿舍利石器更複雜的石器，而且更新換代相當頻繁。這一時期甚至出現了複合工具，即用樹膠把石器、動物骨骼和木材黏合在一起製成的新型工具，體現出當時人類的創造能力邁上

了一個新的台階。這一時期的人類行為也變得更加複雜，祖先學會了埋葬死去的同伴，墓穴中出現了珠子和貝殼等飾物，顯示出那段時期非洲居民們的智力水平有了飛速增長。

為甚麼會出現這樣的飛躍呢？火的使用肯定是重要原因之一。關於人類用火的歷史，考古界一直有爭議，有人認為人類早在 100 萬年前就會用火了，但相關證據並不是很充份。如今多數學者相信人類真正大規模用火的歷史不會超過 40 萬年，鑽木取火的技術更是很晚才被人類掌握。

火的使用從根本上改變了人類的生活方式，因為火是人類所掌握的第一個來自身體（肌肉）之外的能量形式，具有劃時代的意義。火最直接的用途就是加工食品，烹飪極大地提高了食物的消化率，滿足了日漸增長的大腦的需要，同時也養活了更多的人；火在加熱食品的同時還能起到消毒的作用，以前無法食用的變質腐食終於可以被人類所利用了，人類死於食物中毒的概率也大大降低；火的防身作用也不可忽視，一支火把就足以嚇退兇猛的猛獸；火還有取暖的功效，人類借助火的力量逐漸遷徙到了寒冷的北半球……所有這些優點合在一起，導致人類的總數終於有了大幅度的增長，並逐漸開始向非洲以外的地區擴散，最終成為地球上分佈最廣的大型哺乳動物。

這件事的意義再怎麼強調都不會過份。有研究顯示，地球上的人口總數在過去幾百萬年的時間裏始終維持在 100 萬以下，直到 10 萬年前才終於突破了這一上限，達到了數百萬人的水平。前文說過，生命的創造過程需要有足夠多的不同種類的原子在液態環境裏自由碰撞，人類創造力的進化也是如此。我們可以把人想像成原子，人口稀少造成的一個直接後果就是大部份人一輩子都很難遇到

其他部落的人，即使有幸碰到了，對方也和自己差不多，這就大大限制了不同思想的流動和碰撞。除此之外，居無定所的遊牧生活方式使得當時的人類社會更像是氣體，即使偶爾撞出火花也很難延續下去，很多靈光一現的發明創造就這樣隨着擁有它的那個部落的滅絕而永遠丟失了。

值得一提的是，人類並不是地球上唯一會用火的動物，至少有三種澳大利亞猛禽也會用火。牠們生活在澳大利亞北部的乾旱地區，一旦某處發生山火，牠們就會從火場叼來着火的樹枝，點燃草原，把躲在草叢裏的小動物趕出來吃掉。

在這個案例裏，我們再一次看到鳥類的身影。確實，鳥類的智商和靈長類相當接近，但是由於各種陰差陽錯，鳥類的上升空間

▲ 著名的美國進化生物學家愛德華・威爾森，他一生撰寫了無數著作，涉及生物進化的方方面面。

不如靈長類大，漸漸落伍了。就拿用火來說，我們的祖先開發出了一種鳥類不可能實現的全新用途，這就是篝火。美國著名的進化生物學家愛德華・威爾森（Edward O. Wilson）曾經高度評價篝火在人類進化中的作用，他通過對非洲南部原住民日常生活的研究，發現這些獵手們白天的談話大都是關於打獵的，內容非常務實，但一到了晚上，大家就會圍坐在篝火旁講故事，無論是故事內容還是講述方式都極其生動，想像力十足。正是通過這些故事，部落成員們增進了彼此間的了解，培養了感情，文化就是在這樣的環境下誕生的。

文化（culture）指的是一群人共同認可的思想理念和生活方式，其基礎就是人類的共情能力（empathy）。我們非常善於在頭腦中模擬他人的行為模式，猜測他人的想法，甚至體會他人的感情，這種能力對於社會性動物而言是極為重要的，我們正是依靠出色的共情能力進化成為一個相互信任的利益共同體，並在協調合作中發展壯大的。

從某種意義上說，宗教也是共情能力的產物。有些共情能力超強的人把花草樹木甚至日月山河都賦予了人類的情感，這就是原始拜物教的起源。同樣，藝術之所以成為人類文化的重要組成部份，也是因為共情能力使得藝術家能夠根據自己的理解創作出影響他人情感的作品。

隨着人口數量的增長和部落領地的擴張，非洲大陸上的居民終於連成了一個整體，彼此間始終保持着聯繫。比如只有少數幾個地方出產很適合作為工具使用的黑曜石，但以黑曜石為原材料製成的石器卻遍佈整個非洲大陸，由此可見當時的物質和信息交流有多麼廣泛。

不同部落之間的相互交流極大地促進了創造力的迸發，那段時期石器製造技術的進步速度非常快，而且每種新技術一旦出現就會迅速傳遍整個非洲，以至於考古學家很難通過測年法來判斷這些新技術最早起源於何處。

　　有意思的是，這一時期的創力大爆發在大約 7 萬年前戛然而止，過了很久之後才又重新恢復，考古學家們相信原因就是 7.5 萬年前在蘇門答臘島發生的圖巴（Toba）火山噴發。那次噴發導致的氣候巨變殺死了很多大型哺乳動物，人類的總數下降到了只有數千人的水平。人類進化史上經歷的這次「遺傳瓶頸」事件正好可以解釋為甚麼現代人的遺傳多樣性會如此之低。要知道，現如今任何兩個地球人之間的遺傳差異都遠不如兩隻分別生活在東非和西非的黑猩猩之間的遺傳差異大，這件事曾經令遺傳學家百思不得其解。

　　好在祖先們挺了過來，這才有了今天的我們。與其說這是運氣使然，不如說當時的人類已經不是一般的哺乳動物了。遺傳多樣性太低固然不利於應對環境劇變，但人類無與倫比的大腦發揮了作用，應對自然災害的能力有了很大提高。舉例來說，目前已經發現的最早的人類繪畫作品是南非一個山洞中的赭石塗鴉，距今已有 7.3 萬年的歷史了，這說明當時的人類已經具備了初級的藝術創造力，這可是人類進化史上的一個重大突破，標誌着人類的智力已經達到了很高的水平，完全可以彌補遺傳多樣性的不足。

　　事實上，正是從距今 7 萬年左右開始，人類走出了非洲，踏上了征服世界的旅程。考古證據顯示，那一時期至少有五個不同的人類族群生活在歐亞大陸的很多地方，我們的祖先在走出非洲的過程中和這些族群發生了信息和基因上的交流，極大地擴展了人類所掌握的知識和技能。一些考古學家相信，正是由於這種交流，使得人

類的智力水平又邁上了一個新的台階，這才有了 4 萬年前繪製在歐洲山洞中的那些栩栩如生的壁畫。那些作品的技法比非洲山洞中的原始塗鴉高了不止一個數量級，當時的藝術家已經和當代準專業畫家們的繪畫水平相差無幾了。

在距今 3 萬年左右，所有其他人類族群盡數滅絕，地球上只剩下我們的祖先這一群智人了。滅絕的原因目前還有很多爭論，但他們不善於和其他同類交流合作似乎是很重要的原因。就拿目前研究的最透徹的尼安德特人來說，考古研究顯示他們也像我們一樣會說話，會用火，會畫畫，會埋葬親人，但尼安德特人分成了很多相對獨立的部落，彼此之間缺乏交流，遠不如我們的祖先那樣團結。

尼安德特人基因組序列測出來之後，有兩家實驗室嘗試在培養皿中培養尼安德特人的「迷你腦」，即用帶有尼安德特人基因特徵的神經幹細胞發育成豌豆那麼大的一團腦神經組織，再和人類細胞培育出的「迷你腦」做對比，看看兩者究竟有何差別。相關研究尚在進行之中，但其中一家實驗室在 2018 年 6 月召開的一次國際會議上公佈了初步研究結果。這家來自美國加州大學聖地亞哥分校（UCSD）的實驗室發現，尼安德特人的「迷你腦」外表不如人類的那麼光滑，神經突觸的數量也比人類的少，和人類自閉症患者的「迷你腦」非常相似，這樣的大腦在處理社交信息時會顯得力不從心。這家實驗室的負責人阿里松·莫特利（Alysson Muotri）博士認為，這個初步結果說明尼安德特人的性格很可能比較封閉，不如人類那樣善於交流。

人類獨霸地球後不久，已經維持了數萬年的冰期結束，地球進入了溫暖的間冰期，萬物復甦，生機勃勃。正是在這個大背景之下，人類於大約 1 萬年前發明了農業，從此迎來了真正的創造力大

爆發。

早年的人類學家相信農業是生活在中東地區的某個聰明人創造出來的，但後來的研究顯示農業在全世界範圍內至少獨立地被發明出了七次，由此可見農業的出現並不是少數人靈光乍現的結果，而是客觀條件滿足之後的水到渠成。這裏所說的客觀條件除了氣候變暖之外，人口增加導致優質獵場愈來愈不夠分也是很重要的一條，人們只能選擇一塊地方定居下來，尋找新的食物來源。

定居點的出現，開啟了創造力大爆炸的序幕，從此人類社會的新思想和新技術層出不窮，生活狀態日新月異，應對自然災害的能力也呈現出幾何級數的增長，我們終於從動物界脫穎而出，進化成為具有高級智慧的現代智人。

結　語

創造力的進化和生物進化一樣，都不是事先規劃好的，而是修修補補、見招拆招的結果。人類的進化雖然源自一連串偶然事件，但其實整個過程遵循一套非常嚴格的邏輯和規則，創造力的爆發也是如此。下面我們就通過一些實例，看看能否總結出一些創造的規律。

藝術創造力是怎樣煉成的？

　　　　羅大佑是公認的華語流行音樂教父，他開創了一種全新的表達方式，成為一代華語音樂人模仿的對象。他的創造力是從哪裏來的？答案要去他出道的地方尋找。

想像中的鹿港小鎮

　　1984 年的某一天，正在北京一所中學讀高一的我從同學那裏搞到一盤錄音帶，據同學說這是違禁品，好不容易才到了他手裏。我迫不及待地按下播放鍵，錄音機裏傳來了很響的沙沙聲，顯然這盤磁帶已經不知被翻錄過多少回了。噪音過後，一個尖利的音符從喇叭裏衝了出來，雖然那時的我根本分辨不出這是哪種樂器在演奏，但聲音中蘊含的力量卻像一把刀子直插心臟。簡短的前奏過後，錄音機裏傳出一個蒼老的聲音：

> 假如你先生來自鹿港小鎮
> 請問你是否看見我的爹娘
> 我家就住在媽祖廟的後面
> 賣着香火的那家小雜貨店

　　我當時並不知道鹿港小鎮在哪裏，也不明白媽祖廟意味着甚麼，這首歌想要表達的思想對於剛剛才用上錄音機的我來說有點超前了。但不知為甚麼，這首歌仍然深深地打動了我，因為我從來沒有聽到過如此憤怒的歌詞，也從來沒有意識到中文歌同樣可以非常

▲ 羅大佑被公認為華語樂壇最具創造力的歌手之一

搖滾。後來才知道我不是唯一被它打動的人，這首《鹿港小鎮》不知喚醒了 80 年代多少大陸年輕人的心，這盤名為《之乎者也》的磁帶不知讓多少熱愛音樂的叛逆青年走上了搖滾的道路。

在那之後的很長一段時間裏，我只知道那個聲音來自羅大佑，但不知道他長甚麼樣，到底是怎樣一個人。直到多年之後，我才從一張同樣模糊的複印紙上看到了那個戴着墨鏡，留着披肩長髮的冷峻面龐。2018 年初秋的一個下午，我終於在台北復興南路的一幢外表極為普通的公寓樓外見到了這張陌生又熟悉的臉。如果不是資料裏確鑿無誤地表明羅大佑生於 1954 年，我肯定不會相信這張臉的主人已經 64 歲了。

「你來得正是時候，可以了解一下台灣目前的政治狀況，因為馬上就要選市長了，台灣社會可能會發生很大的變化。」羅大佑一邊説一邊帶着我走進他的工作室，然後迅速把鞋子脱了，光着腳盤

腿坐進沙發裏。他個子不高，身材保持得極好，肚子上一點贅肉都沒有，臉上的皮膚光滑細膩，幾乎看不到皺紋，説他 40 歲都有人信。

就在助理為我們準備咖啡的時候，羅大佑繼續慷慨激昂地表達着自己的觀點。我趁此機會仔細觀察着眼前這個人，和那張我熟悉的唱片封面照相比，雖然一頭披肩長髮被剪成了板寸，一襲黑衣換成了藍綠色的居家型絨線夾克，遮住大半張臉的墨鏡也被一副標誌性的彩色眼鏡代替，但羅大佑骨子裏依然還是當年那個憤世嫉俗的年輕人。

「我從前是個比較孤僻的人，後來媒體採訪多了才變得比較和善 點。」説這話的時候他終於笑了，眼角額頭現出了幾道很深的皺紋。

咖啡來了。我努力地把話題轉移到 40 年前，請他回憶一下剛開始做音樂時的崢嶸歲月。原來，當年那個性格孤僻的羅大佑，並不是《鹿港小鎮》裏那個「當年離家的年輕人」。事實上，他在寫那首歌之前根本沒有去過鹿港，他的父親也不是開雜貨店的，而是一個非常有名的醫生。他家的經濟狀況非常好，他本人也一直是個好學生，學習成績在班裏名列前茅，這讓他順利地考上了台中的一所醫學院，準備畢業後子承父業，當一名受人尊敬的醫生。

既然如此，是甚麼原因促使羅大佑放棄醫生職業，玩起了搖滾樂，並寫出如此憤怒的詞句呢？「應該是受當時台灣的社會氛圍影響吧。」羅大佑對我説，「當年台灣到處都在賣進口唱片，我聽了特別多的美國搖滾樂和爵士樂，我玩搖滾樂應該就是受了這些唱片的影響。在歌詞方面，那時候台灣出了一批很好的詩人，我非常喜歡讀余光中、洛夫和楊牧等人寫的新詩，在思考方式和開拓思維空間

等方面受到了他們的影響。」

關於這段歷史，有個人比羅大佑更有發言權，他就是著名的滾石唱片公司董事長段鍾沂，羅大佑的大部份唱片都是在滾石出的。我這次專程去位於台北光復南路 290 巷的滾石唱片總部拜訪了這位台灣流行音樂的傳奇人物，也請他回憶了一下當年台灣的情況。

「蔣介石退到台灣後仍然和美國保持着聯繫，美軍司令部始終駐紮在台灣，越戰期間台灣更是變成了美軍的中轉站，經常有軍機把美軍士兵從越南運到位於台中的美軍基地休整，美國的流行文化就這樣跟在美國大兵的身後暢通無阻地進入了台灣。」段鍾沂回憶說，「記得當年台北中山北路上全是賣美國舊書和過期雜誌的攤點，我就是在那裏買到了那本對我影響很大的小說《麥田裏的守望者》。美國人還辦了一個廣播電台，天天放美國的流行音樂，所以我經常說，我們這一代台灣人就是喝着美國的奶水長大的，叫出來的聲音自然也是美國味兒的。」

段鍾沂生於 1948 年，是標準的「戰後一代」。兩次世界大戰改變了舊的國際秩序，一大批原本處於邊緣地帶的前殖民地國家和地區融入了國際社會，像段鍾沂這樣來自第三世界的年輕人終於有機會接觸到全新的文化理念，和信息相對封閉的父輩們形成了鮮明的反差。

「當時的台灣當局非常保守，他們的主要任務是『反攻大陸』，對『共匪』警惕性很高，但對美國的流行文化就睜一隻眼閉一隻眼了。」段鍾沂說，「這就相當於在台灣開了一個天窗，讓我們這些年輕人可以看到天空。他們不知道其實這玩意兒力量更大，為台灣社會後來的大變革埋下了伏筆。」

不過，改變並沒有很快到來。為了給駐紮在台灣的美國大兵

提供娛樂服務，20世紀50年代的台灣出現了一大批電聲樂團，在高級俱樂部裏為客人翻唱美國流行歌曲，內容多半是通俗的愛情小調，沒甚麼內涵。今天的歌迷也許會感到奇怪，因為他們早已習慣了表達深刻內容的流行歌。但是，這種歌曲並不是從一開始就有的，早年的流行歌曲純粹是為了娛樂，在今天聽來都是「靡靡之音」，唱片公司並不認為把高雅的現代詩歌譜成曲唱出來會有人買，美國同樣如此。

　　這種狀況直到20世紀60年代才發生了改變，鮑勃·迪倫（Bob Dylan）為此做出了重要貢獻，這就是他獲得諾貝爾文學獎的主要原因。問題在於，那個年代的美國正經歷着「冷戰」、越戰和民權運動，社會氣氛動盪不安，很多人有話要說，迪倫只不過把大家憋在心裏的話寫成歌曲並唱了出來而已，大眾接受起來相對要容易得多。但在當年的台灣，起碼表面上並沒有那麼多社會矛盾，到處是一片歌舞昇平的景象，所以台灣樂手們依然唱着不痛不癢的口水歌，只不過把手裏的電結他換成了木結他而已。美國樂壇剛剛經歷過一次民歌復興運動，台灣歌手依樣畫葫蘆，也跟在美國同行的後面唱起了美國民謠。

▶ 美國歌手鮑勃·迪倫被公認為搖滾樂壇最具創造力的樂手之一

真正的變革要等到 1976 年才到來，一位只比段鍾沂小一歲的民謠歌手李雙澤在參加一場「西洋民謠演唱會」時把一瓶可口可樂摔到地上，呼籲大家「唱自己的歌」，從此開啟了台灣的新民歌運動，這就是後來傳到大陸的校園民謠。羅大佑早年的創作深受這場運動的影響，比如那首膾炙人口的《童年》就是典型的校園民謠。這首歌是羅大佑在 1976 年寫成的，那時他正在讀大學三年級，正好是回憶童年的年紀。另一首校園民謠風格的《光陰的故事》則是他大學畢業那年寫的，因為台灣的醫學院要上 7 年，所以那時的他已經 26 歲了，也正好是回憶青春的時刻。

　　「創作者必須遵從自己的內心，這是一定的。」羅大佑回憶説，「不過，我有時會主動尋求一種不是自己現狀的情境，這是一種創作的技巧。」

　　這兩首歌流行度非常高，但羅大佑最具革命性的歌曲還得説是創作於 1980 年的《鹿港小鎮》。這首歌是概念先行的，相當於命題作文。音樂風格終於擺脫了民謠的束縛，變得非常搖滾。歌詞更是充滿了批判精神，憤怒的情緒溢於言表。

　　「1979 年是台灣歷史上的一個重要的轉折點，那年台灣社會從上到下都感受到了很大的壓力，大家普遍有一種孤立無援的感覺，不知道未來會發生甚麼，台灣將向何處去。」羅大佑回憶説，「緊接着又發生了美麗島事件，弄得大家都不敢講話了。我因為是學醫的，不是音樂圈裏的人，經濟上也比較沒有壓力，所以我比較沒有顧忌，這才寫出了《鹿港小鎮》。」

　　1980 年，羅大佑從醫學院畢業。雖然因為大學期間玩音樂耽誤了學業，導致學習成績掉到了班裏的中下游水平，但仍然足以讓他考到了醫師執照，正式成為一名醫生。但羅大佑骨子裏是個叛逆青

年，他感覺自己有話要説，便從父親那裏借來一筆錢，自費錄製了一張唱片。幾乎與此同時，段鐘沂和弟弟段鐘潭聯手另外幾位朋友成立了滾石有聲出版社有限公司，正式進軍唱片業。段鐘沂聽到了別人翻唱的《童年》，非常喜歡，便託人找到羅大佑，説服他把這張唱片交給滾石來出。

滾石唱片當年只是一個剛剛起步的獨立廠牌，羅大佑也是個沒甚麼名氣的樂壇新人，這次簽約純粹是因為雙方在音樂理念上的相投。段鍾沂當年也像羅大佑一樣留着一頭披肩長髮，也喜歡聽來自美國 60 年代的搖滾樂，兩人在精神上是相通的。

「美國搖滾樂的核心並不是民權和反戰，這只是表面現象。美國的問題是道德問題，這才是搖滾樂真正想要表達的主題。」段鍾沂對我説，「台灣雖然沒有民權和反戰的問題，但台灣同樣有道德問題，我們那一代年輕人想要打破的是偽善的傳統道德觀，這個訴求和美國搖滾樂是一樣的。」

雖然理念相投，但這次合作在經濟上對於雙方而言都是一次冒險。段鍾沂告訴我，當時曾經有位業內人士打賭説這張唱片最多也就能賣 2,000 張，結果僅在台灣地區就賣了 20 萬張，盜版更是不計其數，這次冒險取得了成功。

相鄰可能與扎堆現象

當年由於兩岸交流不暢，這張唱片是走私進來的，並迅速被翻錄成了磁帶，在北京的音樂圈子裏廣為流傳。我是在兩年後才聽到這盤翻錄的磁帶的，因為沒有文字介紹，所以我對這張唱片的背景一無所知。多年以後我才知道，這是羅大佑出版的第一張個人唱

片，從此開啟了一段輝煌的音樂歷程。這是滾石唱片公司出的第 9 張唱片，一舉奠定了滾石在華語搖滾樂壇的霸主地位。大陸歌迷熟悉的李宗盛、趙傳、潘越雲、齊豫、齊秦、張洪量、任賢齊、莫文蔚和陳升等人都在其生涯的某個階段簽約過滾石，而且在滾石出的唱片往往是他們演唱生涯中最好的唱片。後來滾石的一個子品牌魔岩文化更是進軍大陸，幫助大陸音樂人把自己的創造力徹底釋放了出來，這才有了唐朝樂隊和魔岩三傑。

所有這一切，都開始於 1982 年問世的這張《之乎者也》。當時的中國大陸剛剛開始改革開放，大部份人的音樂品位還處在李谷一或者李雙江的時代，所以這張唱片才會顯得如此超前，羅大佑才會被我和我的同學們視為天神下凡。不過對於台灣的年輕人來說，這張唱片可以說來得正是時候，唱片銷量就是證明。同樣，羅大佑也不是突然從石頭裏冒出來的孫悟空，他和段鍾沂一樣，都是那個時代的產物。

前文說過，創造本質上就是探索「相鄰可能」的過程，人類歷史上的絕大部份創新都不是憑空而來的巨大飛躍，而是對邊界的一次次勇敢的探索和嘗試。台灣歌壇經過 30 年的摸索和嘗試，其邊界不斷擴大，那時的台灣即使沒有羅大佑，也會出現和他類似的創作歌手。事實上，20 世紀 80 年代的台灣歌壇湧現出了一大批優秀的創作型音樂人，比如侯德健、李宗盛、李壽全、梁弘志、黃舒駿、馬兆駿、小蟲和齊秦等，各有各的拿手絕活。這些人合力帶來了台灣樂壇創造力的大爆發，並不是羅大佑一個人的功勞。

這個特點絕不僅僅是文藝界才有的，科學技術領域的創新同樣如此。歷史教科書喜歡造神，經常會習慣性地誇大某位天才的作用，比如達文西就常常被吹捧成一位在生物學、工程學、地理學和

繪畫等很多領域都做出過大量創新的天才，但實際上他的很多發明創造都不是他自己想出來的，而是借鑒了前輩們的研究成果，其中還包括很多來自阿拉伯同行們的貢獻，他只不過將其轉譯到了歐洲而已。再比如，牛頓也曾經被視為一個罕見的天才，歷史教科書非常喜歡將他描繪成一個性格孤僻的怪人，但實際上牛頓一直和當時的歐洲科學界保持着密切的聯繫，他的很多研究成果都是在前輩們的基礎上以及和同行們的交流過程中做出來的。

　　當然了，達文西、牛頓和愛因斯坦這些人如此有名，肯定有其過人之處。但是，也正因為如此，這幾位只能算是特例，絕大多數科技創新都是由其他那些不那麼有名的科學家和工程師做出來的，本質上都是探索「相鄰可能」的過程，即在現有知識的基礎上稍加變化而成。

　　從這個理論可以推導出科學史上經常發生的一個有趣現象，叫作「扎堆」（the multiple）。大意是説，某個人想出某個新點子，卻發現另外一個地方的某個人正好在幾乎同一時間想出了同樣的主意。比如，太陽黑子是在 1611 年被四個人分別發現的，他們分別生活在四個不同的國家，彼此之間並沒有任何聯繫。再比如，電池是在 1745 年和 1746 年由兩位科學家分別獨立地發明出來的，他們之間也沒有相互交流過。還有，氧氣是在 1772 年和 1774 年被兩名科學家獨立發現的，遺傳突變對於生物進化的作用是在 1899 年和 1901 年分別被兩位科學家獨立地提出來的，X 光對於基因突變率的影響更是在 1927 年被兩名科學家幾乎同時報告的。除此之外，像電話、電報、蒸汽機和廣播等，幾乎所有的創新都有不止一個發明人，它們的誕生過程都具有明顯的「扎堆」特徵。

　　20 世紀 20 年代，美國哥倫比亞大學的兩位學者決定研究一下

這個問題。兩人通過檢索歷史文件的方法收集到了 148 個扎堆案例，然後將分析結果總結成一篇文章，題目叫作《發明創造是不可避免的嗎？》（*Are Inventions Inevitable ?*）。文章指出，扎堆現象的普遍性恰好說明人類的大部份發明創造都不是某個天才憑空想像出來的，而是由當時就已經存在的各種科學概念、方法論，甚至器材、零部件等重新組合而成的，比如氧氣的發現就是如此。人類是在 18 世紀後期才意識到空氣不是「空」的，而是含有某種化學成份，稱量氧氣所需的精密天平也是在 18 世紀中期才被發明出來的，有了這兩樣東西，氧氣的發現便是順理成章的事情，「扎堆」出現的情況就不稀奇了。

如果我們把扎堆的定義再放寬一些，不難發現人類歷史上經常會出現某個創造力特別旺盛的時期，或者發明家非常集中的區域，而且兩者經常是一起出現的。比如達文西就誕生在文藝復興時期的意大利，在那短短的 100 多年時間裏意大利湧現出一大批極富創造力的人才，除了達文西之外還有米開朗琪羅、拉斐爾、伽利略、哥倫布和馬可·波羅等。這是為甚麼呢？答案肯定不是因為那段時間的意大利婦女突然生出了很多天才兒童，而是因為那段時間的政治和經濟變化恰好促成了創造力的大爆發。

再比如，和牛頓同時代的英國也湧現出一大批出色的科學家，比如萊布尼茨、胡克、惠更斯、哈雷、波義耳……個個都是大名鼎鼎。事實上，正是這些人的互相借鑒和相互激勵，才讓牛頓脫穎而出。

話雖如此，羅大佑被稱為華語流行歌壇的教父，說明他身上確實有某種別人沒有的特質，值得好好研究一番。

好旋律與共情力

流行歌曲之所以流行，歌詞好只是一個方面，很多時候旋律更重要，對於中國聽眾來說尤其如此。羅大佑早就看清了這一點，他的大部份歌曲都是先有曲後有詞的，只有《之乎者也》等少數幾首歌例外。

「我寫歌一定要求曲子先成立，我必須確認這個曲子是好聽的，旋律是有說服力的，才會繼續寫下去。」羅大佑對我說，「我在這方面好像比較有靈感，有時候一覺醒來腦袋裏就有旋律跑出來，所以我覺得我可能天生比較適合幹這行。」

這段話聽上去很可能會讓一些有志於從事音樂創作的人感到心灰意冷，如果作曲靠的是天賦，而自己又天生沒有音樂細胞，是不是就不適合幹這行了呢？我和羅大佑就這個問題聊了很久，發現情況並不是那麼簡單的。

▶
童年的羅大佑
（左二）和家人

　　首先，羅大佑親口承認他沒有絕對音高，這一點曾經是某些家
長判斷自己孩子適不適合搞音樂的重要指標，但起碼在羅大佑身上
這個標準是不成立的。所幸他父親也不信這個，從小就鼓勵羅大佑
彈鋼琴，最終達到了七八級的水平。高中時羅大佑以鍵盤手的身份
加入了一支學生樂隊，雖然只演出了兩個月羅大佑就去上大學了，
但這段經歷讓羅大佑接觸到了台灣的流行音樂圈，為他後來的成功
開了個好頭。更重要的是，鋼琴對於作曲家的幫助極大，羅大佑的
早期歌曲大都是在鋼琴上創作出來的，像《搖籃曲》和《稻草人》
等旋律優美的慢歌都是如此。另外，電子合成器和電腦作曲用的也
都是鍵盤，所以彈鋼琴對於像羅大佑這樣的創作型音樂人來説幾乎
是一項必備技能。

　　其次，受哥哥影響，羅大佑又對結他發生了興趣，水平很快就
超過了哥哥。結他適合邊彈邊唱，也是搖滾樂的標誌性樂器，對羅
大佑從校園民謠轉型到搖滾樂起到了關鍵的作用，像《鹿港小鎮》

這樣的搖滾歌曲一定得用電結他來寫才正宗。

正是因為羅大佑在鋼琴和結他這兩樣重要樂器上都下過苦功夫，所以他才能自由地在兩種風格之間任意穿梭，這一點對於他的成功起到了關鍵的作用。

羅大佑的例子充份説明，天賦並不是創造者的必要條件。當然了，某些遺傳特徵確實能起到一些作用，比如天生對色彩或者聲音敏感的人更容易在美術或者音樂領域取得成功，但真正的原因不是這樣的人有甚麼別人沒有的才華，而是這樣的遺傳特質會讓一個人在很小的時候就發展出對某個領域的興趣，只有這樣他才能有充足的時間在這個領域深入下去，比其他人更早地接觸到該領域的邊界，然後有所突破。

羅大佑生平創作的第一首被發表的曲子是《歌》，這件事和他早年玩樂隊的經歷有關。原來，那支學生樂隊的鼓手後來擔任了電影《閃亮的日子》的副導演，這部攝於 1977 年的電影講的是台灣年輕人玩樂隊的故事，需要很多插曲，於是那位鼓手找到羅大佑，希望他能為電影寫音樂。當時羅大佑已是醫學院的四年級學生，學業非常繁重，但他一直沒有丟下音樂，平時積攢了不少旋律，於是他把自己在大二時寫好的一段旋律貢獻出來，由片方根據電影情節搭配了徐志摩翻譯的 16 世紀英國詩人克里斯蒂娜的一首詩，這就是那首優美的《歌》。這部電影公映後反響不俗，台灣民眾正是通過這部電影認識了這位樂壇新人。

《歌》的旋律是如何寫出來的呢？羅大佑在作曲方面的才能究竟從何而來？真的有一位音樂之神暗中相助嗎？羅大佑自己並不這麼看：「其實寫旋律的過程並不玄妙，流行歌畢竟不是交響樂，沒那麼複雜。我會把平時生活中偶爾得來的靈感記下來，就這樣積攢

了很多短小的動機，至今還有一兩百個沒有用呢。寫歌時，我會從中選出比較好聽的動機，有時只有幾個小節而已，然後我會通過各種試驗來逐步地完成它。這是個很漫長的探索過程，有時甚至需要好幾個月的時間。」

據羅大佑介紹，這個探索過程有時是非常理性的，比如他會根據音樂的基本規律嘗試不同的和絃，或者根據歌曲的性質嘗試不同的節奏和唱法。但是，有兩個關鍵步驟是非常感性的：第一，他需要知道這個旋律是不是曾經被別人用過，或者會不會和已有的旋律太過相似。第二，他需要判斷這個旋律是不是真的好聽，能否支撐起整首歌。事實證明，這兩點才是區分作曲家好壞的試金石，值得詳細分析一番。

第一條的重要性顯而易見，否則就不叫原創了。今天的作曲家也許可以通過檢索的方式看看自己有沒有和別人撞車，但羅大佑的時代顯然做不到，這就對作曲家的音樂閱歷提出了很高的要求。因為父親的關係，羅大佑從小就開始聽古典音樂，長大後又迷上了搖滾樂和爵士樂，聽了無數唱片，各種類型的都有，這就讓他比別人更容易判斷出哪個旋律值得繼續做下去，哪個旋律已經被別人用過了。這麼做還有一個好處，那就是培養了自己的美學觀念。「任何一個創作者，在取得成功之前一定是個好觀眾，比如好的作家首先一定是個好讀者，好的音樂家首先一定是個好的聽眾。」羅大佑對我說，「音樂的創作過程是主觀的，但音樂的欣賞過程是客觀的，我以前聽過很多音樂，而且是抱着學習的態度去聽，在這個過程中慢慢找到了屬於我自己的音樂美學。」

第二條當然就更重要了，因為音樂的好壞沒有固定標準，歌迷的耳朵是唯一的參考系，這就要求作曲家能夠判斷出自己創造的旋

律能否被大多數聽眾喜歡，這是一種非常獨特的能力。

很久以前流行過一種説法，認為音樂是人類的共同語言，莫扎特應該是所有人的大師，於是有不少科學家研究過音樂的標準問題，試圖找出好音樂的規律。研究結果出乎所有人的預料，音樂並沒有所謂的「內在標準」，一個人長大後喜歡甚麼樣的音樂，是由他小時候聽到的聲音決定的。比如，在接觸外來音樂之前，原始部落的民間音樂風格差異極大，甚至連和諧音都不是絕對真理。爪哇島的民間音樂就充滿了不和諧音，於是這個島上的原住民覺得西方古典音樂很難接受。但隨着西式流行音樂在全世界的普及，如今爪哇島人的音樂口味已經徹底被西化了，對他們來説莫扎特終於變得好聽了。

既然如此，一個作曲家是如何判斷自己腦袋裏產生的旋律到底好聽不好聽呢？答案就是前文提到過的共情能力。共情能力愈強的人就愈容易判斷出一段旋律會不會被其他人喜歡。羅大佑就是這樣的一個人。他的共情能力甚至已經強到會把動物當成人來看待的地步。比如，當我問他如今唱片賣不動了，他是否還有創作的衝動時，羅大佑突然激動了起來：「唱歌是人類的原始衝動啊！這就是我們生存的意義。這就好比説，鳥為甚麼要叫呢？即使找到了伴侶還要不停地叫？因為這是牠的本性，鳥不叫就會死掉。或者，鹿為甚麼要不停地奔跑？即使後面沒有猛獸在追牠還是要跑？因為這個動作是鹿與生俱來的東西，牠不跑就失去了本性。還有，牛為甚麼長犄角？哪怕一輩子都用不上還要長？因為這是牛作為一種動物的尊嚴，不然的話牠就甚麼都不是了。」

羅大佑的説法從生物學的角度講也許不一定對，但這段話從一個側面反映出羅大佑的共情能力異於常人，非常善於站在別人的立

場上看問題，這就部份地解釋了為甚麼他對旋律的判斷能力如此之強，以及他的創造力為何如此旺盛。他自己也承認，早年學醫的經歷對他影響很大，他父親在他 19 歲的時候就帶他去觀摩手術，他小小年紀就知道了生命醜陋的一面，這讓他更渴望通過自己的音樂去捍衛生命的尊嚴。

另外，從上面這段分析可以很自然地推導出一個結論，那就是藝術創造力有很強的年代和地域限制。羅大佑的作品不會在非洲走紅，因為非洲人對好音樂的評價標準和中國人很不一樣。同理，羅大佑的第一張唱片也不會被 100 年前的台灣人喜歡。別說 100 年前了，恐怕連 70 年代都不行，因為那時的台灣聽眾還沒有做好準備。

「台灣新民歌運動的最大貢獻並不是為台灣培養了幾個未來的音樂製作人，而是為台灣本土搖滾樂培養了一大批聽眾。」段鍾沂對我說，「20 世紀 80 年代的台灣為甚麼會出現羅大佑這樣的人？就是因為當時的內部外部條件都已具備，聽眾們無論是對抗議性的歌詞還是對激烈的音樂表達方式都已經準備好了。」

這一條不僅適用於羅大佑，而且對於其他任何領域的創造力來說都是非常重要的，因為所有的新創造都不是只為自己服務的，都需要其他條件的配合才能成立。換句話說，任何一個好想法如果太過超前，都不會有好結果，比如電腦理論的發明就是一例。

創造力的天時、地利與人和

電腦無疑是當今這個時代最偉大的發明之一，但電腦的原理早在 19 世紀初期就已經被英國數學家查爾斯·巴貝奇（Charles Babbage）想出來了，他在 1822 年設計出了世界上第一台機械式差分

▲ 倫敦科學博物館依照巴貝奇（左）的設計圖紙，打造了一台完整的差分機（右），
相當於人類歷史上的第一台計算器。

機（difference engine），理論上可以用於函數計算，其功能有點類
似於後來的計算器。問題在於，這台機器需要 2.5 萬個零部件，重
達 15 噸，以當時的工程技術能力而言實在是太困難了，結果他只
造出了一部份樣機就花光了所有經費，只好放棄了這個計劃。後來
倫敦科學博物館在這小部份樣機的基礎上製造出了整台機器，證明
巴貝奇的設計原理是沒有問題的，如果當時經費再充足一些的話，
這台機器是可以被造出來的。

　　但是，巴貝奇的下一個想法就不同了。他於 1837 年首次在圖
紙上畫出了分析機（analytical engine）的設計原理，如果造出來
的話，這將是世界上第一台可編程電腦，無論是理論意義還是實際
價值都遠超差分機。不幸的是，差分機就已經複雜到幾乎做不出來

357

的程度了，這台分析機的複雜程度又要大上好幾個數量級，以當時的工程水平而言是不可能被造出來的。於是後人只記住了他的差分機，把分析機這件事徹底遺忘了。直到 100 多年後，電子技術日漸成熟，這才有人獨立地設計出了依靠電子元器件來運行的電腦，但其原理和巴貝奇的分析機是一樣的。如果我們只看理論的話，巴貝奇無疑是個天才。但他實在是太超前了，他的創新需要電子時代的技術作為支持，可惜當時的世界還處於蒸汽時代，根本無法滿足他的要求。

與此類似的一個案例就是視頻分享網站 YouTube 的成功。其實早在 YouTube 公司成立十年前的 1995 年就有人想到了這個主意，但當年還處於撥號上網的時代，網速根本達不到分享視頻的要求，奧多比（Adobe）公司也還沒有開發出那個最終成為行業標準的視頻播放平台（Adobe Flash）。這兩個條件直到 21 世紀初期才得到滿足，YouTube 適時地推出，迅速取得了成功。

所以說，要想發揮創造力，必須天時、地利、人和全都齊備，缺一樣都不行。

這樣的例子中國也有很多，大疆創新公司就是其中之一。這家民營企業擁有全球無人機市場 70% 的份額，像這樣依靠技術創新幾乎壟斷了整個全球性行業的案例在中國很難再找到第二家。這一切又是如何做到的呢？這就要從人造飛行器各自的特點說起。

目前的人造飛行器主要分成三大類，第一類是固定翼飛機，我們平時旅行坐的波音、空客等都屬此類，優點是穩定性好、載重量大、飛行效率高，缺點是起降需要跑道，無法在空中懸停。第二類是直升機，靠一個或者兩個主旋翼提供升力，優點是可以垂直起降和懸停，載荷能力適中，缺點是主旋翼的機械結構極為複雜，需要

通過調整螺旋槳面的角度來調整升力的方向，操縱難度較大。第三類是多旋翼飛行器，依靠四個以上的固定旋翼提供升力，優點同樣是可以垂直起降和懸停，再加上所有旋翼都不需要調整槳面，機械結構要簡單得多，製造難度和成本都很低，缺點是載重量小、飛行不穩定、操控難度大。

以上三種常見飛行器的優缺點決定了它們的應用場景，比如載客和遠距離運輸多用固定翼飛機，救援和短距離運輸則用直升機。早年的航模大都是固定翼的，因為其飛行穩定性好、容易操控、成本低廉。大疆的創始人汪滔小時候就是個航模愛好者，但他一直有個執念，那就是希望能讓航模在空中懸停，為此他迷上了直升機航模，花了很多時間練習怎樣操控它。但所有旋翼飛行器的一大特點就是飛行穩定性差，所以汪滔一直玩不好直升機，經常炸機（航模界術語，意為飛機因操控不當墜毀）。直升機旋翼的機械結構非常複雜，所以直升機航模非常昂貴，每炸一次都要花好幾千塊錢去修理，一氣之下汪滔決定自己做一個直升機自動控制系統。經過多年鑽研，最終還真讓他做出來了。2008 年，汪滔用自己研製的直升機自控系統參與了汶川地震的救災勘測，效果很好。

但是，前文説過，直升機的機械部份非常複雜，價格一直降不下來，嚴重影響了直升機航模的民用化。多旋翼飛行器的機械傳動部份雖然很便宜，但它卻有另一個致命的缺陷，那就是載重量太小，這一點同樣影響了多旋翼航模的發展。原來，所有飛行器的自動控制系統都需要安裝一台慣性導航系統來即時獲取自身的飛行姿態，早年間一台慣性導航系統重達十幾公斤，所以只能被安裝在有效載荷較大的固定翼和直升機模型當中。20 世紀 90 年代之後，隨着微機電系統（MEMS）技術的成熟，幾克重的 MEMS 慣性導航系

統被製作了出來，但 MEMS 傳感器的數據噪聲很大，必須設計出複雜的算法來去噪聲，這些算法和自動控制本身都需要速度快的單片機來運行，所以人們又等待了幾年，直到高性能微型單片機誕生之後，多旋翼飛行器的自動控制難題才有了解決的可能。

2005 年，第一台真正意義上的多旋翼無人機自動控制器被製作了出來。2010 年，法國鸚鵡公司（Parrot）生產出了全世界第一款面向普通玩家的 AR.Drone 四旋翼飛行器，操縱者只要稍加訓練就可以用一台手機來指揮它在空中做出各種飛行動作。

AR.Drone 的成功把汪滔的注意力吸引到了多旋翼上來。這種飛行器既能滿足汪滔對於空中懸停的執念，價格又要比直升機航模便宜得多，更容易推向大眾消費市場，於是汪滔開始研究四旋翼的飛控系統。由於在直升機飛控系統的研發過程中積累了寶貴的經驗，汪滔很快做出了全世界最好的多旋翼飛控，姿態控制和穩定性等方面都比其他競爭者要好得多。

但是，當時的多旋翼飛行器仍然被定義為玩具，大家想不出這玩意兒能有甚麼實際用處。大疆最先實現了多旋翼無人機和相機相結合的新玩法，在 2013 年推出的第一代精靈無人機的下面安裝了一個戶外極限攝影專用的 GoPro 相機的架子，用戶只要把自己的 GoPro 綁在精靈無人機的下面就可以進行空中攝影了。這兩項新技術的結合重新定義了「航拍」這件事，終於讓大疆火了起來。

必須指出，最早想出這個主意的肯定不只有大疆這一家公司，有三個因素讓大疆成為最終的贏家，恰好對應了天時、地利與人和。第一，為了杜絕畫面抖動，無人機的飛行姿態必須非常穩才行，汪滔設計的飛控系統被公認為當時全世界最好的，不但飛得穩，而且操縱簡單，普通玩家也容易上手，這一點是大疆成功的

「人和」。大疆後來又在雲台技術上發力，推出了一個性能極其優越的雲台系統，成為很多好萊塢電影公司的首選。

第二，攝影裝置是有重量的，這就對多旋翼無人機的載重能力提出了很高的要求。事實上，很多不同類型的電子產品都對元器件的小型化有要求，智能手機就是一例，因此半導體模塊的集成化和輕量化一直都是行業的趨勢。2010 年前後，正好有一大批專門為智能手機研發出來的多功能微型傳感器、陀螺儀、WiFi 信號傳輸設備和 GPS 模塊等相繼問世，其體積、成本和功耗等全都大幅下降。與此同時，可充電電池的性能也愈來愈好，重量卻愈做愈輕，所有這些技術進步都可以很方便地轉移到航拍無人機上來，很多此前根本不敢想像的性能指標都在很短的時間內得到了滿足，這是大疆成功的「天時」。

第三，大疆的總部所在地深圳恰好是中國民用電子設備的製造基地，無論是採購還是自行組織生產，大疆都可以獲得質優價廉的零部件，這就讓大疆生產的無人機在同等性能的情況下價格比國外同類產品要低很多，對於民用市場來說這一點非常重要，這就是大疆成功的「地利」。

這三個優勢加在一起，使得大疆迅速在航拍無人機領域脫穎而出，把競爭者遠遠地甩在了身後。

從大疆的成功故事裏我們可以看出，汪滔對航模懸停技術的執着，以及他在飛行控制方面的技術創新，是大疆成功的必要條件。但光有這個還不行，因為航拍無人機所需要的很多技術都不是他自己做出來的，也不是他的強項，他需要等待這些基礎技術成熟之後，再將其優化，最終用到自己身上。如果那些技術沒有恰逢其時地出現，大疆無人機是不可能成功的。

正因為如此，大疆非常看重不同領域之間的相互合作。比如大疆開放了無人機設計平台，鼓勵大家都來創造新的應用場景，只有無人機市場整體火起來了，大疆才有錢賺。再比如，大疆主辦的機甲大師賽採用了和其他工程技術大賽很不同的模式，不比專項技能的好壞，而是把比賽設計成一場機器人戰爭，只比結果，這就要求各個戰隊必須在各項技術上全面發展，只有這樣才能最大限度地發揮其創造力。

專程來參加 2018 年機甲大師賽的美國維珍尼亞理工大學戰隊的隊長周藝品告訴我，中美兩國的大學在機械工程專業領域的教學思路很不一樣。美國大學的機械工程系本科生需要學習的內容非常廣，老師要求學生掌握和機械工程有關的各種基礎知識，但深度普遍不如國內大學，所以美國的大學畢業生往往需要在研究生階段繼續深造後才能找到工作。相比之下，中國大學本科生從大二開始就要學機械製圖等各項實用技能了，保證學生們一畢業就能上崗工作。換句話說，美國大學注重培養的是工程師思維方式，中國大學更看重的是培養合格的勞動力，因為中國的工廠普遍急需專業人才。

「同樣是本科畢業生，美國學生在勞動力市場根本拼不過中國畢業生。」周藝品說，「但是美國研究生學歷的畢業生只要在工廠裏工作幾年，優勢立刻就顯出來了，因為現代化工廠的工程師需要和各種各樣的人合作，美國學生的知識面比中國學生廣得多，顯得更有後勁。」

話雖如此，本屆機甲大師賽的前幾名都是來自中國的戰隊，海外戰隊普遍成績不佳。造成這一結果的原因有很多，除了海外大學重視程度不夠等比較容易理解的原因外，還有一條是非常致命的。

周藝品告訴我，維珍尼亞理工大學戰隊的機器人需要一個特殊的零部件，他在 2018 年 2 月就畫好了設計圖紙，然後發給一個距離學校很近的加工廠，結果一週後報價單才發回來，加工過程需要四個星期，每個零部件要價 100 美元。他立刻又聯繫了深圳的一家小加工廠，對方立刻在微信上做了回覆，報價 70 元人民幣一件，而且第二週就寄到了，運費 300 元人民幣。

「造成這一差別的主要原因就在於美國的人工成本非常昂貴，美國工廠對安全生產和環境污染防治的要求也非常高。中國工廠在這兩方面都正好相反，所以才會有這個差異。」周藝品對我説，「不過因為這個零部件比較簡單，所以國貨的質量和美國貨差不多，完全可以用。中國戰隊有這些小作坊作為原材料供應商，先天就比海外戰隊有優勢。」

「沒想到中美差異這麼大，請問你自己更喜歡哪邊呢？」我問。

周藝品想了一會兒後回答説：「我覺得雙方各有優缺點吧，我覺得取中間值比較好。」他的回答體現了提升創造力的最大訣竅，那就是博採眾長，各取所需。事實上，當年的羅大佑就是這麼做的。

打造一個液態網絡

要想在流行音樂領域取得成功，光有好的歌詞和動聽的旋律還不夠，還要有高質量的音樂製作，包括編曲、演奏和錄音，三者都很重要，缺一不可。「現在的錄音技術進步太快了，電腦可以做出你想要的任何音色，所以如今的年輕音樂人不會碰到這個問題。」羅大佑對我説，「但在當年的台灣，我找不到合格的人做出我想要

的那種搖滾樂的聲音，幸虧我在醫學院有個叫坂部一夫的日本同學，幫助我解決了這個問題。」

羅大佑非常重視技術，他認為流行音樂包括文化和技術這兩塊，後者才是更本質的東西，因為它超越了地域和文化差異的限制。坂部一夫就是那個能在技術上幫助羅大佑的人，他比羅大佑低一屆，來自京都，年輕時在日本也玩過樂隊，對日本樂壇有些了解。當他得知羅大佑需要尋找搖滾音色時，便推薦了一位叫山崎稔的日本音樂人。此人來自大阪，當年在日本搖滾樂壇小有名氣，出過唱片。羅大佑託人買來他的唱片，一聽之下非常喜歡，覺得這就是他想要的聲音，便給山崎稔寫信，邀請對方為自己的唱片編曲。

當年台灣還處在「戒嚴」期間，大學生是不准去外國的，所以羅大佑無法親自去日本和山崎稔面談，兩人只能通過寫信的方式相互交流。可因為山崎稔不懂中文，羅大佑的日文又很差，所以羅大佑只能把歌詞大意翻譯成英文寄給山崎稔，他再根據歌詞的意境和主旋律的走向進行配器和編曲，並找來一批日本搖滾樂手進棚錄音，錄好後把母帶寄到台灣，羅大佑在此基礎上配唱。第一張專輯中的《鹿港小鎮》、《戀曲 1980》、《童年》、《錯誤》和《蒲公英》都是這麼製作出來的，花了很多錢，多虧羅大佑父親慷慨解囊，羅大佑這才終於實現了自己心中的音樂夢。

當年兩人一共用這種辦法製作了八首歌，剩下的《青春舞曲》、《盲聾》和《稻草人》則收錄於羅大佑的第二張專輯《未來的主人翁》當中。這張專輯的幾首主打歌曲都是羅大佑在台灣錄製的，請的是當時台灣最好的樂手，但仍然費了很大勁才錄完，光是《亞細亞的孤兒》開始的那兩小節結他伴奏就錄了三四個小時才得到羅大佑想要的那種音色。

「日本對流行音樂貢獻蠻大的，當年全亞洲只有日本樂手才能錄出我想要的音色。」羅大佑說，「『二戰』後美軍一直駐紮在日本，所以日本流行音樂深受美國人的影響。但美國流行音樂裏有太多黑人元素，日本人沒受過那種苦難，唱不出布魯斯的味道，所以日本音樂人將美國搖滾樂改造成了具有東方特色的流行音樂，更加符合亞洲人的欣賞口味。」

「台灣同樣有美軍駐紮，為甚麼台灣音樂人在這方面落後於日本這樣一個戰敗國呢？」我問。

「台灣那些年總想着反攻大陸，甚麼事都不如這事重要，日本人沒這個負擔，有心思做些不一樣的事情。」羅大佑回答，「另外，日本雖然是戰敗國，但技術的底蘊還在，學習先進音樂技術的速度比亞洲其他國家都快。事實上日本人一直很善於學習別人的長處，最早就是日本人把西洋文化翻譯過來傳到了東亞，日本人在亞洲與世界的文化交流方面扮演了一個很重要的角色。」

羅大佑把自己也定義為一個異域文化的翻譯者和傳播者，身為醫生的他以一個外來者的身份闖入流行歌壇，用《鹿港小鎮》為台灣聽眾普及了搖滾樂，用《之乎者也》為華語歌壇引入了雷鬼節奏，用《戀曲1980》告訴大家愛情歌曲可以有另一種更加誠實的寫法，用《未來的主人翁》向當今世界最優秀的搖滾樂隊披頭士致敬……在羅大佑的帶動下，台灣歌壇開始大量吸收來自其他文化的音樂元素，一躍成為華語流行音樂的創作中心，來自寶島的聲音一度響徹整個中國大陸。

與此類似，同樣受到異域文化很大影響的香港也從一個小漁村變成了華語流行文化的創新基地，並從中誕生了金庸這樣一位堪稱「前無古人，後無來者」的通俗小說大師。

身為土生土長的台灣客家人,羅大佑對這一轉變深有感觸:「台灣是個海外孤島,以前的台灣人從不主動跟外面人打交道,過着與世隔絕的生活。自從荷蘭人登島開始,台灣被迫對外開放,到後來甚至開始主動從外部世界吸收信息,這才有了台灣的今天。」

台灣的成功模式非常符合美國電腦科學家克里斯托弗·朗頓(Christopher Langton)提出的關於創造力的「液態網絡」(liquid network)理論。朗頓是「人造生命」(artificial life)系統的創始人之一,他從生命誕生的過程中得到啟發,提出創造力旺盛的地方一定處於「混沌的邊緣」,也就是介於嚴格秩序和徹底混沌之間的中間地帶。用物質三態來比喻的話,氣體是徹底混沌,新結構隨時出現但又隨時瓦解;固體是嚴格秩序,雖然結構穩定,但幾乎杜絕了新結構出現的可能性;液體介於兩者之間,只有液態網絡才是「混沌的邊緣」,既能夠讓新鮮事物順利出現,又可以讓好的創新穩定下來,並將這個邊緣繼續擴大,以便進一步探索「相鄰可能」。

從人類進化的角度來看,這個理論很好地解釋了創造力大爆發的原因。人類社會早期的打獵、採集階段就相當於氣體,祖先們居無定所,像空氣分子一樣遊蕩在非洲的大草原上,偶有靈光一現也很難傳承下去。農業的誕生導致人口不再隨意流動,定居點的出現標誌着液態網絡首次登上了歷史舞台。那時的人類社會以村莊為單位,每個村莊都有自己的一套傳承體系,但彼此之間又經常互通有無,新技術一旦出現就會迅速擴散開來,並在新的地方啟發出新的發明創造。

大約從公元前 2000 年開始,真正意義上的城市出現了。城市相當於村莊的集合體,不同背景、不同文化的人可以在這裏匯聚,彼此交換信息並相互合作。這是一個成熟的液態網絡,滿足了創造

過程的一切需要，從此人類社會開始騰飛，一路加速發展到現在。

縱觀歷史，幾乎所有重要的發明創造均來自城市，城市規模愈大，發明創造就愈多，這一點和描述生物體新陳代謝速率的「克萊伯定律」正好相反。該定律是由瑞士生物學家馬克斯·克萊伯（Max Kleiber）於 20 世紀 30 年代提出來的，大意是說，一隻動物的新陳代謝水平是其體重的四分之三次冪，比如一隻貓的體重是一隻老鼠的 100 倍，但貓的代謝總量並不是老鼠的 100 倍，而是 31 倍，算下來每個貓細胞的能量消耗只是老鼠的三分之一而已。也就是說，動物的體型愈大，其單個細胞的新陳代謝率就愈低，能量效率就愈高，這就是動物體型會愈來愈大的原因之一。

有人將克萊伯定律應用於城市研究，發現照樣符合。比如，隨着城市規模的擴張，人均消耗的汽油總量、人均擁有的輸電線長度和加油站數量等都會下降，說明城市對於個人來說是一種節約能量的生存方式。但是，著名的城市問題研究者，英國理論物理學家傑弗里·韋斯特（Geoffrey West）的研究表明，如果我們用專利數或者研發經費總數等硬指標來衡量城市創造力的話，就會發現結論正好相反，城市愈大，創造的過程就愈活躍，創造力就愈強。具體來說，假如 A 城比 B 城大 10 倍，那麼 A 城的創造力不是 B 城的 10 倍，而是 17 倍，假如 A 城比 B 城大 50 倍，那麼 A 城的創造力則會增加到是 B 城的 130 倍之多！韋斯特認為，解釋這一現象的最佳理論就是液態網絡理論，城市為人類提供了一個液態的信息網絡，創造力正是在這樣的環境中得以爆發的。

這個理論很好地解釋了人類文明為甚麼誕生在中東地區，因為那地方位於歐亞非三大洲的交叉點上，是當時世界上幾個主要的新石器文化區域的交匯之地。這個理論還很好地解釋了文藝復興運

動的誕生，因為 14—15 世紀的意大利北部恰好是當時整個歐洲人口密度最大的地區，又是絲綢之路的終點，同樣是一個不同文化的交匯點。類似的案例還有很多，比如為甚麼現代爵士樂、垮掉派詩歌、單口相聲和饒舌樂等全新的文藝形式均誕生於紐約的曼哈頓？因為那裏不但是整個美國人口密度最大的地方，而且是全世界人口組成最複雜的地區，來自不同背景和不同文化的居民組成了各自的小社區，但彼此之間往往僅隔一條馬路，這是個典型的液態網絡，難怪有無數革命性的文化創新誕生於此。

反面的案例也有很多，中國本身就是一個。有人統計過人類歷史上出現的所有重要的發明創造，列出了改變世界的 1,001 項重要發明，來自中國的只有 30 項，僅佔 3%，而且全部出現在 1,500 年之前。在那個時間點上，哥倫布發現了美洲，歐洲人駕駛着帆船把全世界連在了一起。但明代的中國閉關鎖國，錯過了和世界交融的最佳時機。於是，在 1,500 年之後的 500 多年時間裏，全世界一共產生了 838 項重大發明，絕大部份來自歐洲，沒有一項來自中國。

必須指出，還有一件事對創造力的大爆發起到了非常大的促進作用，這就是文字的出現。文字的作用和 DNA 分子有些相似，它加速了知識的流動，把信息交流從橫向擴展到了縱向，使得知識的代際傳承變得更加容易。事實上，這就是古騰堡印刷機的出現會讓歐洲迅速脫穎而出，成為世界文化和科技中心的重要原因。

總之，要想提升創造力，首先必須想辦法打造一個液態網絡，讓信息流通起來。比如，有很多研究證明，沒有圍牆的開放式辦公環境有助於提升創造力，因為這種環境很像液體，便於員工們彼此交換信息。但如果有人想更進一步，打造一個無固定辦公桌的全流動式辦公環境，其結果往往適得其反，原因就在於這種環境太像氣

體了，不利於員工靜下心來認真思考。

如果説古代的信息流通需要很大的成本，可遇而不可求，那麼今天的信息流通成本已經降到很低的水平了，影響液態網絡構建的主要因素就是信息管制。事實上，20 世紀 80 年代台灣流行音樂的大爆發也正好是台灣社會從封閉轉向開放的十年。據段鍾沂回憶，台灣的出版報批制度正是從 1980 年開始逐漸鬆動的，像《之乎者也》裏的一些歌曲，雖然電台仍然不准播放，但唱片終於可以出了。到了 1987 年，台灣解除「戒嚴」，同時開放民眾赴大陸探親，1989 年更是取消了存在已 40 年之久的「黨禁」，接着又徹底取消了出版報批制度，台灣歌壇終於迎來了大爆發。

尾　聲

管制的解除讓滾石唱片公司迎來了黃金十年，他們一口氣在亞洲開了 12 家分公司，簽下了全世界幾乎所有的獨立廠牌的華語地區發行權。可惜好景不長，21 世紀互聯網的興起徹底改變了音樂的商業模式，全球唱片業在很短的時間內跌至低谷，滾石自然也沒有倖免。

我們當然可以把失敗的原因歸罪於盜版，但流行樂壇進入 21 世紀後創造力的急速消退也是原因之一。20 世紀為人類貢獻了布魯斯、搖滾樂、爵士樂、的士高、民謠、朋克、瘋克、嘻哈、電子舞曲等幾十種全新的音樂類型，但進入 21 世紀後居然沒有任何一種新的音樂類型出現，互聯網很可能就是造成這一現象的罪魁禍首之一，因為網絡讓全世界所有人都在聽同樣的歌曲，迅速消除了文化差異，從此創新便沒了動力。

羅大佑很不喜歡現在的互聯網，他認為網絡最大的罪惡就是好像甚麼問題都可以迅速給你答案，以至於現在的年輕人體會不到那種「找不到答案」的感覺，而他那個年代很多東西都是要自己去找的，這個過程非常重要，因為羅大佑堅信好音樂一定是掙扎出來的。

　　段鍾沂同樣對互聯網評價不高，他認為網絡提供的是破碎的資訊和拼湊的知識，只有書籍才能提供一套邏輯完整的世界觀。現在的年輕人非常善於從網上尋找自己想要的知識，但他們不會去主動了解自己不想要的知識。久而久之，每個人都在屬於自己的那條道路上愈走愈遠，反而看不到別樣的風景了。

　　不管兩人的觀點是否正確，有一點是肯定的，那就是創造力並不直接來自網絡，而是來自網絡中的那些具體的人。這個世界上沒有所謂的「全球腦」，網絡本身是沒有創造力的，它只是為那些具有創造力的人提供一個合適的平台，讓他們更容易相互啟發，更方便相互激勵，更有機會脫穎而出。

　　既然如此，接下來一個很自然的問題就是：創造力是如何在創造者的大腦中誕生的呢？這就要從大腦神經元中去尋找答案了。

靈光如何才能乍現？

　　創造是一個漫長的過程，包括好幾個階段，但大部份人都更加看重靈感來臨的那一刻，覺得那才是整個創造過程中最關鍵的一步。既然如此，那就讓我們討論一下靈光是如何乍現的。

鋼琴上的靈光乍現

　　2018 年 8 月 13 日晚，北京保利劇院座無虛席，偌大的舞台上只有一架雅馬哈二角鋼琴在等待它的主人。7 點半，燈光準時暗了下來，一個瘦弱的年輕人緩步走上舞台，他就是今晚的主角阿布。

雖然才 19 歲，但他已有 15 年的琴齡了。少年時阿布獲獎無數，不久前又被著名的茱莉亞音樂學院錄取，馬上就要去紐約上學了，今晚是他臨行前的最後一次告別演出，也是他第一次以獨奏音樂會的形式在北京的舞台上亮相。

▶ 1999 年出生於北京的天才的鋼琴手阿布

上半場的曲目是俄羅斯作曲家卡普斯汀的《八首音樂會練習曲》，這部作品融合了很多爵士樂元素，演奏難度極大，對鋼琴家的絕對能力是一個不小的考驗。阿布出色地完成了任務，顯然他過去 4 年在茱莉亞音樂學院預科班的勤學苦練見到了成效。

短暫的幕間休息之後，換了身衣服的阿布再次登上舞台，開始了下半場的即興演奏部份。即興是音樂演出的最高境界，音樂家事先不做任何準備，上台前把大腦清空，然後在舞台上即興表演，把創造音樂的全過程毫無保留地展示給大家。

所謂「即興演奏」（improvisation）古已有之，據說巴赫、莫扎特、李斯特和貝多芬等人都很擅長即興表演，可惜當年沒有錄音機，今人無緣得見。此項技能直到 1973 年才被一位名叫基斯‧傑瑞特（Keith Jarrett）的美國爵士鋼琴演奏家重新撿起，他的鋼琴即興獨奏表演在歐洲掀起了一場風暴，音樂會場場爆滿。其中，他

▲ 美國爵士鋼琴演奏家基斯‧傑瑞特，他被公認為即興鋼琴領域最具創造力的天才之一。

於 1975 年 1 月 24 日在德國科隆歌劇院的那場演出的實況錄音被 ECM 唱片公司製成一套雙唱片出版發行，是迄今為止全球銷量第一的鋼琴唱片。

阿布視傑瑞特為自己的偶像，因為兩人的經歷有些相似，都是古典音樂出身的爵士愛好者。阿布從 4 歲開始在父親的監督下練習古典鋼琴，不過他父親並不是音樂家，而是一名在首都機場負責行李託運的工作人員。因為樂手們出去演出經常需要託運樂器，一來二去就混熟了。正是在這幫人的影響下，阿布從小就聽了很多搖滾樂和爵士樂，音樂履歷遠超一般的鋼琴兒童。

因為貪玩，剛上初中的阿布就加入了一支爵士樂隊，利用寒暑假在全國巡演，積累了豐富的舞台表演經驗。爵士演出有很多即興成份，但這種即興考驗的是樂手之間相互配合的能力。保利劇院的演出是阿布第一次嘗試個人即興獨奏，他只能依靠自己的雙手相互呼應了。不管怎樣，一個人演奏畢竟比一支樂隊合奏簡單得多，更容易追蹤新音樂的創造過程，所以我專程來聽這場表演，試圖從中尋找靈光乍現的奧秘。

舞台上燈光暗了下來，全場鴉雀無聲。阿布掏出一塊手帕擦擦手，然後在琴邊一動不動地坐了很久，似乎在想甚麼心事。就這樣等了將近一分鐘後，阿布終於按下了琴鍵，舞台上傳來了幾聲輕柔的琴音，聽上去略顯遲疑，阿布似乎在尋找甚麼。幾小節之後，他似乎找到了，琴聲聽上去愈來愈堅定，節奏也加快了不少。這是一個雙音聯彈，阿布在此基礎上發展出一大段旋律，聽着非常舒服。可惜阿布只彈了 4 分半鐘就結束了，感覺很不過癮。要知道，當年傑瑞特的科隆音樂會光是第一段就彈了 26 分多鐘，第二段更是連續彈了 33 分鐘之久，密紋唱片一面錄不完，被迫一分為二。

接下來阿布又演奏了將近一個小時，但大都是只有幾分鐘的短小曲子，最長不超過 10 分鐘。幾天後我採訪了他，他解釋了其中的原委：「即興演奏很耗精力，我要在舞台上現找動機，然後根據經驗將其發展下去。如果找到的動機不夠好，發展不下去，我會立刻撤回來，再換個新的，這個過程需要手和腦的快速反應，時間長了根本頂不下來，人腦不可能永遠保持高速運轉。」

阿布認為，彈即興需要有足夠多的閱歷和足夠快的反應速度，只有這樣才能不斷產生新的想法，並迅速做出判斷，好的就繼續發展下去，差的就必須立即放棄。他年輕的時候根本不敢彈即興，知道自己閱歷不夠。傑瑞特之所以敢彈那麼久，原因就在於他當年剛好 30 歲，閱歷和經歷都處於鼎盛時期。事實上，傑瑞特的高水準只維持了幾年，之後便迅速下降，水平大不如前了。

阿布的這個説法再一次驗證了希斯贊特米哈伊關於創造力的五階段説，只有在某個領域浸淫多年的人才有資格展現其創造力。

對於即興演奏來説，五階段中的評價階段非常關鍵，演奏者不但要判斷得準，而且要判斷得快。阿布告訴我，鋼琴彈久了的人不但對聲音有感覺，對手型同樣有感覺，有的時候腦子裏出現一個音，他立刻就覺得好，彈出來果然好聽，也有的時候靈感來自手型，手指會自行判斷彈哪個鍵出來的聲音會好聽，結果也一定好聽。

問題在於，最初的那個音是怎麼從腦子裏蹦出來的呢？「當時我彈錯了！本來想彈 la（6），結果手指沒按準，同時按到了 ti（7）。」談起那天晚上第一段即興演奏時的情景，阿布立刻來了興致，「我立刻決定將錯就錯，彈了一長串根據這個雙音衍生出來的旋律，效果還不錯。」

原來,那段聽上去很舒服的雙音聯彈竟然源於一個錯誤!但是,像阿布這種水平的鋼琴家,卡普斯汀那種高難度的作品都能一口氣彈下來,為甚麼會在如此慢的速度下彈錯一個簡單的音呢?答案要從大腦的神經系統中去尋找。

靈感的神經機制

查爾斯·林姆(Charles Limb)是美國加州大學舊金山分校的一名神經生物學家,同時又是個狂熱的爵士樂迷,他很想知道爵士樂手們在即興演奏時腦袋裏究竟發生了甚麼,於是他利用職務之便設計了一套裝置,用功能性核磁共振成像儀(fMRI)掃描樂手們的大腦,觀察他們在即興演奏時腦組織的工作狀態。

▶
美國加州大學舊金山分校的神經生物學家查爾斯·林姆,他設計了一套裝置,用功能性核磁共振成像儀掃描樂手們的大腦,觀察他們在即興演奏時腦組織的工作狀態。

核磁共振成像是一種相當新穎的腦成像技術，對空間細節的分辨率很高。研究結果顯示，即興演奏時樂手大腦的背側前額葉皮質（dorsolateral prefrontal cortex）處於被抑制的狀態。這部份腦組織的正常功能是主管自我意識的控制和監督，按照林姆的說法，這就相當於一個人的上司。當這個人身處公共場合時，這部份腦組織一定會非常活躍，時刻提醒他要注意自己的言行，不要做出格的事情。

與此同時，樂手大腦的內側前額葉皮質（medial prefrontal cortex）則興奮了起來。這部份腦組織連接着大腦的默認網絡（default network），這個網絡負責管理一個人在發呆時的內心活動，此時的他不關心外部世界，要麼在回憶自己的過去，要麼在胡思亂想，即所謂的「做白日夢」。按照林姆的說法，默認網絡相當於一個人的自我，人與人之間之所以各不相同，原因就是每個人頭腦中的默認網絡各不相同。

這兩個彼此關聯的實驗結果似乎是在告訴我們，當一個人處於創造的狀態時，他實際上是在向內搜尋，即從自己過去的經驗中尋找此前被忽略或者被抑制的想法。為此他必須主動關閉監督網絡，不再聽從這位「上司」的命令，因為凡是上司允許的想法或者行為肯定都是此前已有過的，不可能是創新。

阿布之所以彈錯音，很可能就是因為他在即興演奏時處於一種和演奏他人作品時很不一樣的狀態。如果用一句俗話來形容的話，那一刻的他放飛自我了。此時必須再次提到共情能力，只有共情能力很強的藝術家才能在向內而視的時候創造出其他人也喜歡的藝術作品。

林姆實驗一經發表立即引來了很大爭議，爭論的焦點在於腦成

像數據分析的主觀性太強，結論並不可靠。中科院上海神經研究所所長蒲慕明博士告訴我，fMRI 技術觀察到的不是神經網絡本身，而是血液流動的變化，其分辨率滿足不了思維研究的要求。「做腦成像研究很容易出文章，而且經常出大新聞，但換個人來分析同一批數據，結果很可能就不一樣了，因為 fMRI 測的是相對值，閾值的設定對數據的解釋方式影響很大。」蒲慕明總結說，「所以目前這個領域用來搞研究還可以，醫生診斷不能靠這個，太不準確了。」

　　除此之外，腦成像技術還有一個難以克服的缺點，那就是受試者必須一動不動地躺在儀器通道裏接受掃描，所以這套方法只能用來測試鍵盤手，其他樂手都不太可能。為了彌補這一缺陷，有人想到了腦電圖（EEG）。腦電圖儀測的是腦神經元的電生理活動，如果在同一時間有一組神經元同時發出電脈衝，就會形成可測量的腦電波圖像。此法雖然空間分辨率較低，但時間分辨率很高，更適合用來研究靈感來臨前後的腦神經活動變化。更重要的是，腦電圖實驗的受試者可以在一定範圍內隨意走動，干擾較小，更適合用來研究類似創造力這樣的複雜行為。

　　美國德雷克賽爾大學（Drexel University）的心理學家約翰·庫尼奧斯（John Kounios）博士決定利用腦電圖儀來研究一下靈感到來前後大腦的變化。他讓受試者做和創造力有關的測試題，同時通過他們頭上戴着的腦電圖測試帽來測量腦電波的變化，結果發現就在靈感來臨前的 0.5—1 秒鐘時，源自受試者後腦的阿爾法波（Alpha Waves）有個大爆發。已知人的視覺皮質位於後腦，阿爾法波的出現意味着這部份腦組織處於停滯狀態，相當於閉眼睛。但庫尼奧斯博士要求受試者全程睜着眼睛，所以這個結果說明受試者在創造時其大腦會主動屏蔽來自外部環境的干擾。

「靈感往往來自一個模糊的想法，遊蕩在意識之外的大腦深處。當一個人試圖尋找靈感時，他的大腦會主動關閉信息輸入，杜絕干擾，好讓那些朦朧的想法得以進入主觀意識，成為靈感。」庫尼奧斯說，「這就好比當一個人在琢磨一個很難的問題時，他通常會主動閉上眼睛或者望向別處，其目的是一樣的。」

美國西北大學（Northwestern University）的神經生理學家馬克·比曼（Mark Beeman）博士則更進一步，把兩種測試方法結合起來，在空間和時間兩個維度上研究靈感的來源問題。他讓受試者做一組測試題，每答對一題之後還要求受試者匯報自己到底是靠邏輯分析還是直覺想出的答案。兩組數據匯總之後，比曼發現邏輯和直覺這兩種思維方式的腦神經活動模式確實有差異，當直覺起作用時，受試者右腦的前顳上回（anterior superior temporal gyrus）會突然爆發出強烈的伽馬波（Gamma Wave），說明這部份腦組織異常活躍。有意思的是，左腦的前顳上回卻沒有反應，似乎說明靈感只和右腦有關。

前顳上回是位於耳朵上方的一小塊腦組織，左右各一個，主要負責聲音信號的處理，和語言能力有關。這個結果間接驗證了此前流行很廣的一個說法，認為人的左腦負責語言和邏輯思維，右腦負責空間意識和直覺。比曼博士認為，這個說法是有道理的，原因就在於左右腦前顳上回的神經結構有所不同。左腦前顳上回向其他部位伸展的神經樹突數量較少，長度也較短，這樣的結構提高了神經信號的傳導速度，卻降低了信號來源的廣度。右腦前顳上回則正相反，向外伸展的神經樹突數量較多，走的距離也長，這樣的結構犧牲了神經信號的傳導速度，卻讓右腦接收信息的來源更廣，可供選擇的信息更多，更容易找出隱藏在大腦深處的被遺忘的新信息，而

靈感就是這麼來的。

　　綜合上述研究結果我們可以得出結論，任何特定的想法都是神經網絡的一種特定的連接方式，新想法就是一個此前沒有出現過的連接方式而已。所謂靈光乍現，開始於一個僅靠邏輯分析無法解決的難題，此時在大腦深處，不同的神經元開始嘗試各種新穎的連接方式，但都沒能進入人的主觀意識當中。靈感來臨之前一秒鐘，阿爾法波爆發，大腦和外部信息之間的通信被屏蔽，注意力轉向自身，一秒鐘後伽馬波爆發，那個新穎的神經連接得以進入主觀意識，靈感來臨。

　　當然了，這是一個簡化的說法，實際發生的情況肯定要比這個複雜得多。但有一點可以肯定，那就是所有的創新都來自大腦，人性只不過就是神經網絡的不同結構所導致的結果而已。

人腦是個液態網絡

　　人類的大腦是宇宙間最複雜的物體，一個成年人的大腦內含有大約 1,000 億個神經元，幾乎和銀河系中的恆星數量一樣多。這麼多神經元之間到底是如何溝通的呢？它們是依靠電信號還是化學信號相互

▶

德國神經科學家奧托·洛維（右），他在睡夢中想到了研究神經信號傳遞的實驗方法。

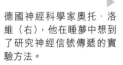

聯繫呢？為了回答這個問題，德國神經科學家奧托·洛維（Otto Loewi）潛心研究了幾十年，仍然毫無頭緒。

1921 年復活節的前一天晚上，洛維從睡夢中醒來，迷迷糊糊地在一張紙條上寫了幾個字，然後翻身睡去。第二天早上，洛維發現昨晚寫的字條筆跡太過潦草，根本就認不出了，所幸第二天晚上他又被同一個夢驚醒了，這一回他沒有記筆記，因為他意識到自己琢磨了 17 年之久的一個關於實驗設計的問題終於有了答案。他立即披衣起床，在凌晨 3 點的時候去了趟實驗室，按照夢裏想出來的方法做了一個小實驗，揭開了神經系統的奧秘。

原來，當時的科學家都已知道神經細胞內的信號是靠電流傳輸的，但不知道細胞與細胞之間靠甚麼傳遞信息。洛維受到夢的啟發，設計了一個雙心實驗，他把兩個仍然在跳動的青蛙心臟分別放在兩隻燒瓶內，一個心臟上還連着一根迷走神經，洛維用電流刺激這根神經，心率很快降了下來。然後他把浸泡這個心臟的生理鹽水轉移到另一隻燒瓶內，成功地把那個心臟的跳動速度降了下來，這説明神經細胞之間可以依靠化學物質相互聯繫。

後來我們知道，在這個實驗中起作用的化學物質叫作乙醯膽鹼，它能使心跳減速。與之對應的就是大名鼎鼎的腎上腺素，能使心跳加快。這兩種小分子同屬於一類被稱為神經遞質（neurotransmitter）的化學物質，它們作用於神經細胞之間的一個名為突觸（synapse）的結構，用於調節電信號在兩個細胞之間的傳輸速度，或增加，或減弱，或阻斷。換句話説，當我們説兩個神經元連接在一起時，並不是説它們真的連在一起了，中間還隔着一個突觸，因此電流並不是從一個神經元直接傳導到另一個神經元的，而是先傳到突觸這裏，然後經由神經遞質的化學介導傳往下一個神經元。

　　我們可以把神經細胞的各種觸角想像成鐵路，貨物（也就是電流）通過鐵路運輸，速度很快。但如果你想把貨物從 A 國運到 B 國，中間必須要過一條河，突觸就相當於渡口，神經遞質就相當於擺渡船，貨物要先裝到船上，走一段水路通關，卸到對岸的火車上，才能繼續下一段旅程。在這樣一個系統裏，我們可以通過對擺渡船的管理來調控貨物運輸的方向和總量。對應於神經系統的話，這就相當於通過調節神經遞質來控制電流的傳輸速度和方向，有些通路需要經常使用，那就多分泌一些神經遞質，加快電信號的傳導，反之則少分泌一些神經遞質，減緩電信號的傳輸速度，甚至分泌一些具有阻礙作用的神經遞質，將其徹底斷開。久而久之，那些經常發生聯繫的神經細胞就會形成一個局部網絡，就好像一些友好國家聯合起來成立一個區域性組織一樣，這就是記憶形成的方式。與此同時，那些很長時間沒有通電的神經網絡就會逐漸斷開，不再相互聯繫，這就是遺忘。

　　這個發現非常重要，它揭示了神經網絡的一個重要性質，那就是可塑性（neural plasticity）。蒲慕明博士告訴我，一個剛出生的嬰兒大腦裏只有少量基本的神經網絡，幾乎相當於一張白紙，在此後的幾年時間裏，小孩子通過不斷地觀察和學習，搭建了一套真正的神經網絡，為將來的生活做好了準備。此後這套神經網絡還要不斷地被修正和重塑，終其一生永不停歇，其結果就是成年人大腦中的每一個神經細胞平均都要和超過 1,000 個神經細胞相互連接，算下來人腦中的神經突觸的總數超過了 100 萬億個，這就相當於 100 萬億個可以被重新塑造的神經節點。另外，發生連接的神經細胞並不總是相互挨着的，兩個分別位於大腦兩端的神經元同樣可以依靠一根橫貫整個大腦的神經束相互連接。有人計算過人腦中所有神經束

的總長度，結果大約為 16.5 萬公里，相當於繞地球赤道 4 圈！

　　人類之所以進化出了這樣一個極其複雜的網絡系統，是因為我們頭腦中的每一個微小的思想，每一種細微的感情，都是由一組特定的神經網絡來實現的。所謂靈感，其實就是一組此前沒有聯繫的神經元突然連了一起，或者此前聯繫不夠緊密的一組神經元因為某種機緣巧合被重新強化了，如果這個新的網絡被證明很有用，它就會上升到意識的層面，變為一項有用的創新。

　　這個理論可以很好地解釋了智商和創商之間的差別。研究顯示，一個人的智力是由神經傳導的速度決定的，智商高的人往往腦白質（神經纖維）比較多，神經信號從 A 到 B 的傳輸路徑很直接，速度自然也就快了。與之相反，腦白質較少的人經常找不到一根神經纖維可以直接從 A 連到 B，需要通過其他神經細胞中轉，這樣一來神經信號的傳輸速度就慢了下來，其表現就是邏輯思維能力不強，智商測驗得分不高。但這樣的人往往更容易想出新穎的點子，因為神經信號繞的彎愈多，就愈容易發現此前被忽視的信息。這就好比開車旅行，走高速公路速度快，可以盡快到達目的地。如果走小路的話，速度肯定會慢，時間肯定會長，卻更容易在路上遇到驚喜。

　　這個理論還可以解釋為甚麼某些毒品不但可以增加創造力，還能治療抑鬱症，比如毒蘑菇的主要成份裸頭草鹼（psilocybin）就是如此。研究顯示，裸頭草鹼具有促進神經細胞相互連接的功能，尤其善於讓此前很長時間都不被允許發生連接的神經細胞連在一起，這一點顯然有助於產生出全新的想法，雖然它們當中的絕大多數都是毫無用處的幻覺。至於抑鬱症，主要病因就在於患者的神經連接太過簡單，以至於每天都在重複同一個想法，很容易沉浸在某

種負面情緒裏跳不出來，裸頭草鹼可以幫助這樣的人跳出神經系統的死循環，重新找到生活的樂趣。

綜上所述，人腦是宇宙間最複雜的物體，沒有之一。人類大腦中的神經元非常善於建立新的連接，同時也非常善於保存有用的連接方式，這就是液態分子的典型特徵。換句話説，人腦是宇宙間最複雜的液態網絡，人類之所以具有如此非凡的創造力，原因就在這裏。

如何培養創造力

無數案例告訴我們，創造是一個虛無縹緲的過程，很難事先做出規劃。但是，既然我們已經初步了解了靈光乍現的生理過程，就可以想辦法營造一個環境，讓我們的大腦置身於一個富有創造力的土壤之中，加速創新的到來。

前文提到，洛維是在夢中想出了那個雙心實驗的設計思路。無獨有偶，俄羅斯化學家門捷列夫也是在夢中想到了元素週期表，德國化學家弗雷德里希·凱庫勒（Friedrich Kekule）同樣是在夢中想到了苯分子的環狀結構。類似的案例還有很多，科學和藝術的都有，這説明夢確實是一個很重要的靈感來源。這裏面的原因很好理解，因為人在做夢時大腦處於混亂狀態，缺乏監管，更容易觸發白天被忽略或者被壓抑的神經連接，更能夠幫助我們去探索「相鄰可能」。

但是，做夢和靈感一樣，都屬於可遇而不可求的東西。有沒有其他辦法模擬做夢時的精神狀態呢？答案是肯定的。曾經有心理學家做過實驗，發現讓大腦休息會提高創造力，但這並不是甚麼事

不做的那種休息，而是讓自己一邊做着一件簡單的事情一邊放鬆心情，比如散步、澆花或者做家務。此時靈感最容易出現，因為這個時候大腦仍然在想着那件讓你琢磨不透的難題，只是不像專心思考時那麼集中精力地在琢磨，只有這樣才能讓埋藏在大腦深處的神經連接浮出水面。

除此之外，看閒書、記筆記以及和同事聊天等做法都能擴大神經元的觸角。説到看閒書，微軟前總裁比爾·蓋茨就是個好例子，他多年來一直堅持閱讀和自己職業不相關的閒書，從中尋找靈感。最近幾年他開始定期公佈自己看過的閒書，題材真的極其廣泛，大家可以找來這份榜單認真體會一下。

記筆記的好處可以把自己平時偶得的奇思妙想記下來，防止遺忘。早有歷史學家指出，啟蒙年代的歐洲紳士們大都有記筆記的習慣，這就是那個年代之所以人才輩出的原因之一。曾經有人研究過達爾文留下的筆記，發現他其實很早就產生了自然選擇的想法，此後的十幾年裏他一直在收集證據，不斷強化這個思想火花，這才有了《物種起源》這本書的誕生。

現代科研強調合作，啟蒙時代那種單打獨鬥的現象已經很罕見了，所以和同事聊天就成了尋找靈感的另一個好辦法。為了研究現代科研體系中靈感的來源問題，加拿大麥吉爾大學（McGill University）的凱文·鄧巴（Kevin Dunbar）博士曾經在 4 個分子生物學實驗室安裝了攝像頭和麥克風，錄下了幾個月時間裏研究人員們的所有日常活動，結果發現最容易產生創意的地方是會議室，靈感大都來自科學家們聚在一起相互交流的時候。微軟公司從這項研究中得到啟發，於 2007 年在華盛頓州建造了一幢全新的 99 號辦公樓（Building 99）。這幢樓最先設計好的部份居然是飲水機的位置，然

後再圍繞着它設計辦公桌，其目的就是方便公司員工們在喝水的時候能夠更好地交流，從而激發靈感。

當然了，靈感不等於創新，還要證明它有用才行。但是，我們絕不能因為某個靈感暫時沒用就放棄它，這就要求我們必須能夠容忍錯誤。阿布的例子告訴我們，很多時候靈感正是來自錯誤，或者某種非正常的狀態。傑瑞特的那次科隆音樂會之所以如此成功，一大原因就是那天的鋼琴沒有調好，聲音太薄，傑瑞特將錯就錯，這才創造出了一個奇蹟。

這方面的案例同樣很多，比如真空三極管的發明就是源於一個實驗設計錯誤，照相術的發明是因為實驗員不小心打翻了一瓶水銀試劑，心臟起搏器的發明則是因為技術員接錯了線，把原本用來測量心電圖的示波器變成了向外發送電信號的電子發生器。這些錯誤往往會把你指引到一個此前從未經歷過的場景裏，有助於你放寬眼界，去探索未知的領域。

為了更好地從錯誤中找到靈感，我們可以主動增加試驗的次數，為創新提供更多的選擇。比如貝多芬在作曲時經常會為同一個主題寫好幾個不同的版本，然後從中選出最好的；海明威在創作《永別了，武器》時甚至寫過 47 個不同的結尾，然後選了其中一個作為定稿；莎士比亞的創作高峰發生在他的中年時期，在此之前他創作過大量失敗的劇本，但他沒有放棄，終於獲得了成功；愛迪生在研發燈泡的過程中試驗了 3,000 多種不同的燈絲材料，最終只有兩個獲得了成功。事實上，愛迪生一生中申請過的專利有三分之一被拒，獲得成功的 1,093 個專利當中絕大多數都毫無價值。如果我們只看統計數據的話，愛迪生簡直就是一個失敗的典型，但實際上他只需要少數幾個明星級創新就足夠了。

當然了，試錯是有成本的，尊重創意的公司必須承擔這一成本。比如谷歌公司規定旗下員工每年可以拿出 20% 的時間從事和本職工作不相干的事情，比如試驗一個新想法或者發展一個新興趣。絕大部份這類新想法最終證明都是沒有前途的，但只要少數想法獲得成功就值回票價。比如谷歌的 Gmail 和廣告平台 AdSense 就誕生於這 20% 的業餘時間裏，結果這兩個創意獲得了意想不到的成功，光是 AdSense 平台在 2009 年的盈利就達到了 50 億美元，相當於那一年谷歌總利潤的三分之一。

　　當然了，谷歌的主要利潤還是來自搜索引擎。事實上，谷歌搜索服務的上線標誌着信息共享時代的到來，從此我們需要甚麼樣的信息幾乎都可以從網上找到，互聯網把人類迄今為止產生的所有知識全都連在了一起，其結果就是我們目前看到的創造力大爆發。人類社會的發展速度從來沒有像現在這樣快過，很多幾年前連想都不敢想的事情已經變成現實。如果這個加速度能夠保持下去的話，人類將會如一匹脫韁的野馬，朝着誰也無法預知的未來狂奔而去。

　　不過，也有人對這種加速的未來持懷疑態度，原因就是互聯網的兩個重要屬性：算法和民主。算法會讓一個人永遠只能看到他最想看到的東西，信息民主的結果就是一個人只會點擊他自己最想看到的內容，這兩種屬性如果不加控制的話，將會把未來的人類社會變成蜂巢社會，興趣相似的人聚在一起組成一個個封閉的小窩，不再和其他人群交流，這就違反了創造力的法則，導致社會和文化上的大倒退。

　　正是因為對這種場景的擔憂，羅大佑才會一再強調旅行的重要性。因為旅行會強迫一個人離開自己的小圈子，擴大自己的知識邊界，從而更好地探索「相鄰可能」，創造力就是這麼來的。

結　語

　　美國歷史學家史蒂文・約翰遜在《好主意來自何處》（*Where Good Ideas Come From*）一書的最後一章向讀者介紹了自己的一項研究成果。他從數據庫中找出了過去 600 年裏出現的 200 個對人類社會有重大影響的 200 個發明創造，並按照創造者到底是個人還是集體，以及創造的直接目的到底是市場還是公益為標準，將這些創新分成了四個象限，即個人 / 市場、個人 / 公益、集體 / 市場、集體 / 公益。

　　結果顯示，在 1400—1600 年這 200 年時間裏，大部份創新來自個人 / 公益象限，説明在啟蒙運動剛開始的那段時間裏，因為通信手段的落後和商業機制的不健全，大部份創新來自少數天才，比如達文西、古騰堡、哥白尼和伽利略等。事實上，人類對於天才的過度崇拜就是從那段時期開始的。

　　到了 1600—1800 年，情況發生了微妙的變化，個人 / 公益象限仍然是創新的主要來源，但集體 / 公益象限趕了上來，幾乎和個人 / 公益象限並駕齊驅了，這説明印刷術的發明和郵政系統的建立使得信息的傳承和擴散變得愈來愈容易，人與人之間的交流變得愈來愈方便，合作已經成為創新的重要機制。但是，因為真正的資本主義工業化直到 18 世紀才誕生於英國，所以商業化對於創新的影響還很小。

　　自 1800 年開始直到現在，情況發生了根本性的變化。集體 / 市場象限追了上來，幾乎和個人 / 公益象限持平了。但是，排名第一的卻變成了集體 / 公益象限，這説明雖然市場機制起了很大作用，但大部份對人類社會起到重要作用的創新仍然來自公益領域。這一

點並不奇怪，因為現代科研體系就屬於集體／公益象限，絕大部份創新首先是由大學和政府科研機構做出來的，然後企業才會跟進，將其發展成新產品，比如避孕藥、DNA 測序技術和基因編輯技術等都是如此。

　　約翰遜的研究得出了兩個重要結論：第一，現代社會的大部份創新都是集體智慧的產物，過去那種絕世天才單打獨鬥的情況正在變得愈來愈罕見。第二，資本主義市場經濟雖然對於創造力的增長起到了一定的促進作用，但基於公益的創新仍然是主流，這一點和達爾文的進化論非常相似。生存競爭只是進化的表象，團結合作才是核心。自然界的絕大多數生命都是相互依存的關係，大家遵照一個簡單的原則共同成長，人類也不例外。我們這個物種要想在宇宙間長久生存下去，就必須學會相互合作，把創造力用在正確的地方，齊心協力面對將來必然會出現的各種風險。

參考資料：

Steven Johnson: *Where Good Ideas Come From: The Natural History of Innovation*, Riverhead Books, 2011.
Mihaly Csikszentmihalyi: *Creativity: Flow and the Psychology of Discovery and Invention*, Harper Perennial, 2013.
Agustin Fuentes: *The Creative Spark: How Imagination Made Humans Exceptional*, Dutton, 2017.
Edward O. Wilson: *The Origins of Creativity*, Liveright, 2017.
Scott Elias: *Origins of Human Innovation and Creativity*, Elsevier, 2012.
Robert L. Kelly: *The Fifth Beginning: What Six Million Years of Human History Can Tell Us about Our Future*, University of California Press, 2016.
R. Keith Sawyer: *Explaining Creativity: The Science of Human Innovation*, Oxford University Press, 2012.
David Christian: *Origin Story: A Big History of Everything*, Little, Brown and Company, 2018.
David Eagleman & Anthony Brandt: *The Runaway Species: How Human Creativity Remakes the world*, Catapult, 2018.